BILLY BAT

12

NAOKI URASAWA

KO-SZENARIST

TAKASHI NAGASAKI

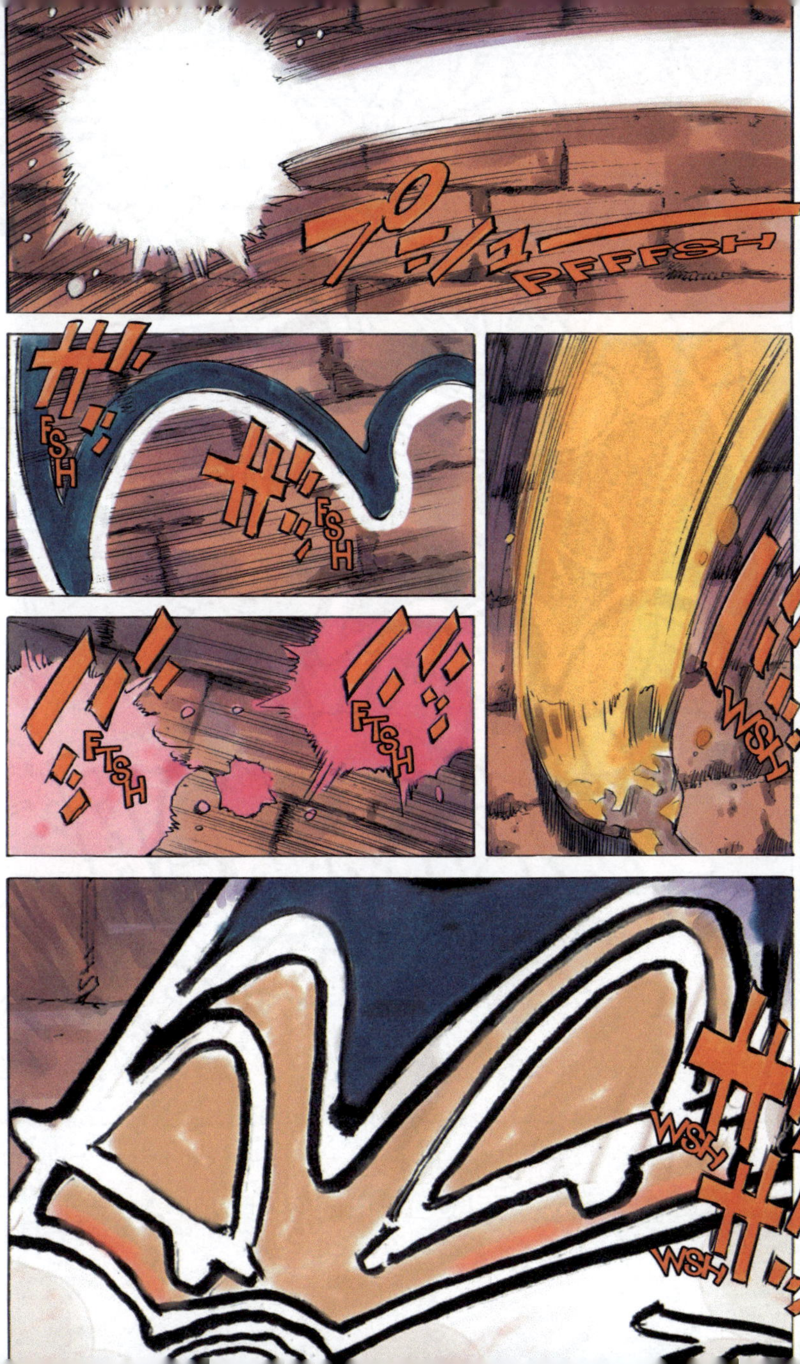
プシュー
PFFFSH
ザッ
FSH
ザッ
FSH
バッ
FTSH
バッ
FTSH
WSH
WSH
WSH

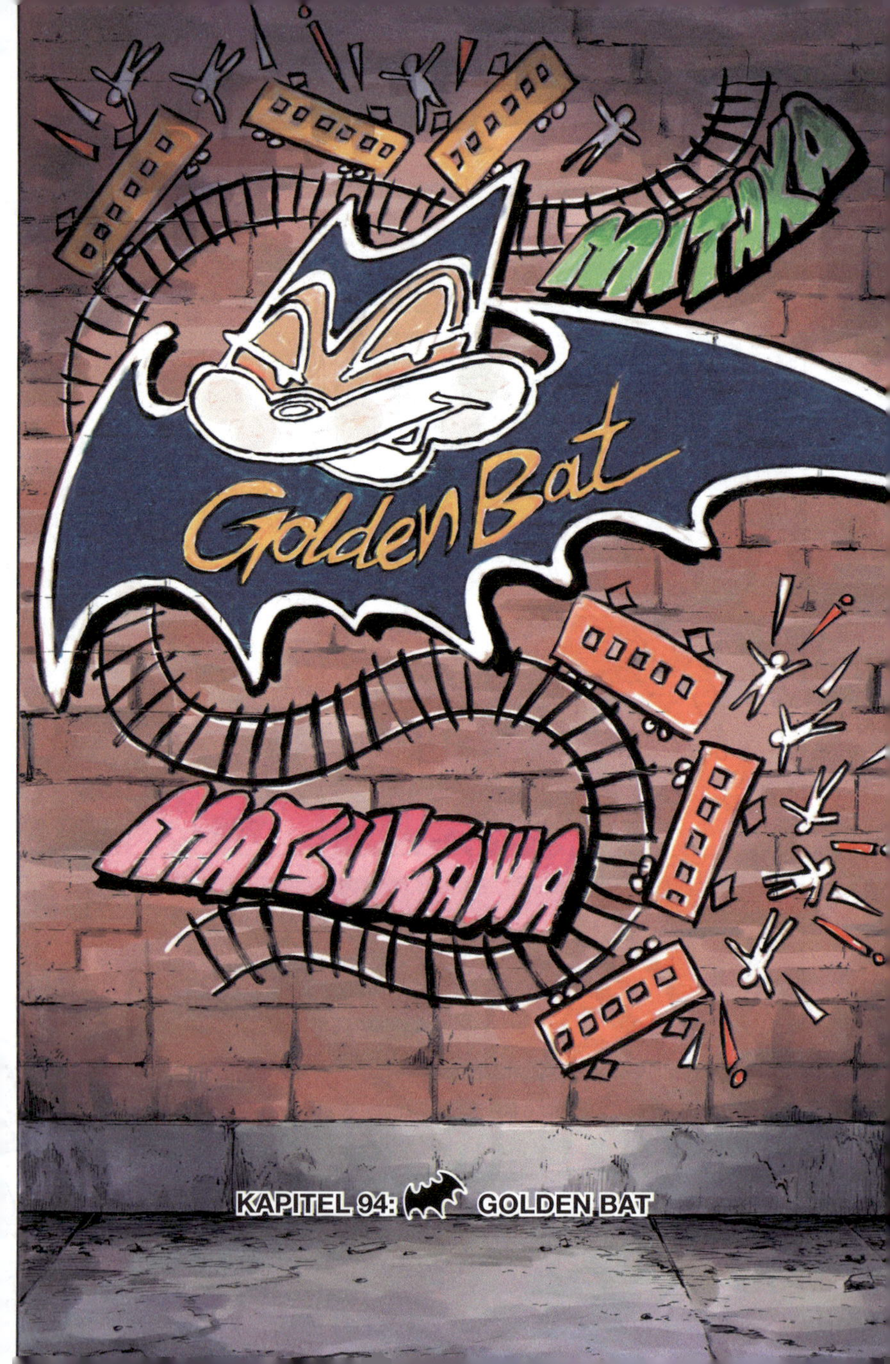

KAPITEL 94: GOLDEN BAT

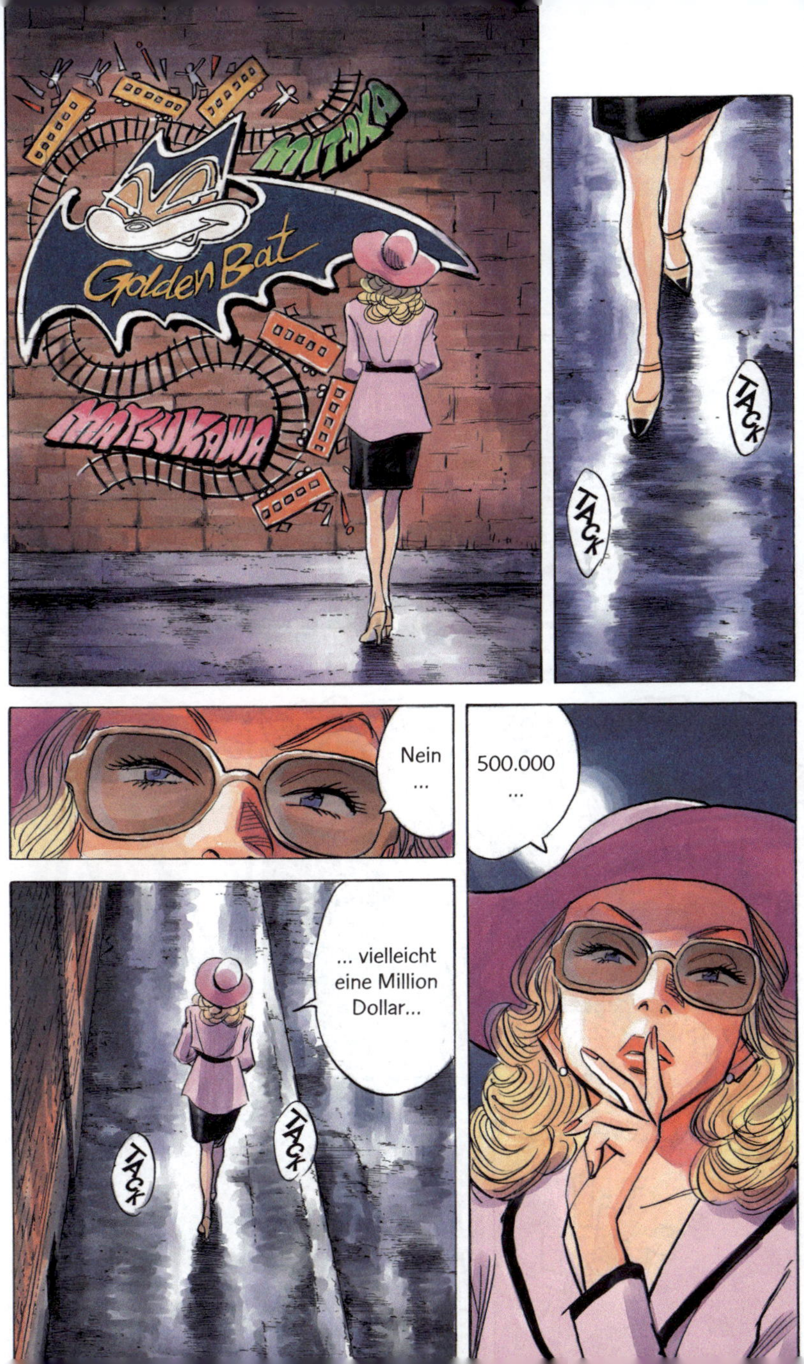
Golden Bat
MITAKA
MATSUKAWA
TACK
TACK
Nein ...
500.000 ...
... vielleicht eine Million Dollar...
TACK
TACK

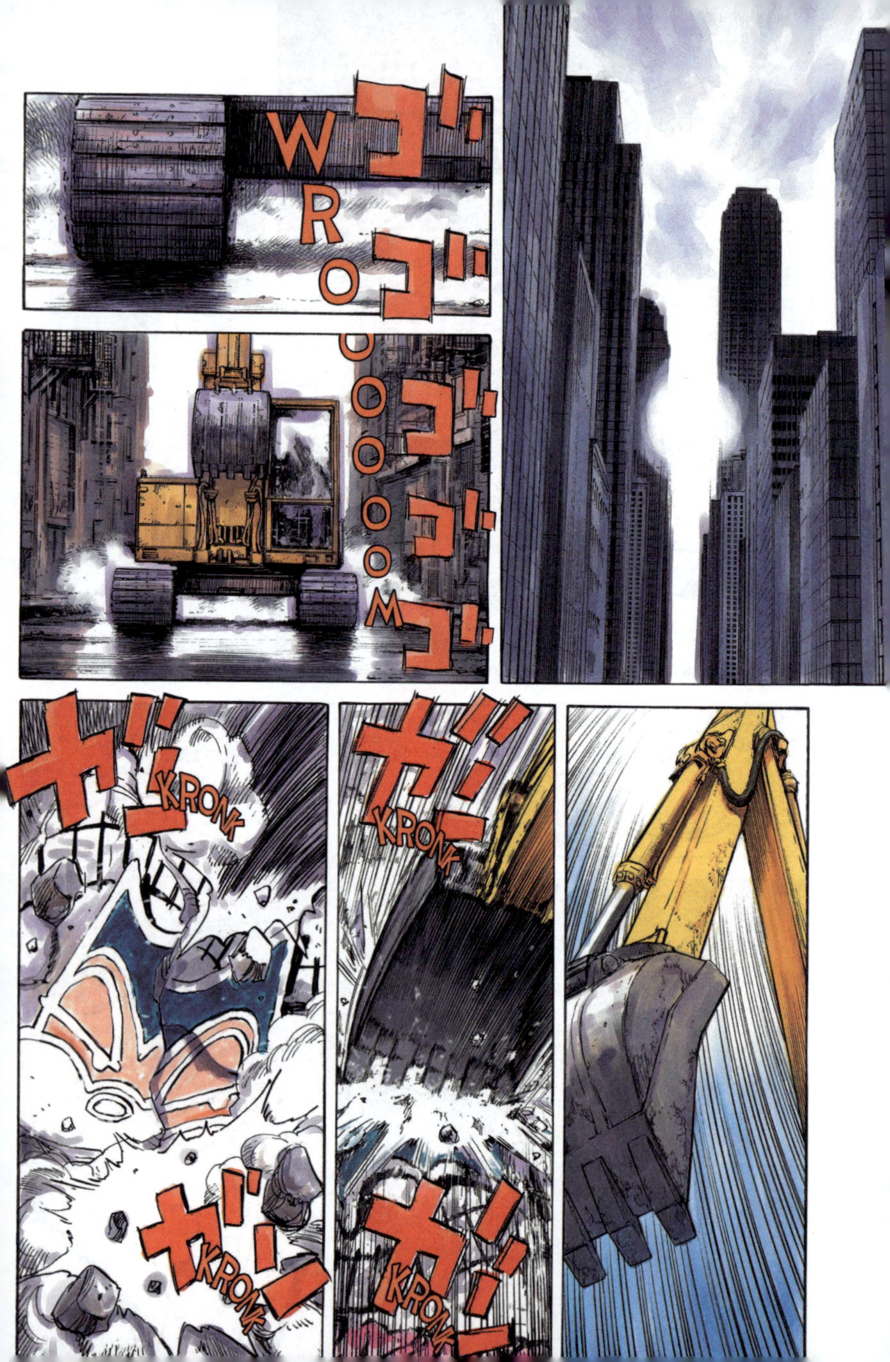

ゴゴゴゴ
WROOOOOOOM
KRONK
KRONK
KRONK
KRONK

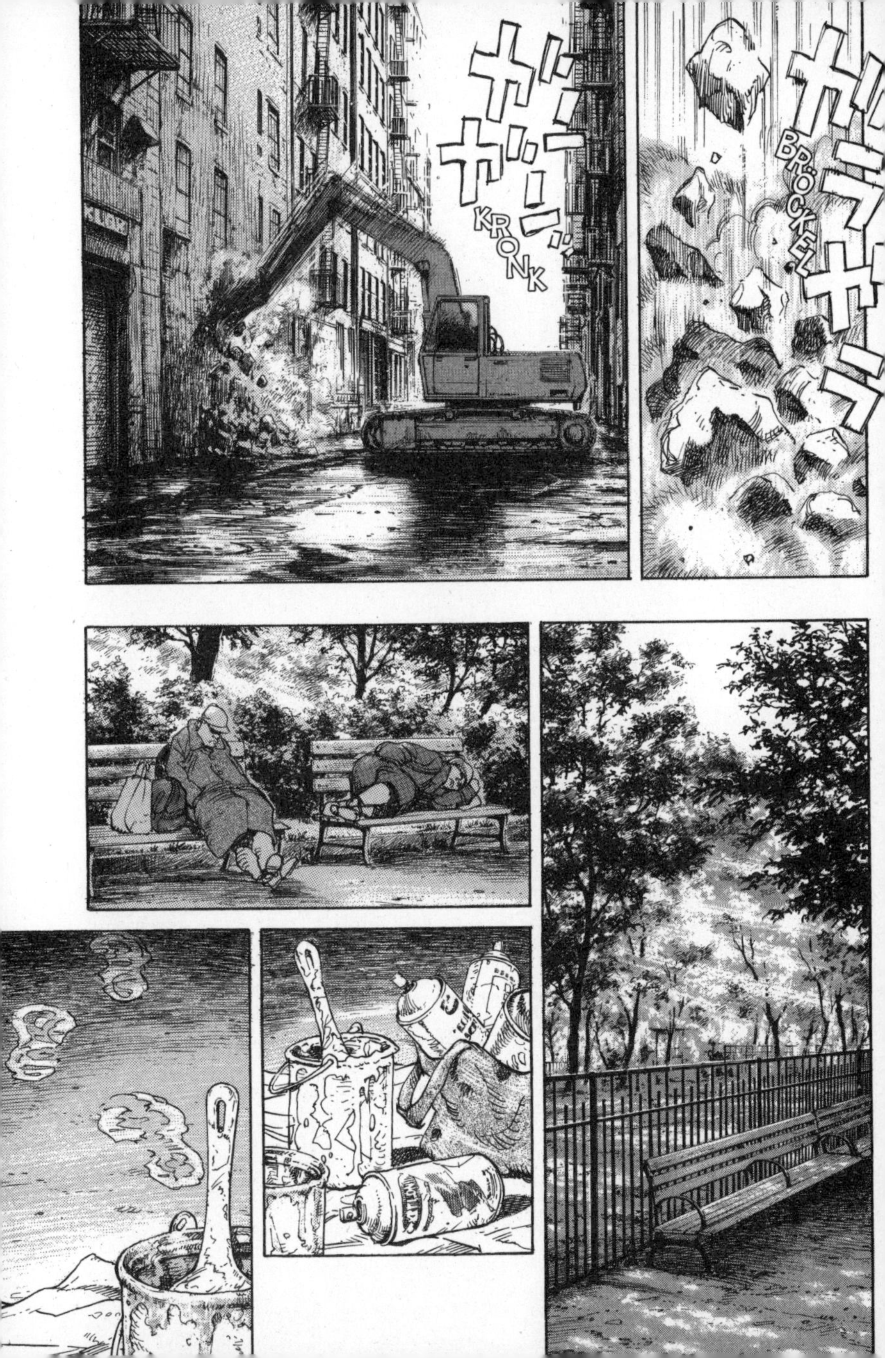
KRONK
BRÖCKEL

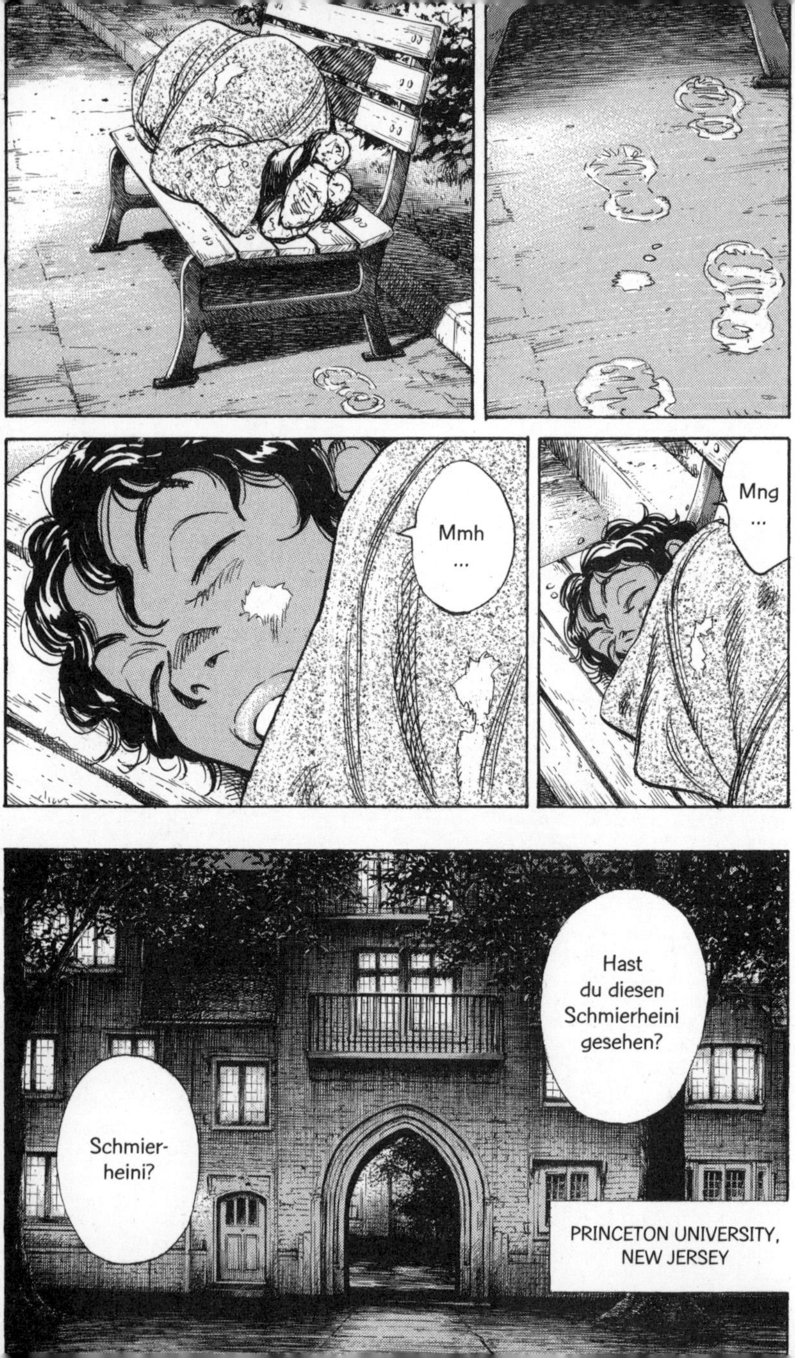
Mng ...
Mmh ...
Hast du diesen Schmierheini gesehen?
Schmierheini?
PRINCETON UNIVERSITY, NEW JERSEY

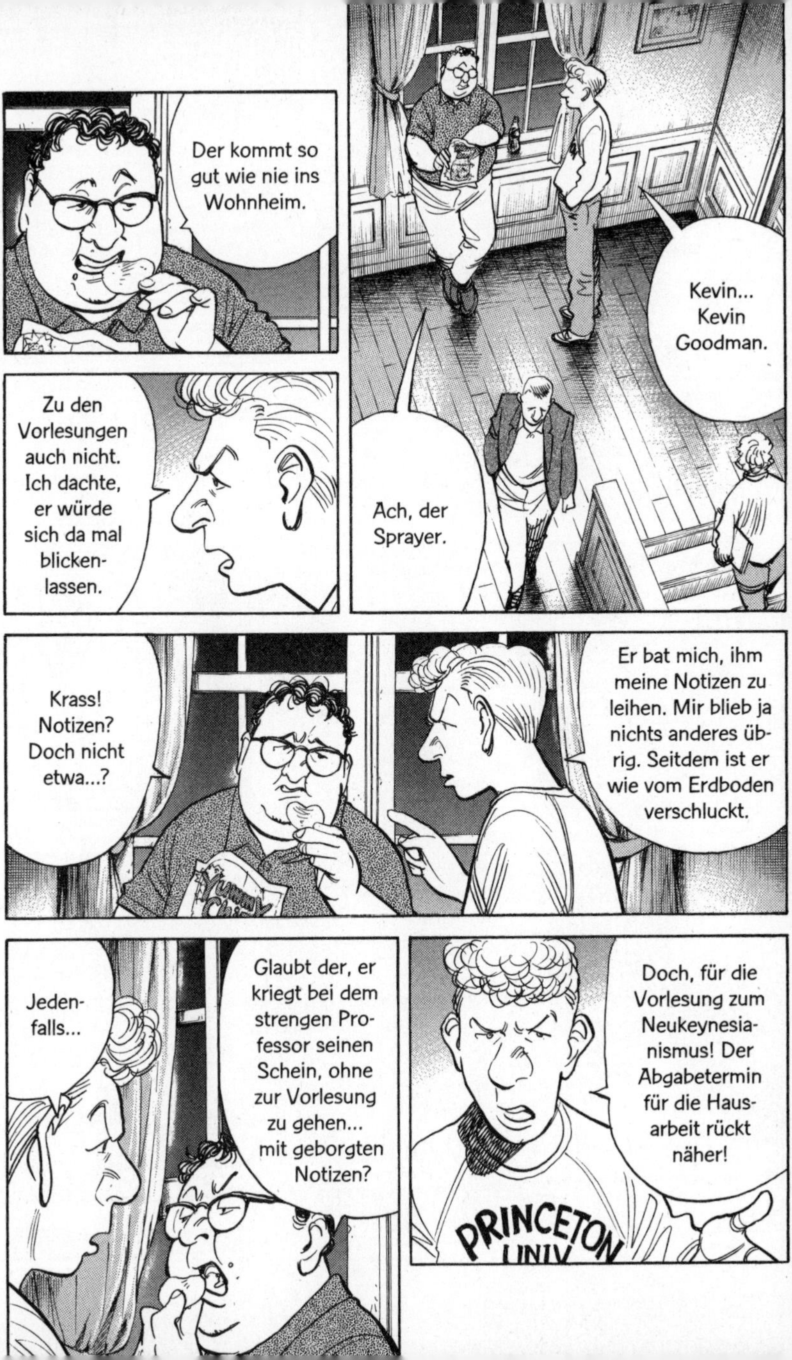
Kevin... Kevin Goodman.
Ach, der Sprayer.
Der kommt so gut wie nie ins Wohnheim.
Zu den Vorlesungen auch nicht. Ich dachte, er würde sich da mal blicken-lassen.
Er bat mich, ihm meine Notizen zu leihen. Mir blieb ja nichts anderes üb-rig. Seitdem ist er wie vom Erdboden verschluckt.
Krass! Notizen? Doch nicht etwa...?
Doch, für die Vorlesung zum Neukeynesia-nismus! Der Abgabetermin für die Haus-arbeit rückt näher!
Glaubt der, er kriegt bei dem strengen Pro-fessor seinen Schein, ohne zur Vorlesung zu gehen... mit geborgten Notizen?
Jeden-falls...
PRINCETON UNIV

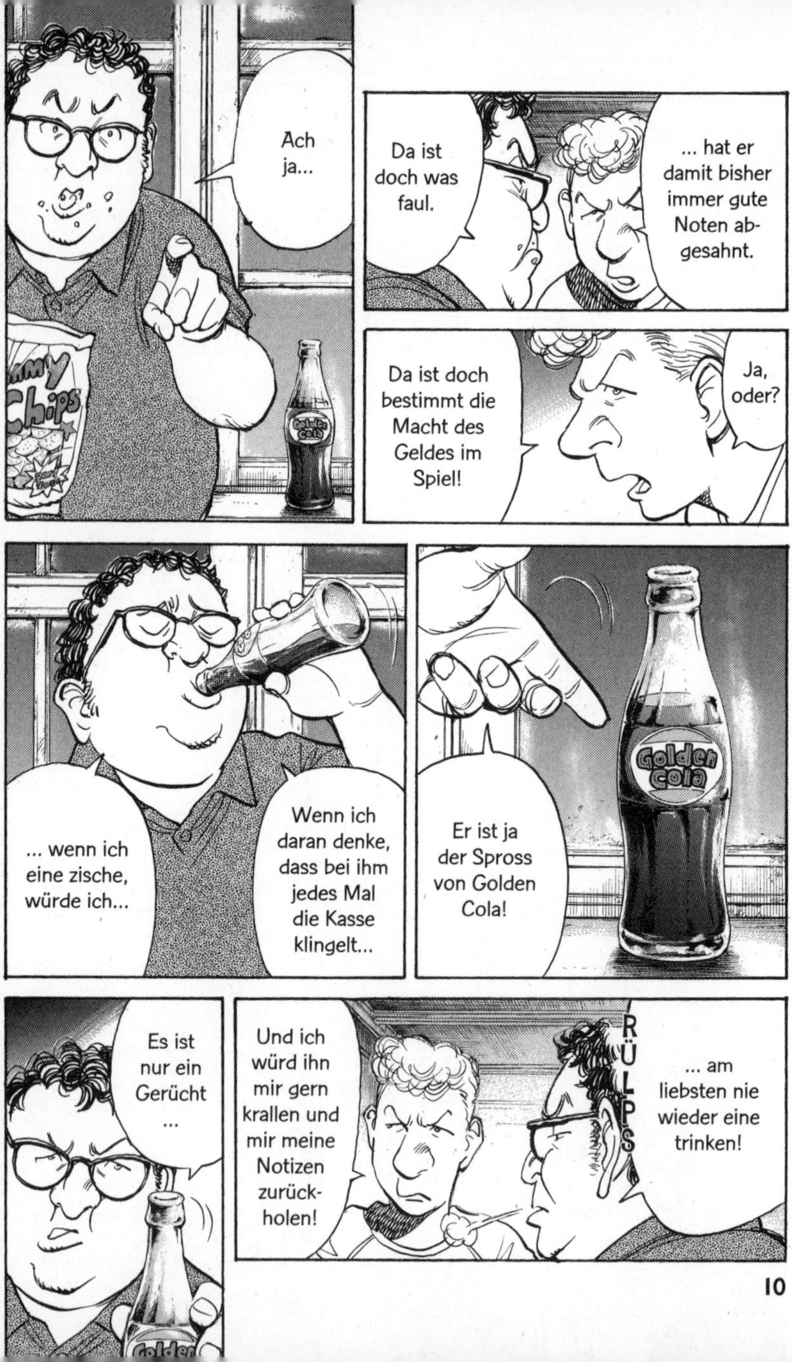
... hat er damit bisher immer gute Noten abgesahnt.
Da ist doch was faul.
Ja, oder?
Da ist doch bestimmt die Macht des Geldes im Spiel!
Ach ja...
Er ist ja der Spross von Golden Cola!
Wenn ich daran denke, dass bei ihm jedes Mal die Kasse klingelt...
... wenn ich eine zische, würde ich...
... am liebsten nie wieder eine trinken!
RÜLPS
Und ich würd ihn mir gern krallen und mir meine Notizen zurückholen!
Es ist nur ein Gerücht ...

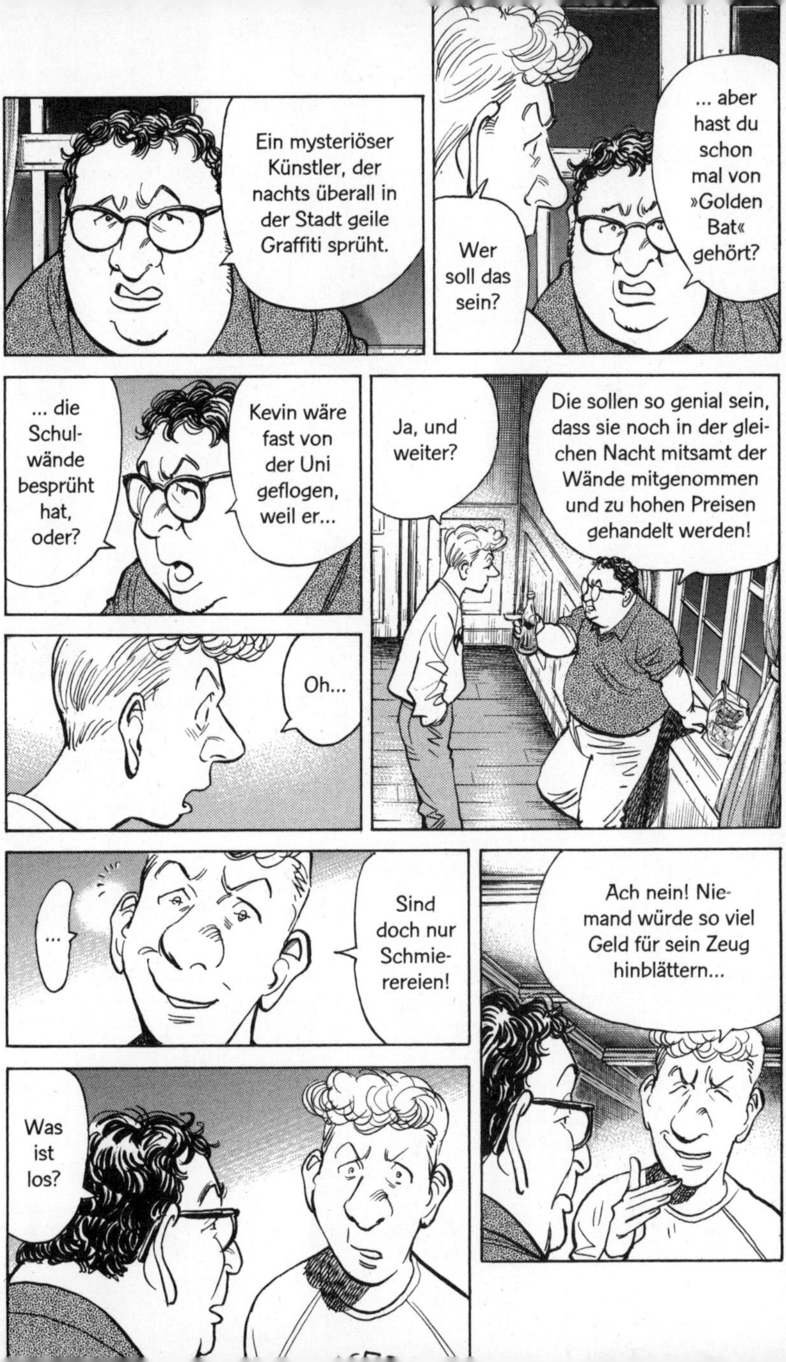
... aber hast du schon mal von »Golden Bat« gehört?
Wer soll das sein?
Ein mysteriöser Künstler, der nachts überall in der Stadt geile Graffiti sprüht.
Ja, und weiter?
Die sollen so genial sein, dass sie noch in der gleichen Nacht mitsamt der Wände mitgenommen und zu hohen Preisen gehandelt werden!
Kevin wäre fast von der Uni geflogen, weil er...
... die Schulwände besprüht hat, oder?
Oh...
Ach nein! Niemand würde so viel Geld für sein Zeug hinblättern...
Sind doch nur Schmiereien!
...
Was ist los?

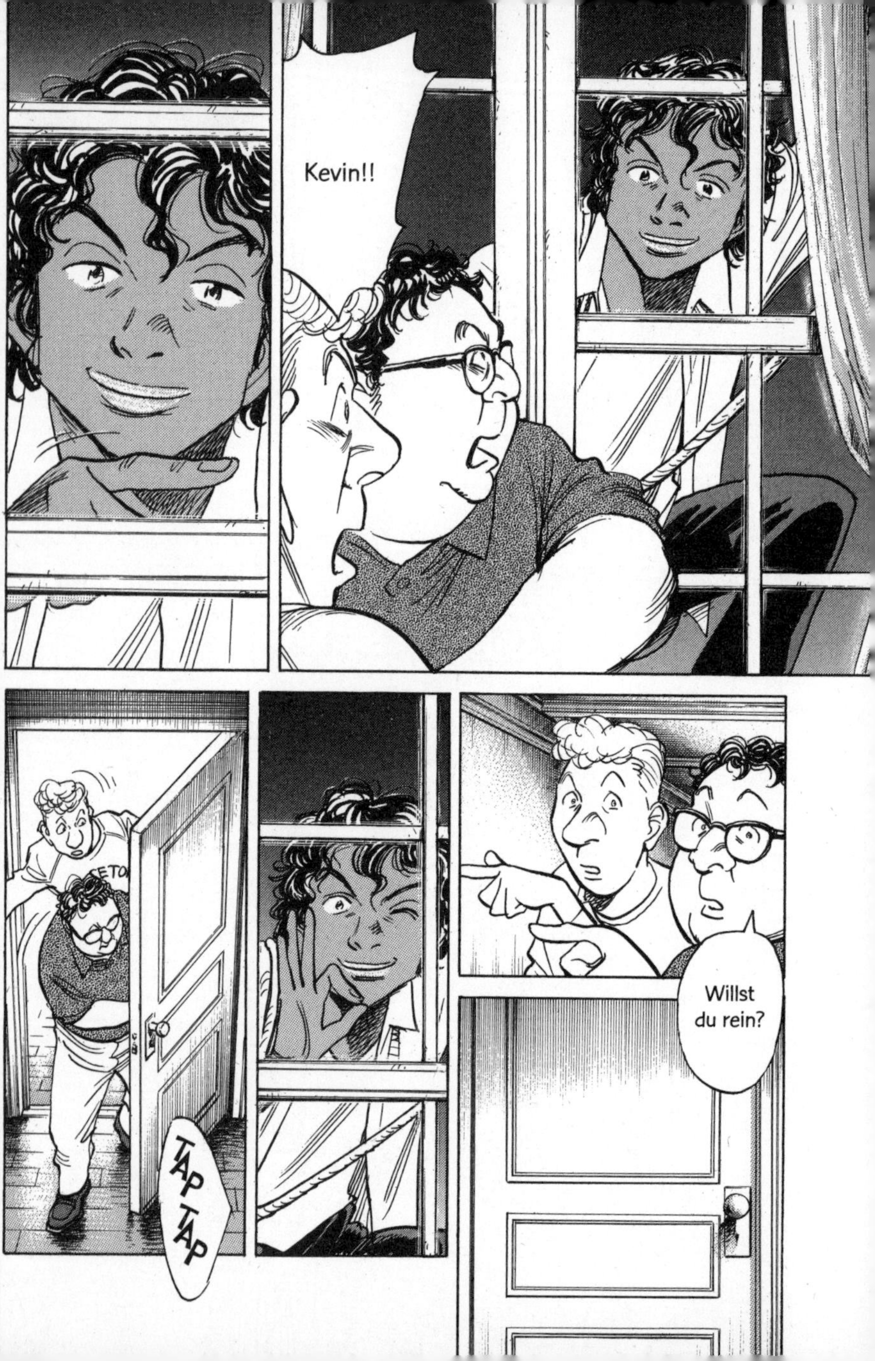
Kevin!!
TAP TAP
Willst du rein?

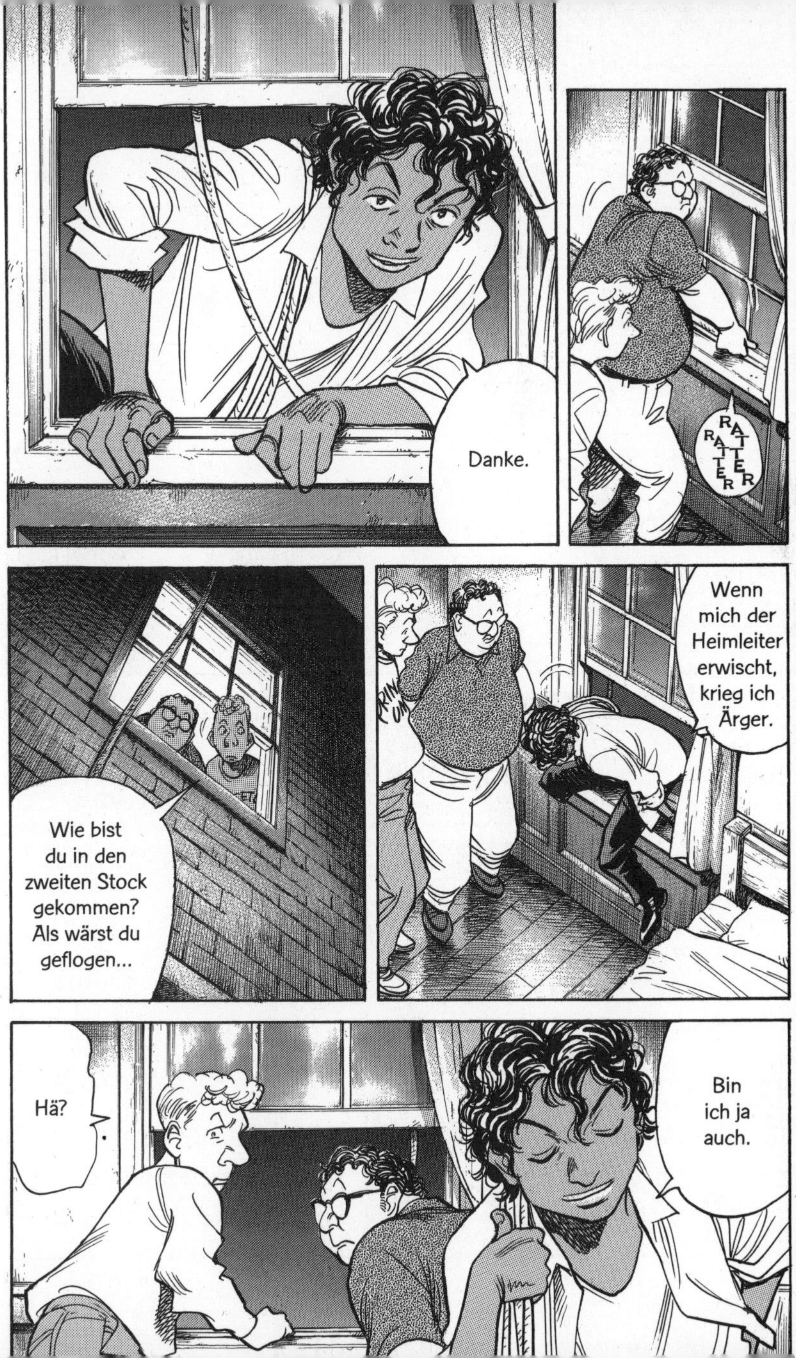
Danke.
RATTER RATTER
Wenn mich der Heimleiter erwischt, krieg ich Ärger.
Wie bist du in den zweiten Stock gekommen? Als wärst du geflogen...
Bin ich ja auch.
Hä?

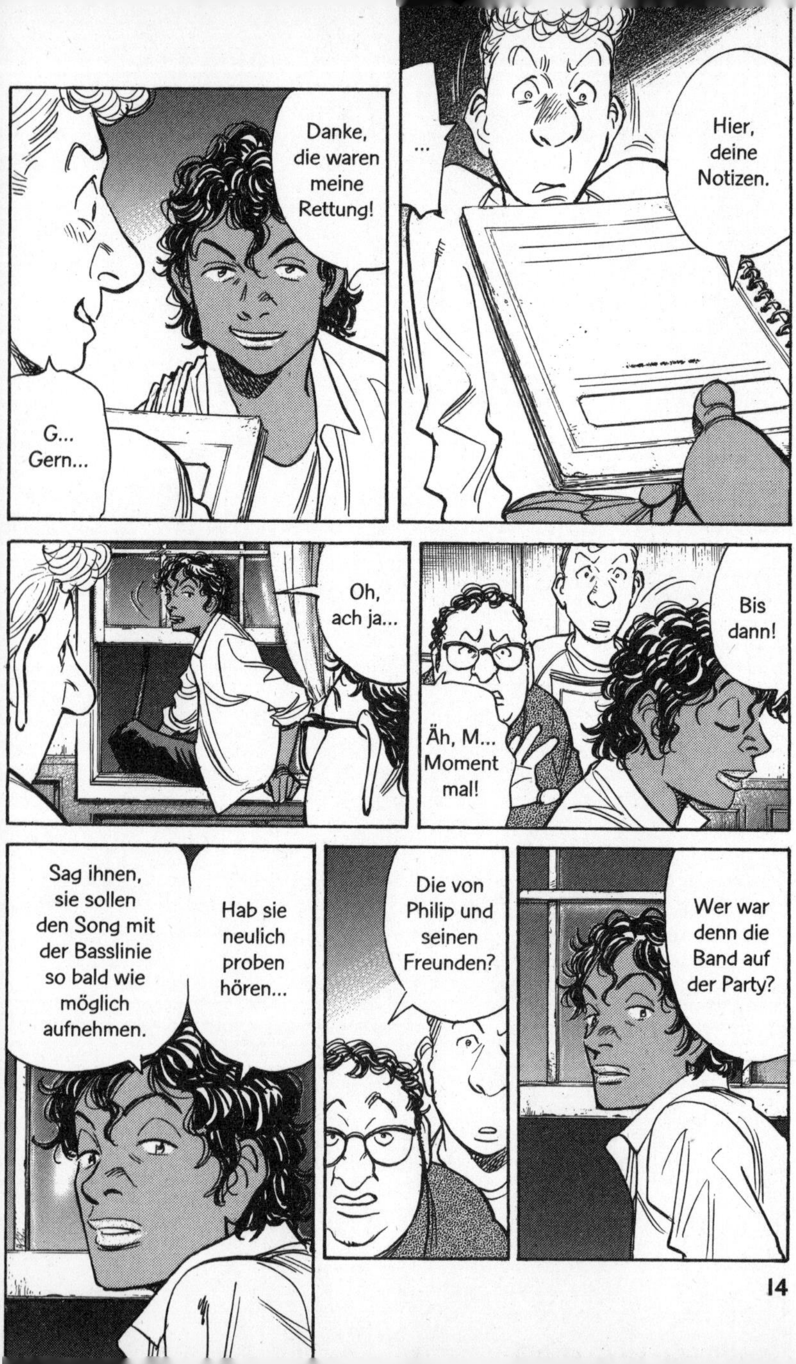
Hier, deine Notizen.
...
Danke, die waren meine Rettung!
G... Gern...
Bis dann!
Äh, M... Moment mal!
Oh, ach ja...
Wer war denn die Band auf der Party?
Die von Philip und seinen Freunden?
Hab sie neulich proben hören...
Sag ihnen, sie sollen den Song mit der Basslinie so bald wie möglich aufnehmen.

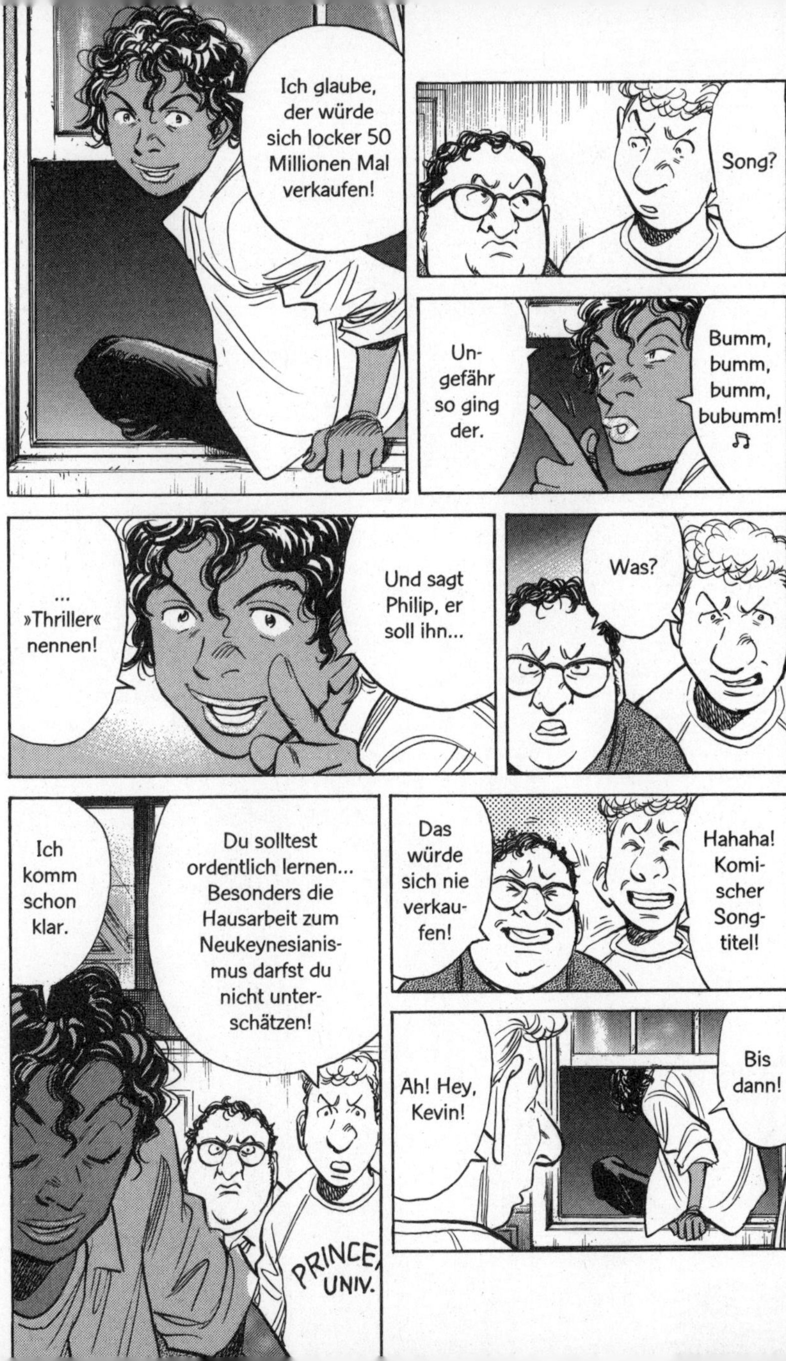
Song?
Bumm, bumm, bumm, bubumm! ♫
Ungefähr so ging der.
Ich glaube, der würde sich locker 50 Millionen Mal verkaufen!
Was?
Und sagt Philip, er soll ihn...
... »Thriller« nennen!
Hahaha! Komischer Songtitel!
Das würde sich nie verkaufen!
Bis dann!
Ah! Hey, Kevin!
Du solltest ordentlich lernen... Besonders die Hausarbeit zum Neukeynesianismus darfst du nicht unterschätzen!
Ich komm schon klar.
PRINCE UNIV.

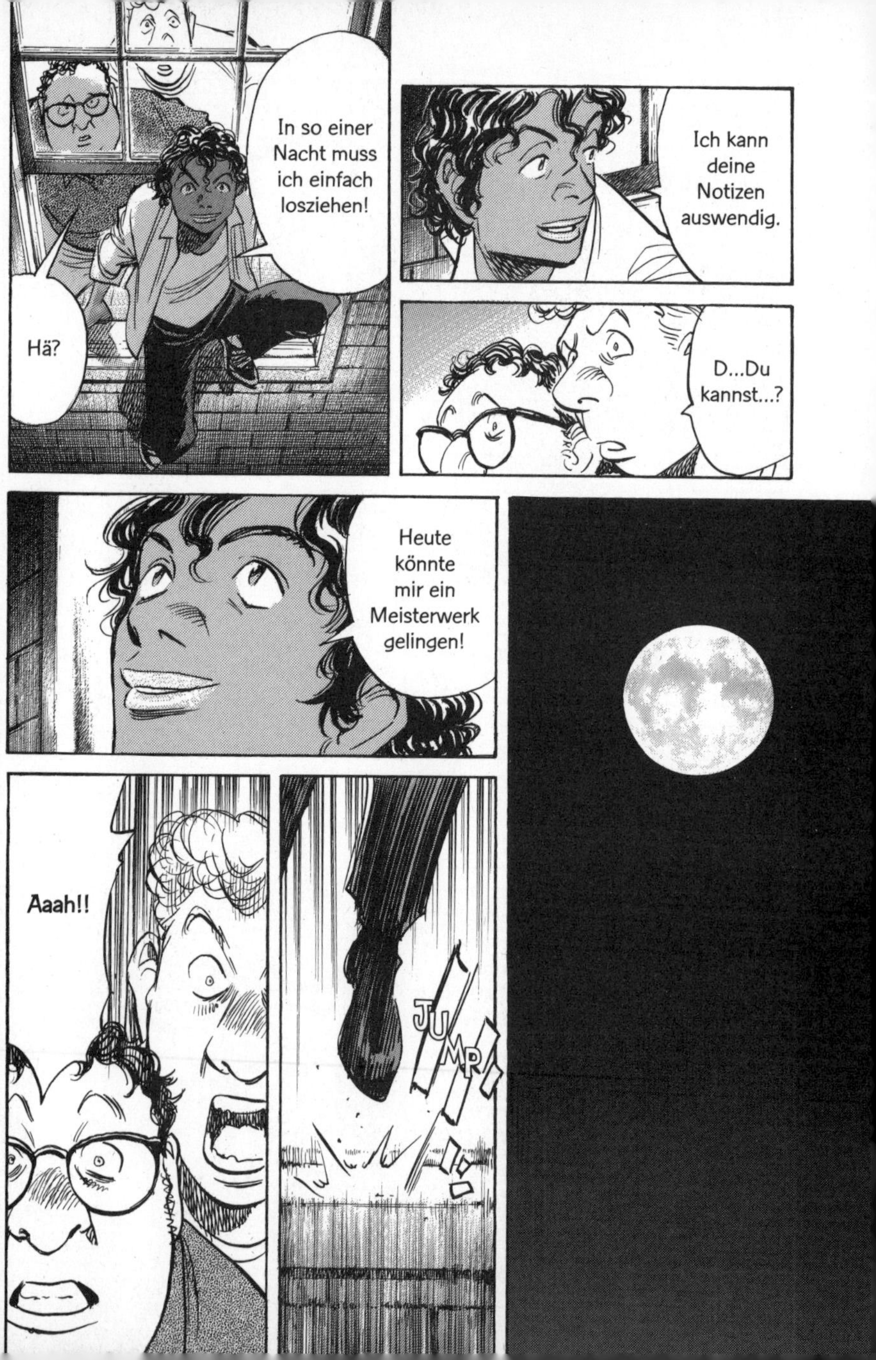
Ich kann deine Notizen auswendig.
D...Du kannst...?
In so einer Nacht muss ich einfach losziehen!
Hä?
Heute könnte mir ein Meisterwerk gelingen!
JUMP
Aaah!!

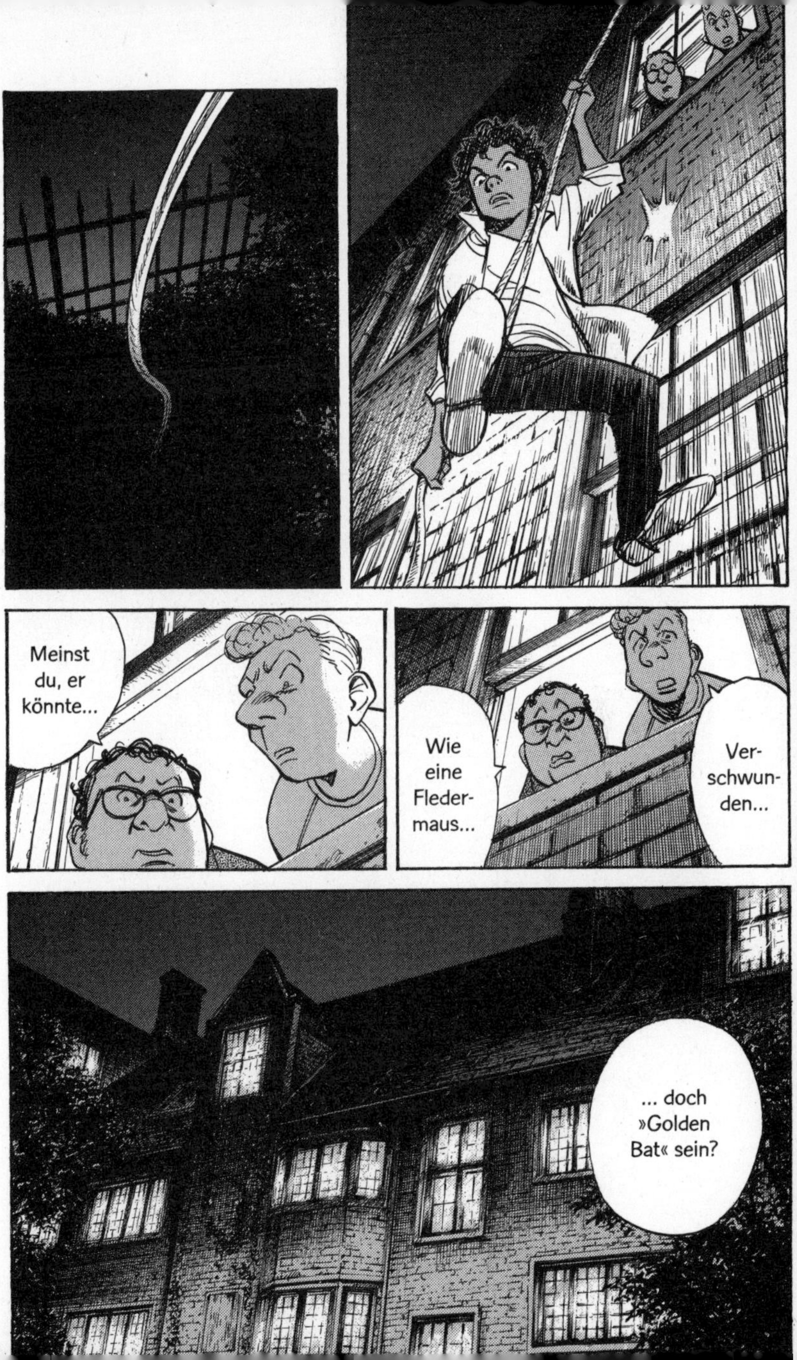
Verschwunden...
Wie eine Fledermaus...
Meinst du, er könnte...
... doch »Golden Bat« sein?

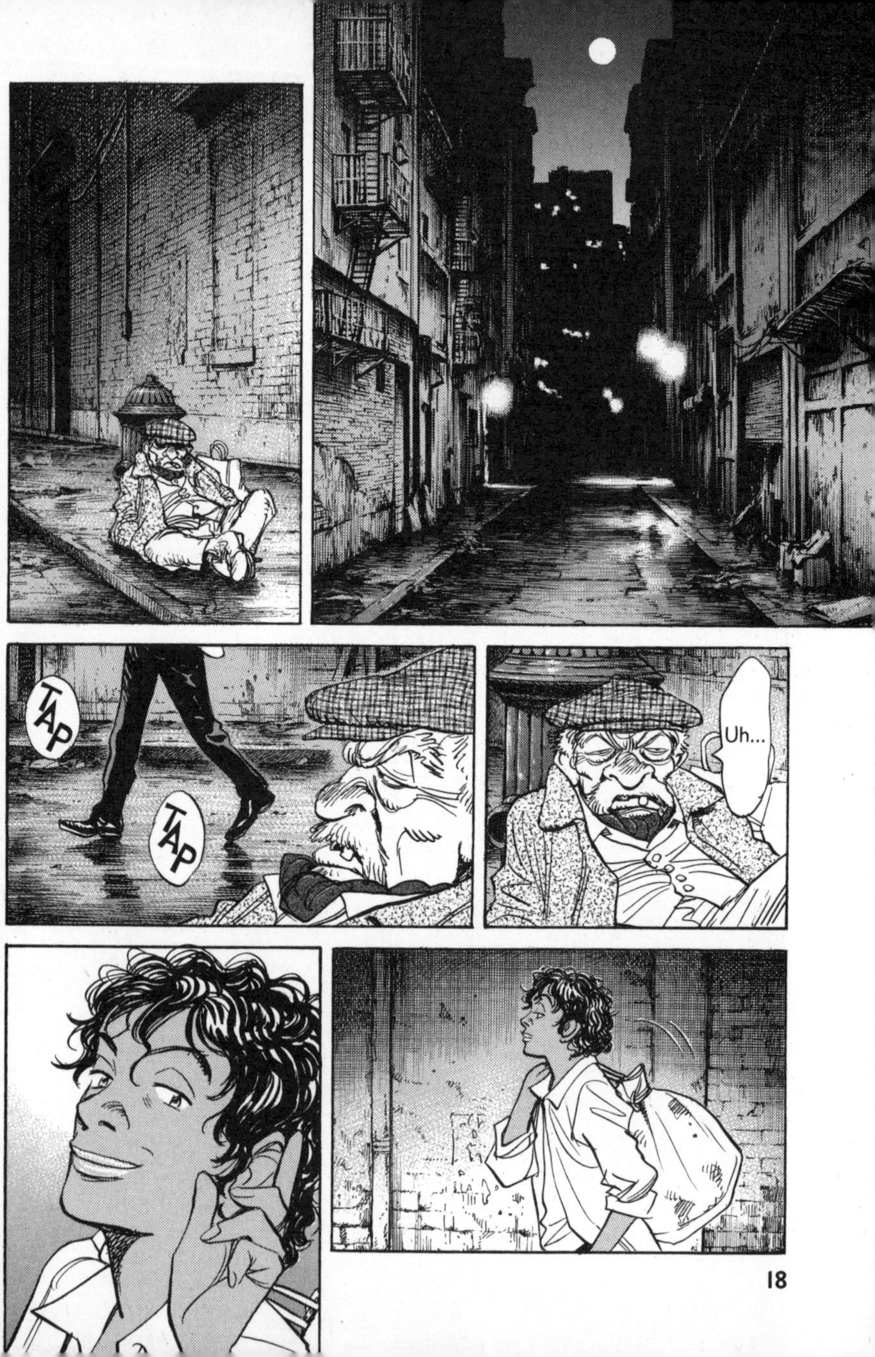

TAP
TAP
Uh...

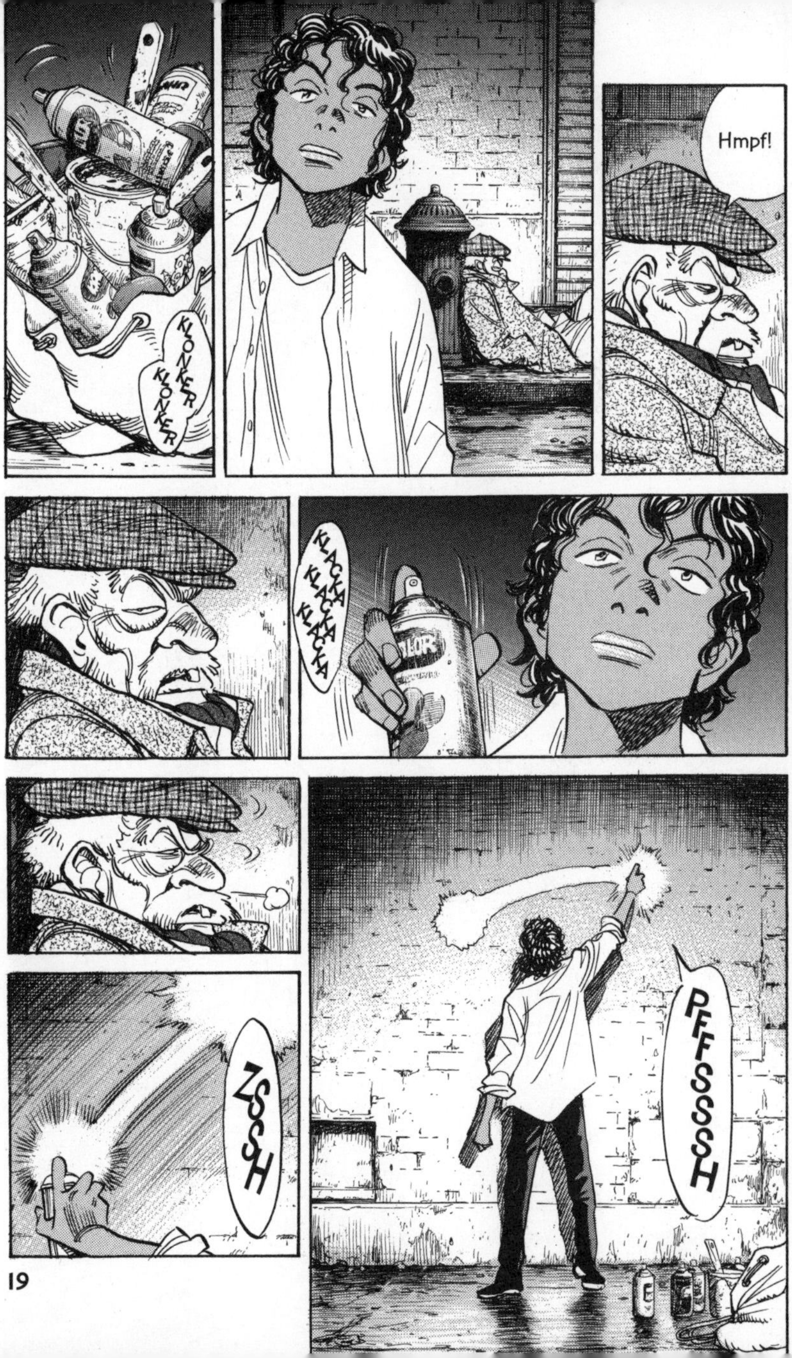
KLONKER KLONKER
Hmpf!
KLACKA KLACKA KLACKA
PFFSSSSH
ZSSH

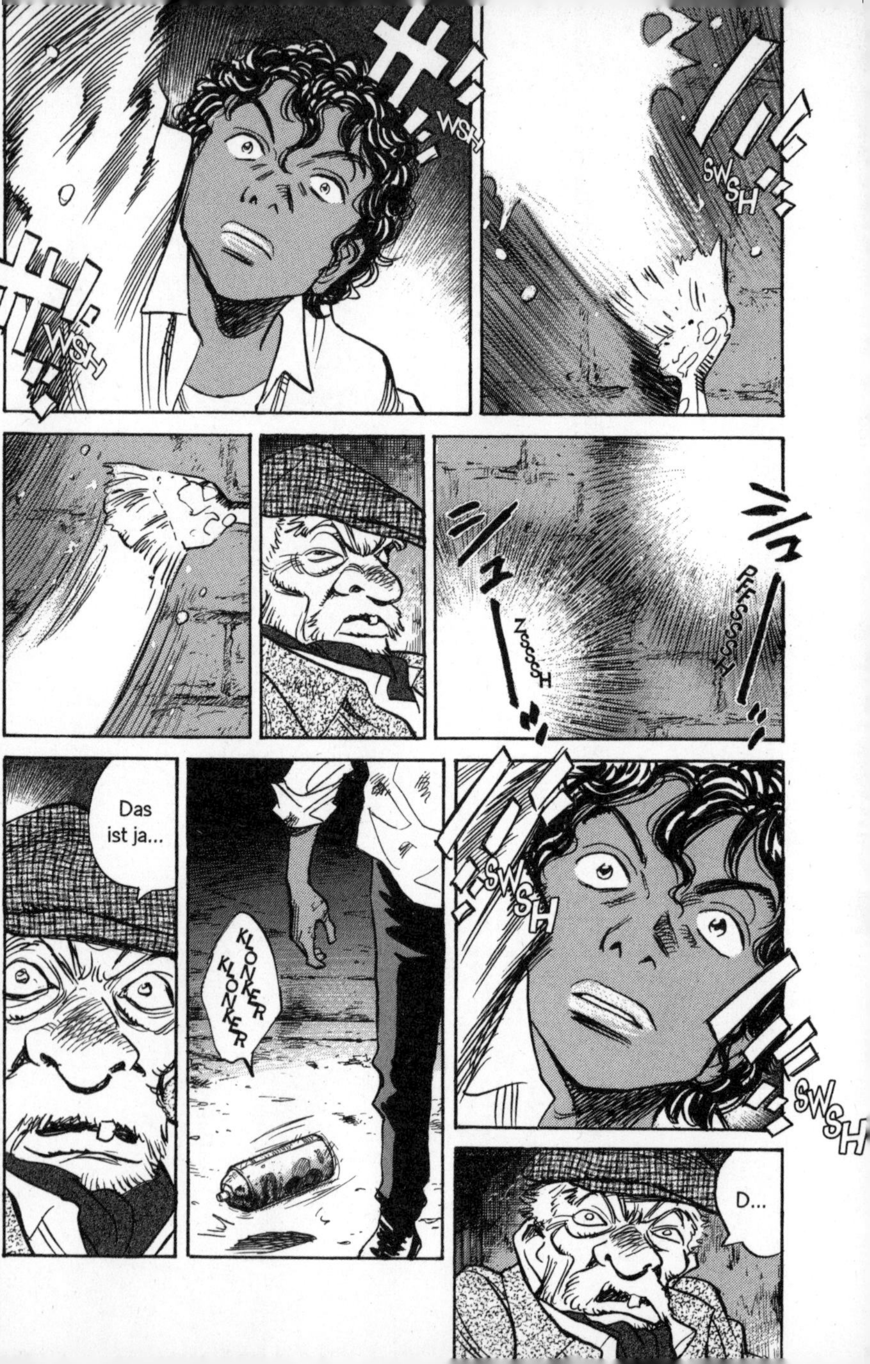
SWSH
WSH
WSH
PFFSSSSH
ZSSSSH
SWSH
SWSH
KLONKER KLONKER
Das ist ja...
D...

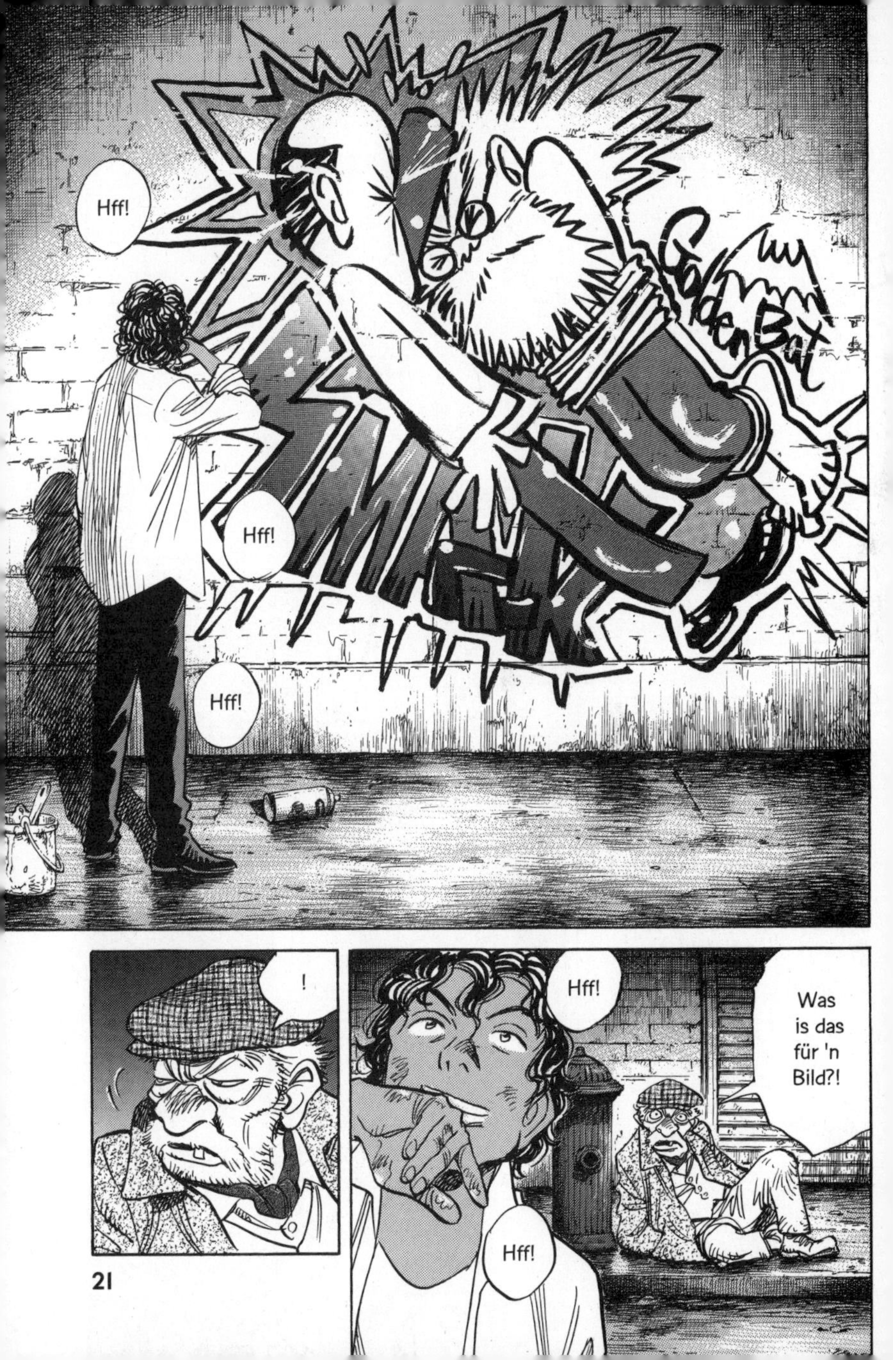
Hff!
Golden Bat
Hff!
Hff!
!
Hff!
Was is das für 'n Bild?!
Hff!

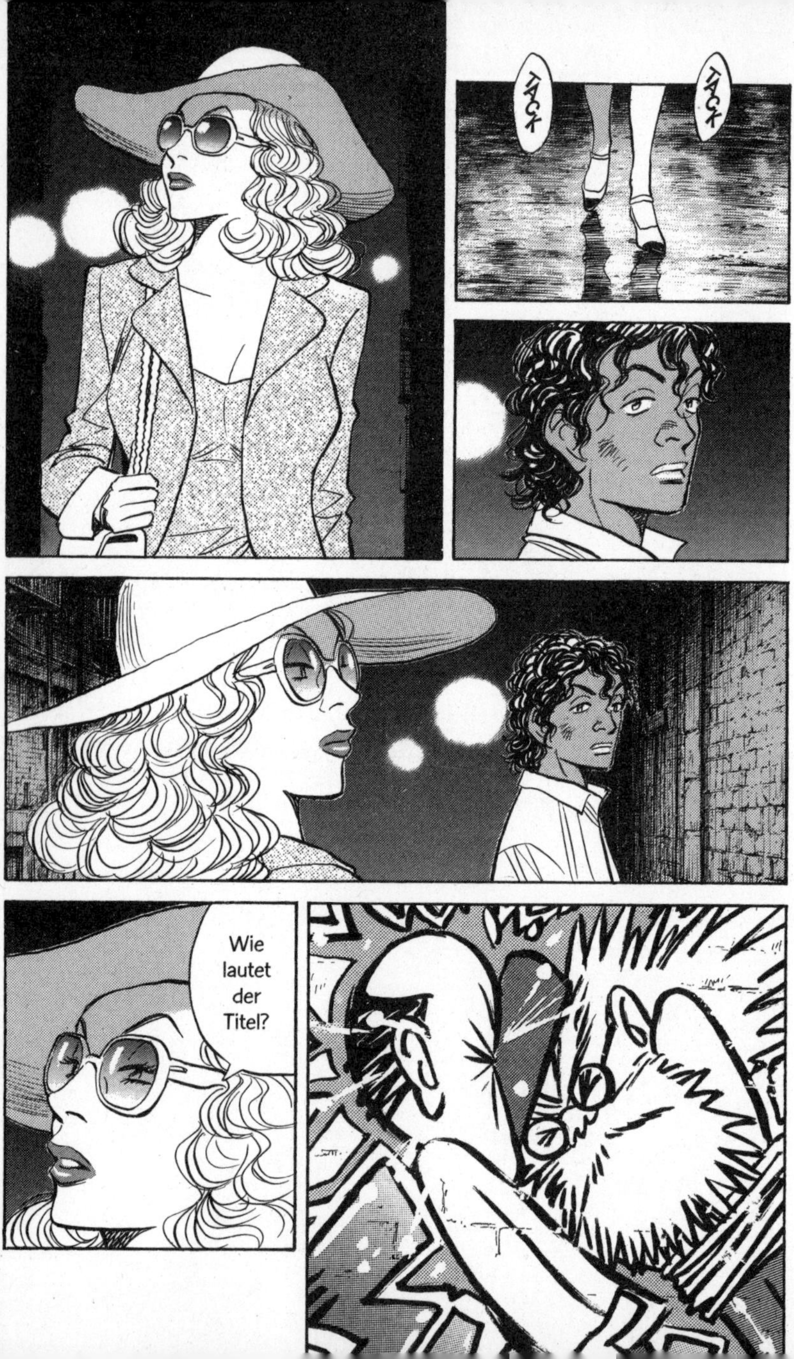
TACK
TACK
Wie lautet der Titel?

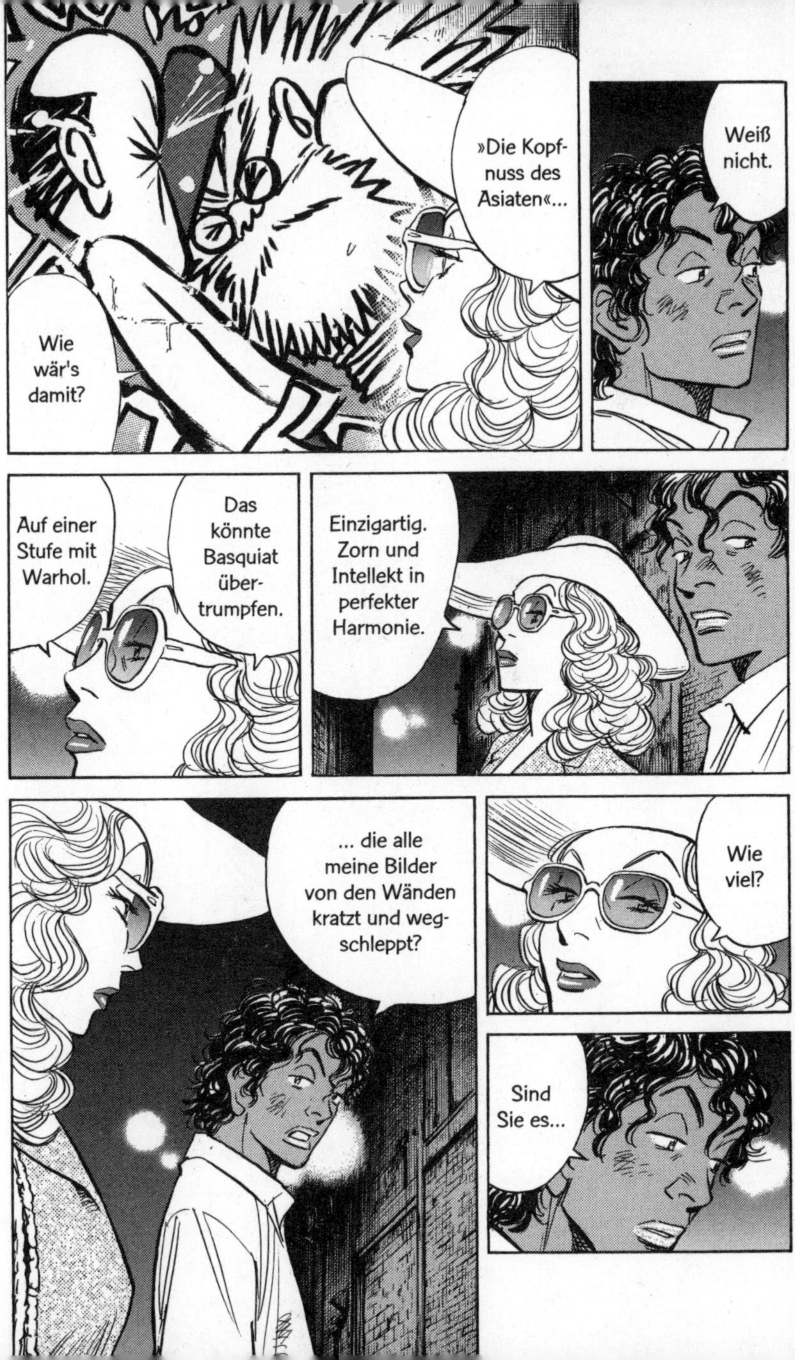
Weiß nicht.
»Die Kopfnuss des Asiaten«...
Wie wär's damit?
Einzigartig. Zorn und Intellekt in perfekter Harmonie.
Das könnte Basquiat übertrumpfen.
Auf einer Stufe mit Warhol.
Wie viel?
... die alle meine Bilder von den Wänden kratzt und wegschleppt?
Sind Sie es...

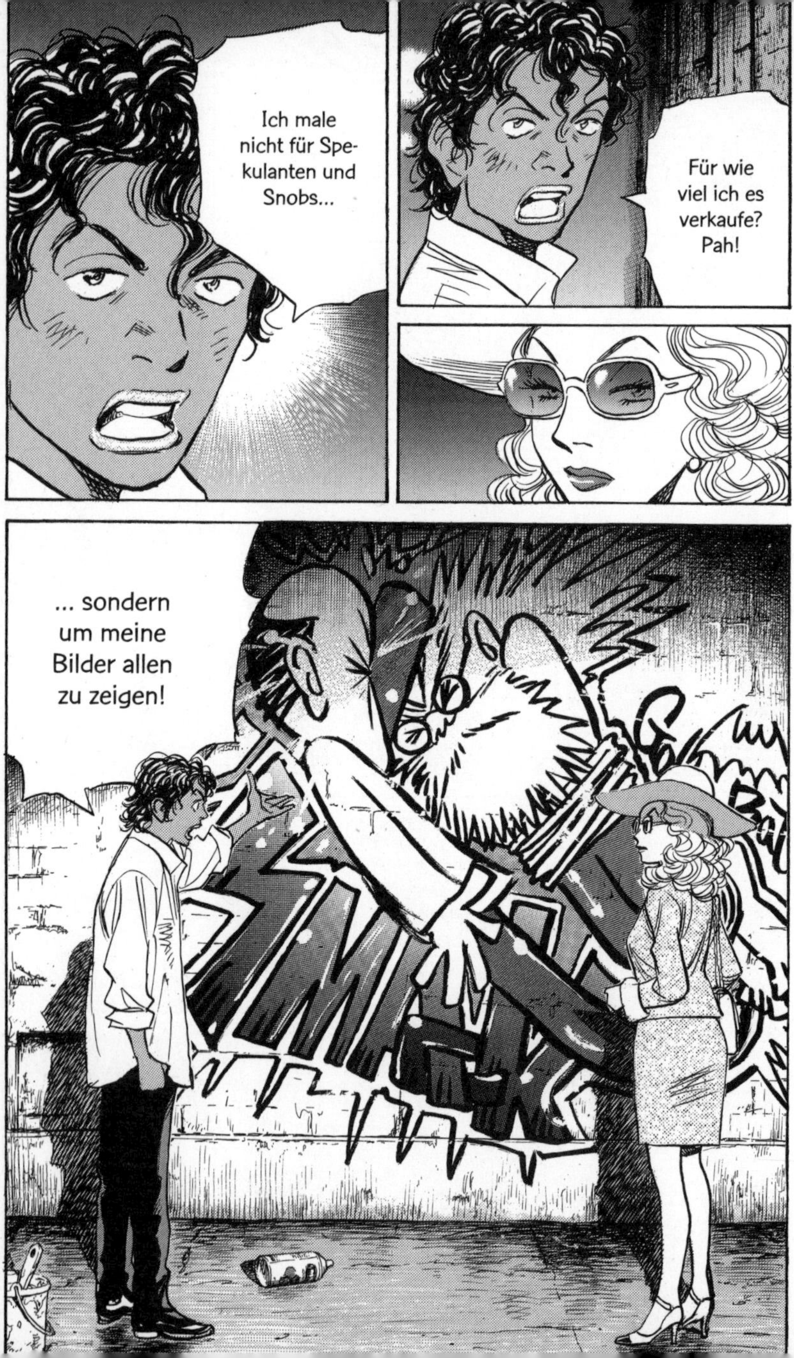
Für wie viel ich es verkaufe? Pah!
Ich male nicht für Spekulanten und Snobs...
... sondern um meine Bilder allen zu zeigen!

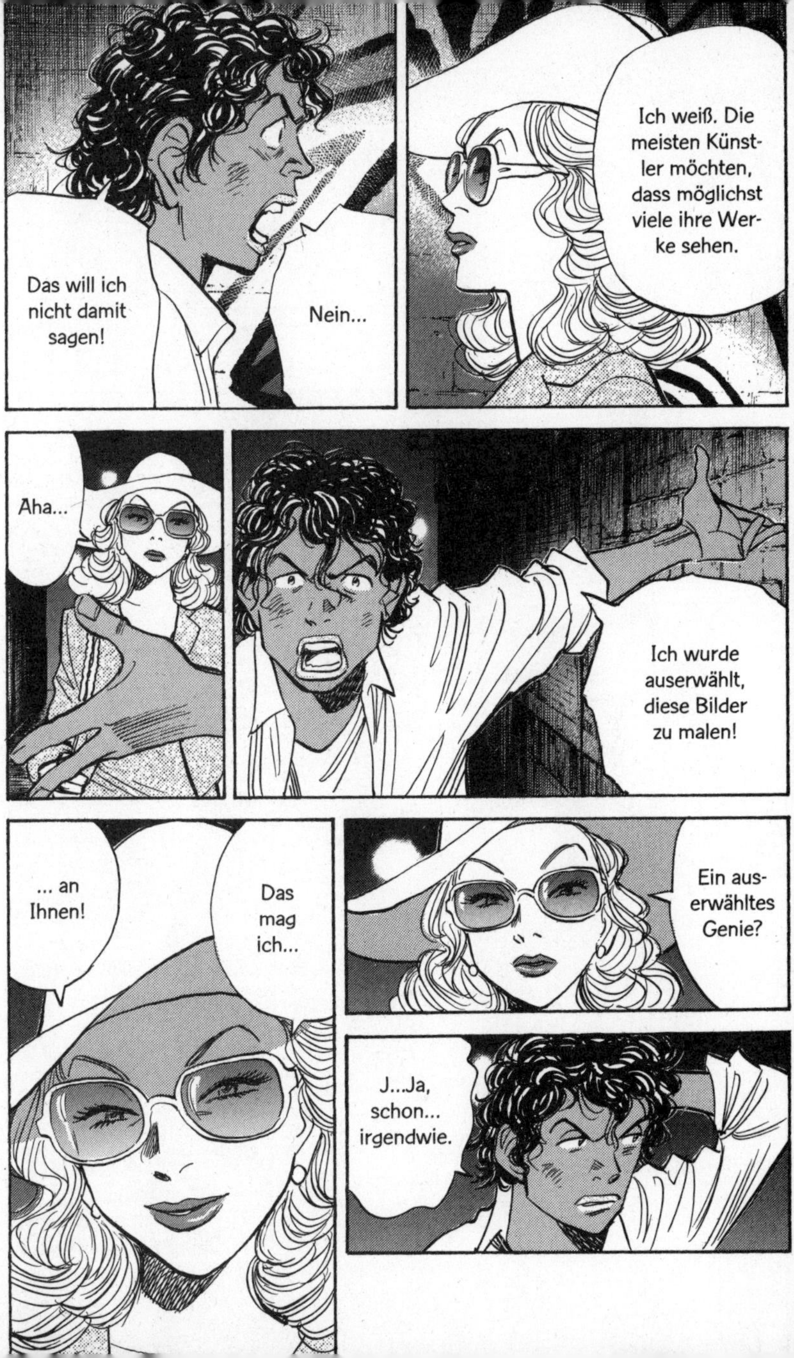
Ich weiß. Die meisten Künstler möchten, dass möglichst viele ihre Werke sehen.
Nein...
Das will ich nicht damit sagen!
Ich wurde auserwählt, diese Bilder zu malen!
Aha...
Ein auserwähltes Genie?
J...Ja, schon... irgendwie.
Das mag ich...
... an Ihnen!

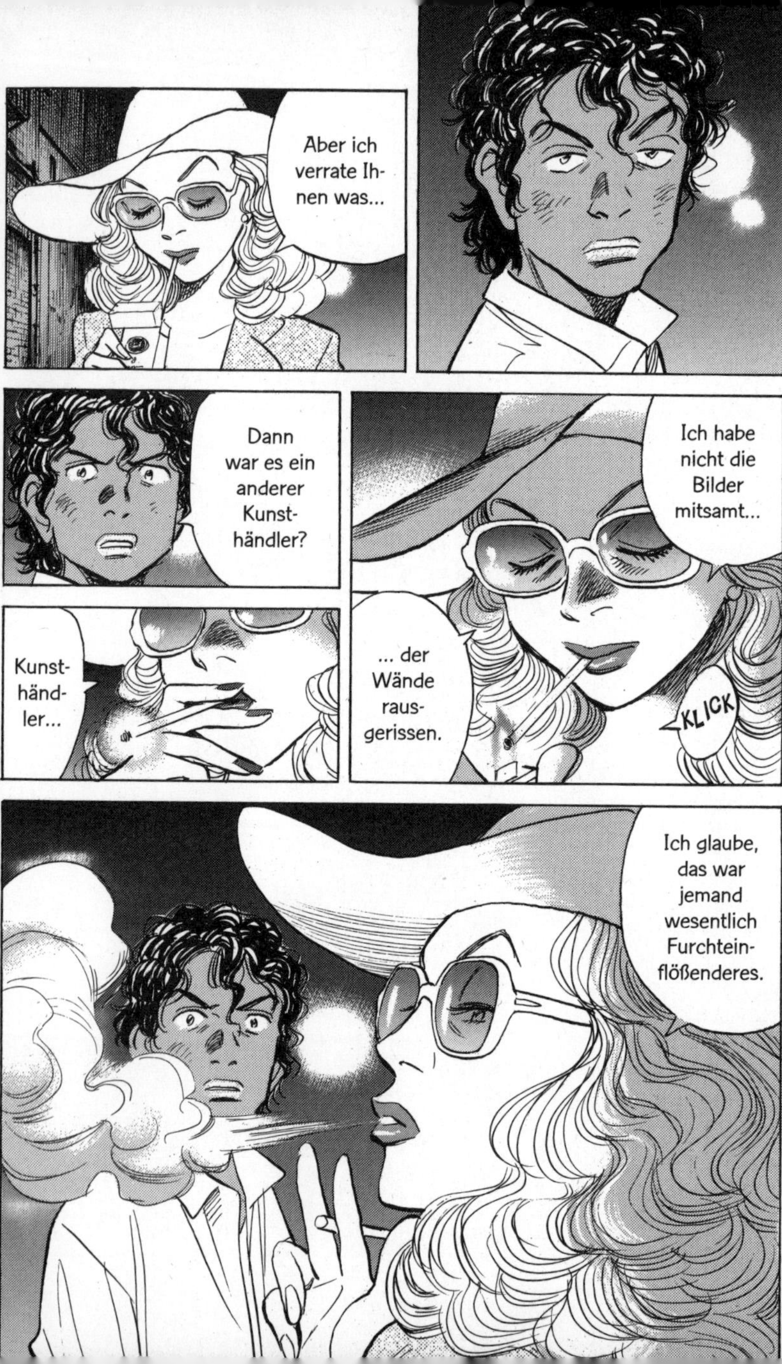
Aber ich verrate Ihnen was...
Dann war es ein anderer Kunsthändler?
Ich habe nicht die Bilder mitsamt...
... der Wände rausgerissen.
KLICK
Kunsthändler...
Ich glaube, das war jemand wesentlich Furchteinflößenderes.

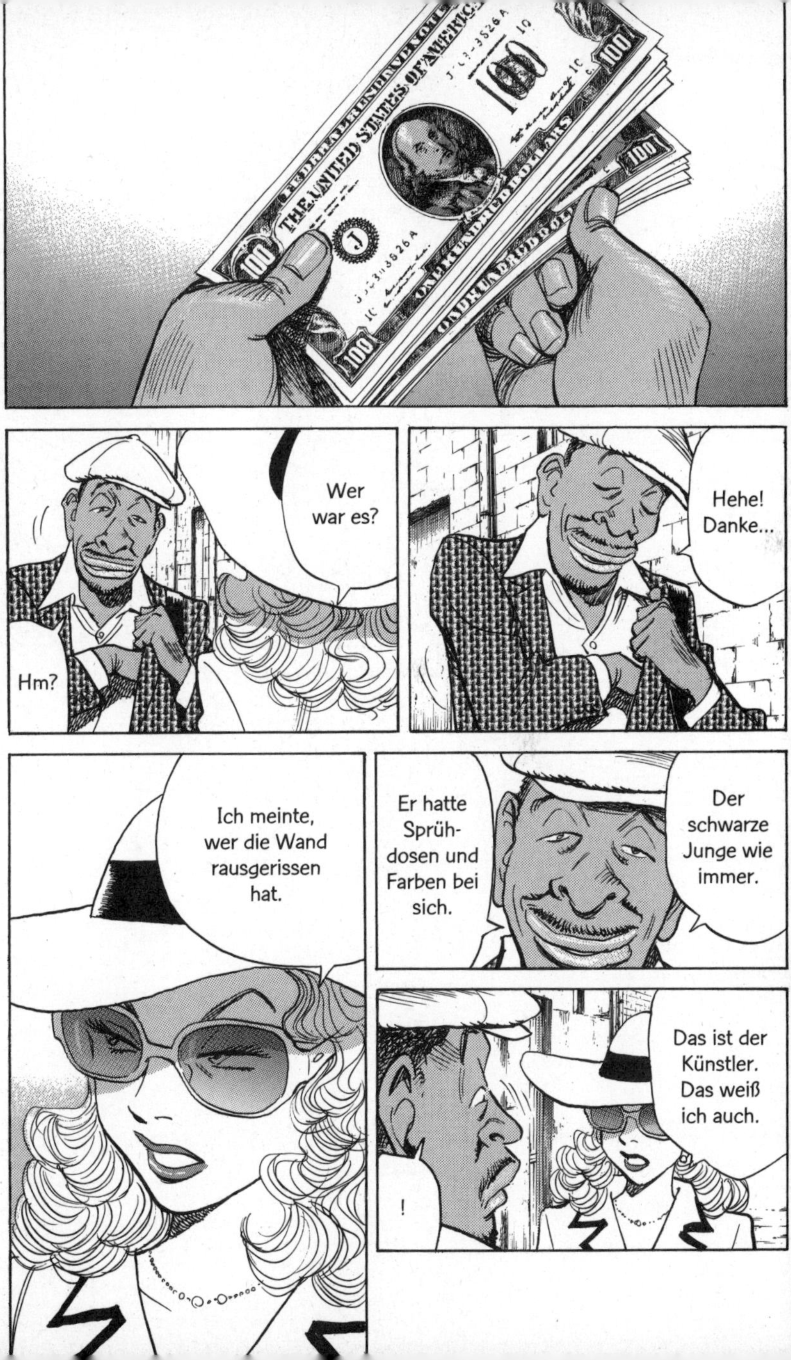
Hehe!
Danke...
Wer war es?
Hm?
Der schwarze Junge wie immer.
Er hatte Sprüh-dosen und Farben bei sich.
Das ist der Künstler. Das weiß ich auch.
!
Ich meinte, wer die Wand rausgerissen hat.

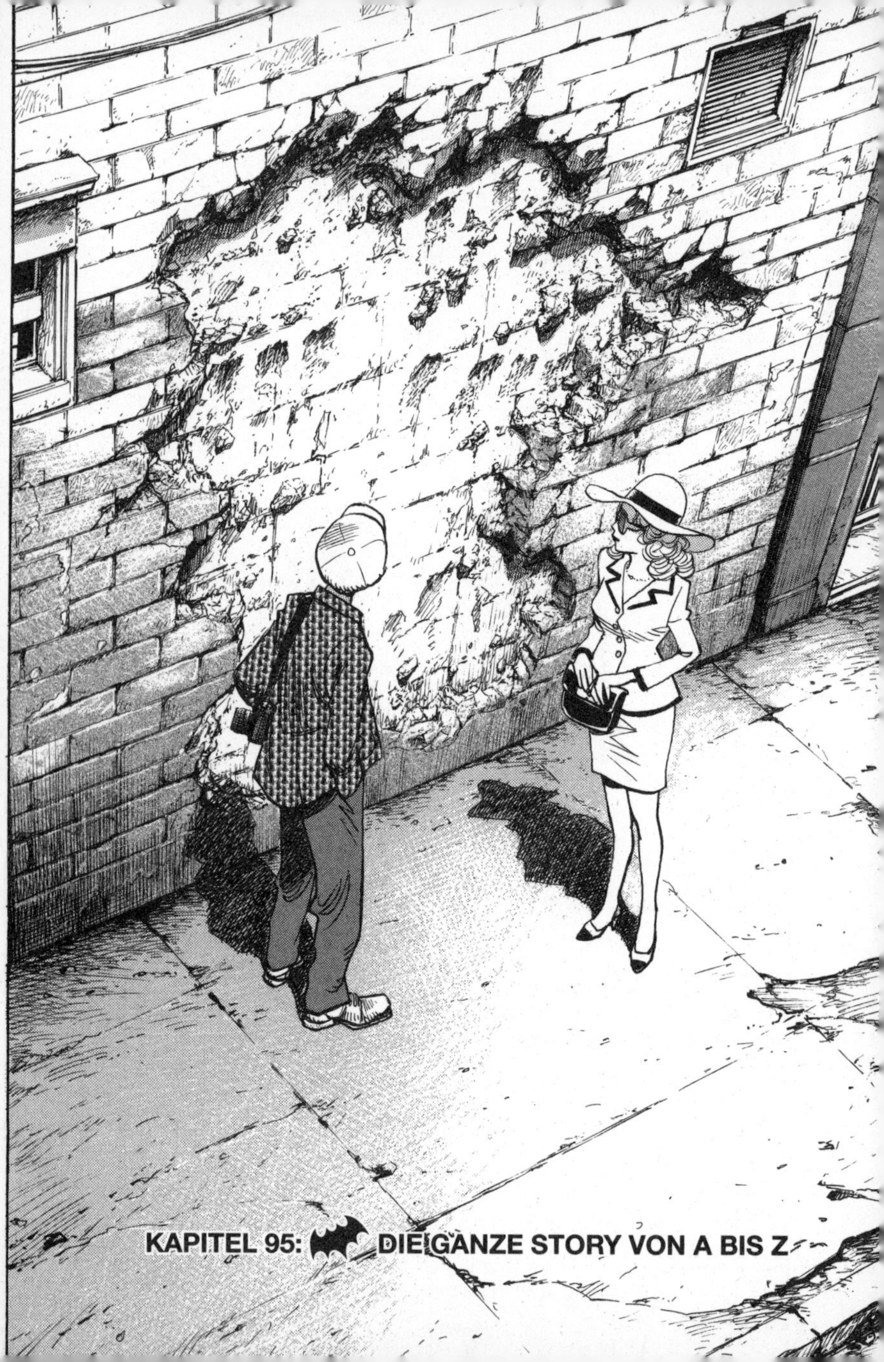
KAPITEL 95: DIE GANZE STORY VON A BIS Z

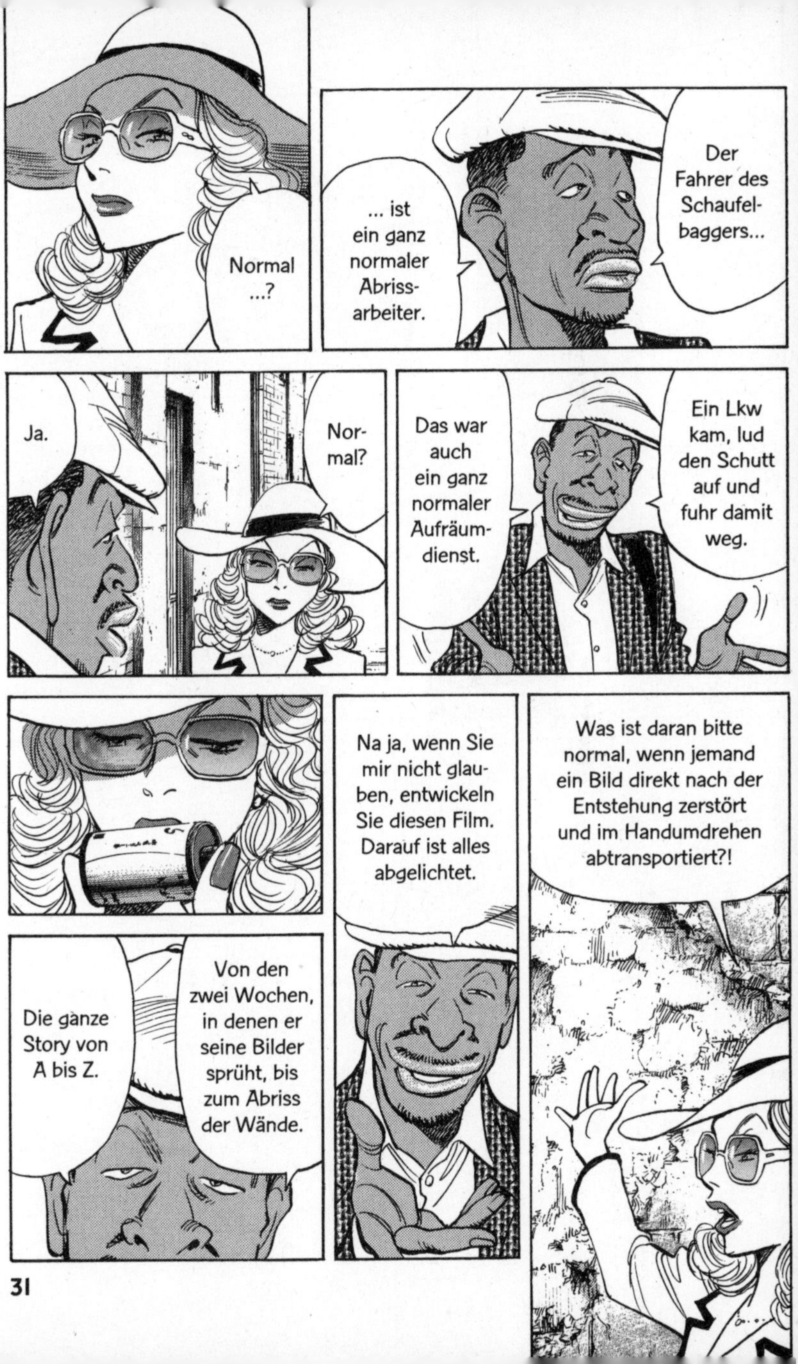
Der Fahrer des Schaufel-baggers...
... ist ein ganz normaler Abriss-arbeiter.
Normal ...?
Ein Lkw kam, lud den Schutt auf und fuhr damit weg.
Das war auch ein ganz normaler Aufräum-dienst.
Nor-mal?
Ja.
Was ist daran bitte normal, wenn jemand ein Bild direkt nach der Entstehung zerstört und im Handumdrehen abtransportiert?!
Na ja, wenn Sie mir nicht glau-ben, entwickeln Sie diesen Film. Darauf ist alles abgelichtet.
Von den zwei Wochen, in denen er seine Bilder sprüht, bis zum Abriss der Wände.
Die ganze Story von A bis Z.

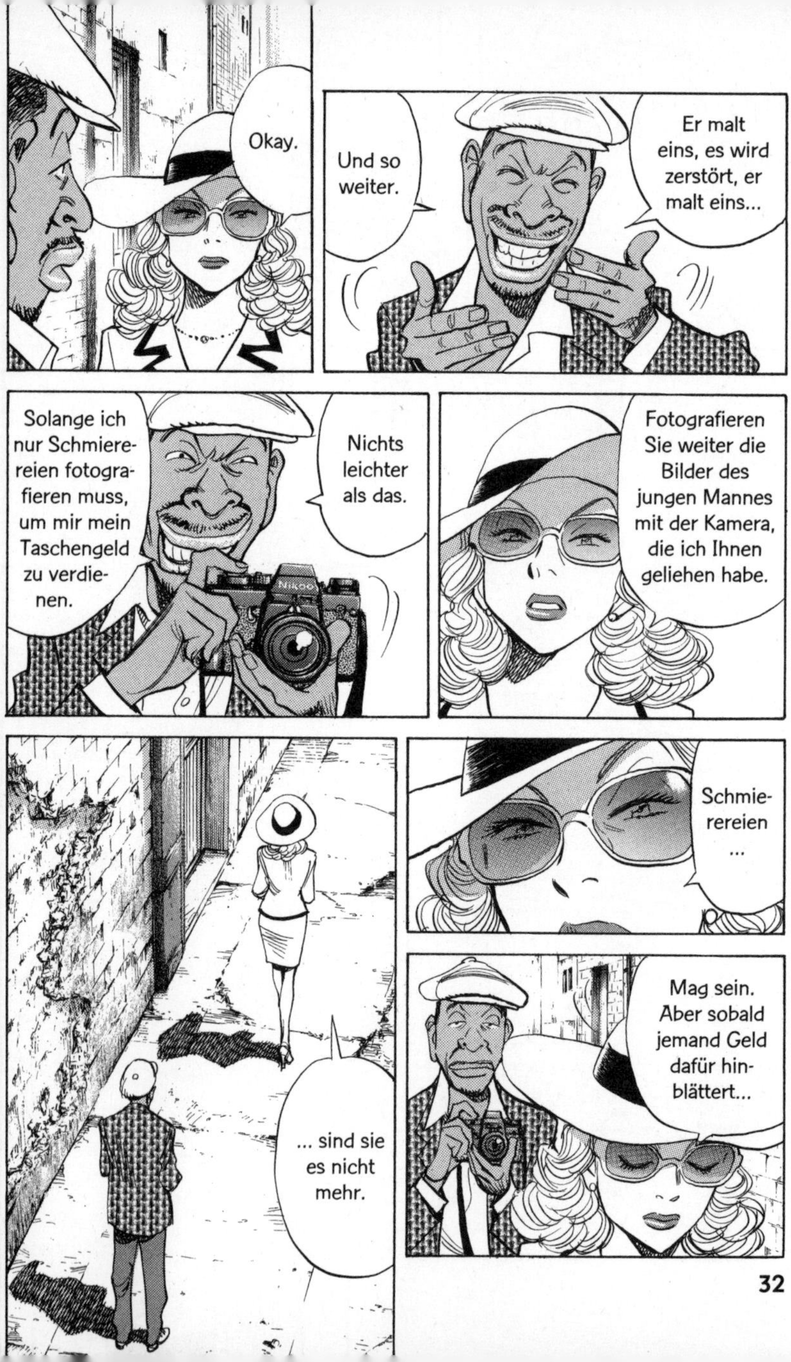

Er malt eins, es wird zerstört, er malt eins...
Und so weiter.
Okay.
Fotografieren Sie weiter die Bilder des jungen Mannes mit der Kamera, die ich Ihnen geliehen habe.
Nichts leichter als das.
Solange ich nur Schmierereien fotografieren muss, um mir mein Taschengeld zu verdienen.
Schmierereien ...
Mag sein. Aber sobald jemand Geld dafür hinblättert...
... sind sie es nicht mehr.

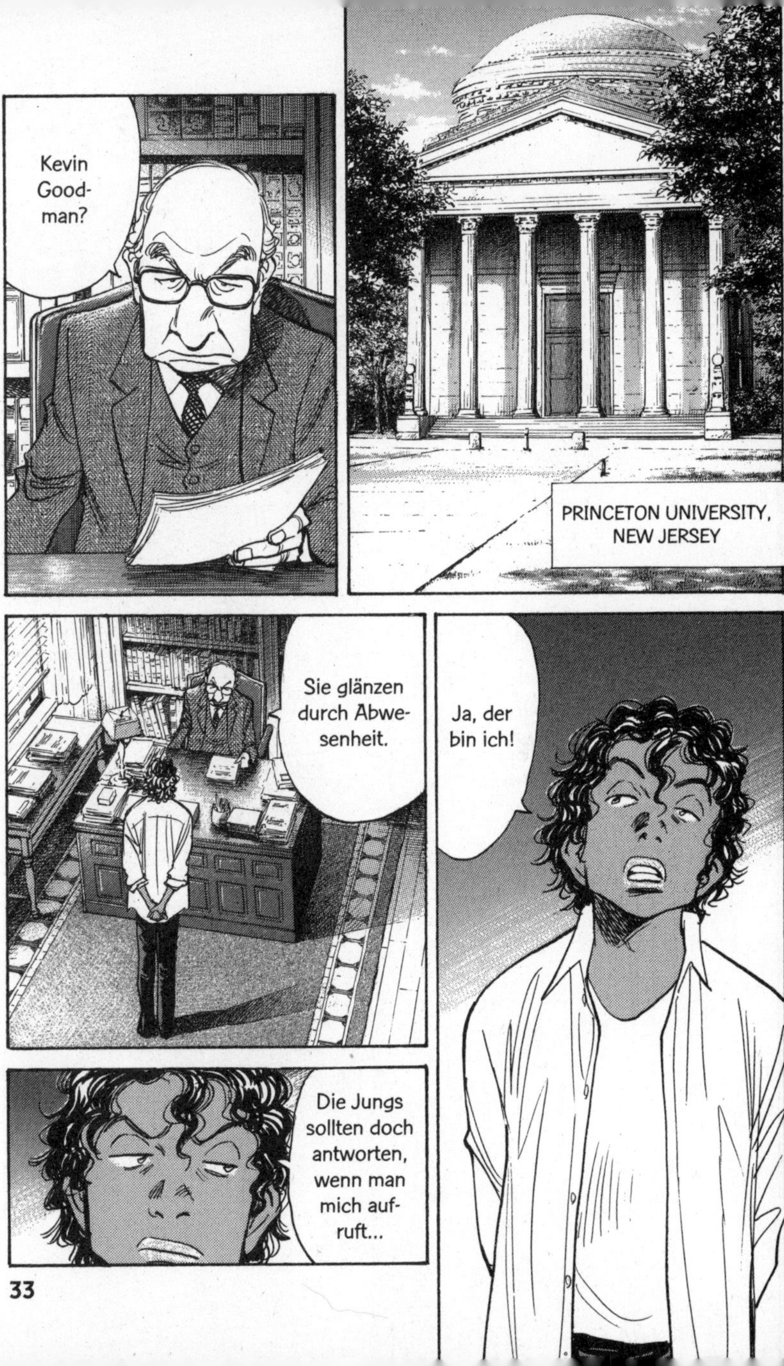

PRINCETON UNIVERSITY, NEW JERSEY
Kevin Good-man?
Ja, der bin ich!
Sie glänzen durch Abwe-senheit.
Die Jungs sollten doch antworten, wenn man mich auf-ruft...

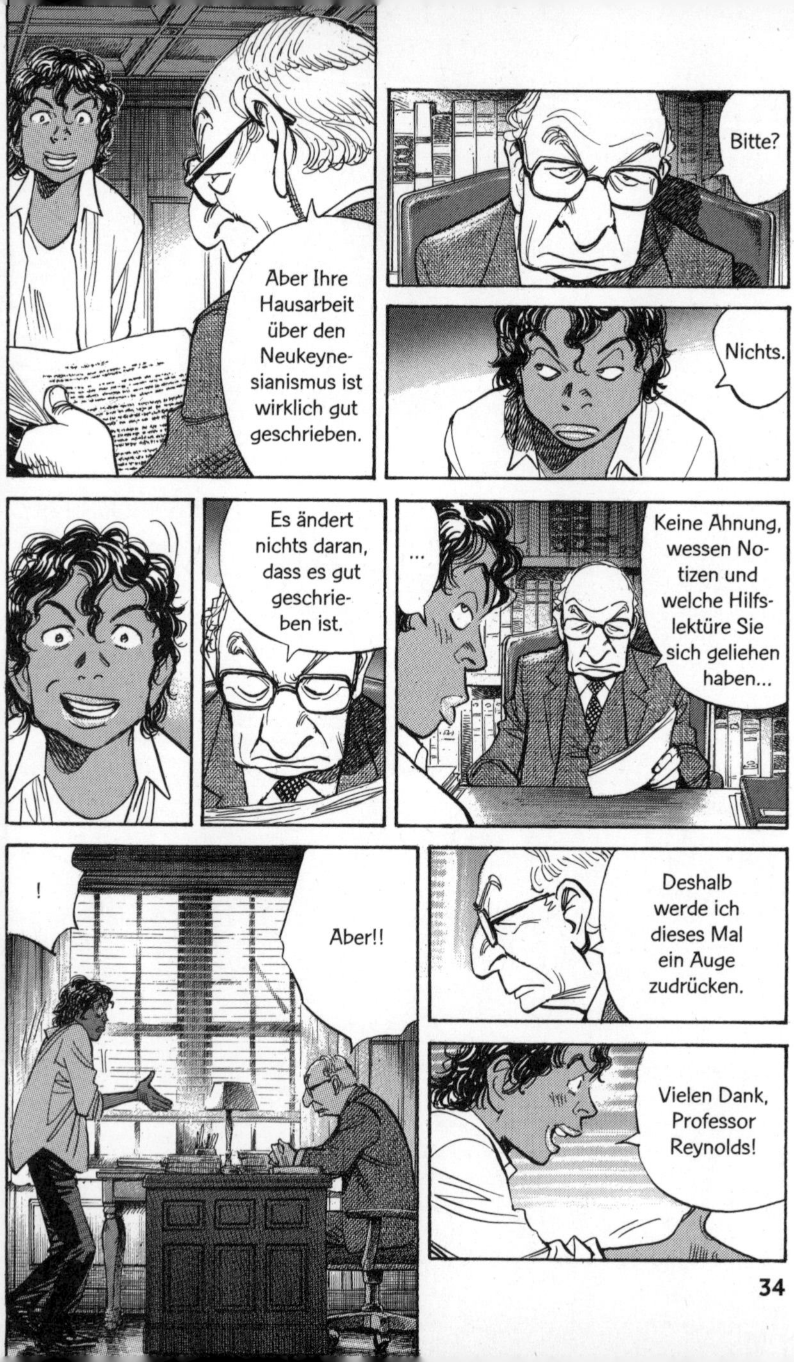
Bitte?
Nichts.
Aber Ihre Hausarbeit über den Neukeynesianismus ist wirklich gut geschrieben.
Keine Ahnung, wessen Notizen und welche Hilfslektüre Sie sich geliehen haben...
...
Es ändert nichts daran, dass es gut geschrieben ist.
Deshalb werde ich dieses Mal ein Auge zudrücken.
Vielen Dank, Professor Reynolds!
!
Aber!!

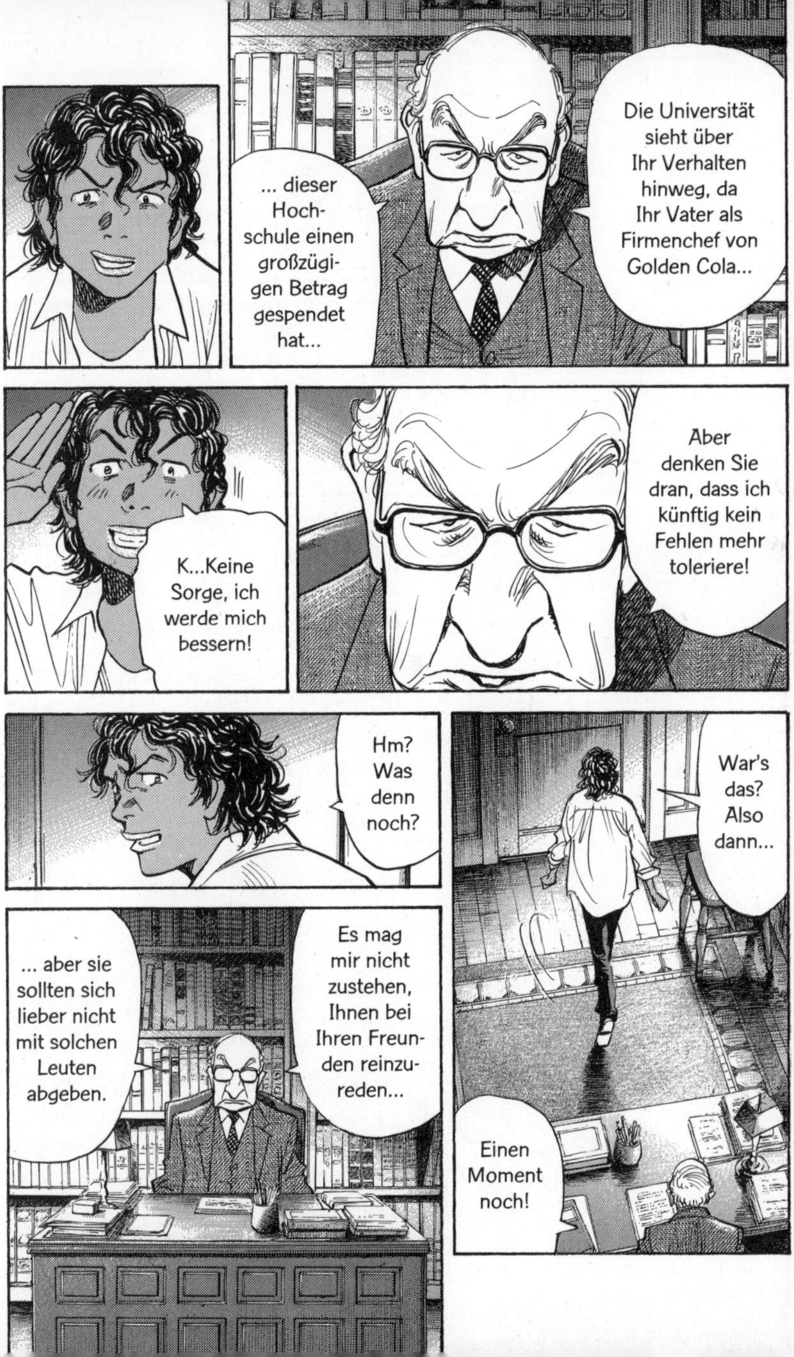
Die Universität sieht über Ihr Verhalten hinweg, da Ihr Vater als Firmenchef von Golden Cola...
... dieser Hochschule einen großzügigen Betrag gespendet hat...
Aber denken Sie dran, dass ich künftig kein Fehlen mehr toleriere!
K...Keine Sorge, ich werde mich bessern!
War's das? Also dann...
Einen Moment noch!
Hm? Was denn noch?
Es mag mir nicht zustehen, Ihnen bei Ihren Freunden reinzureden...
... aber sie sollten sich lieber nicht mit solchen Leuten abgeben.

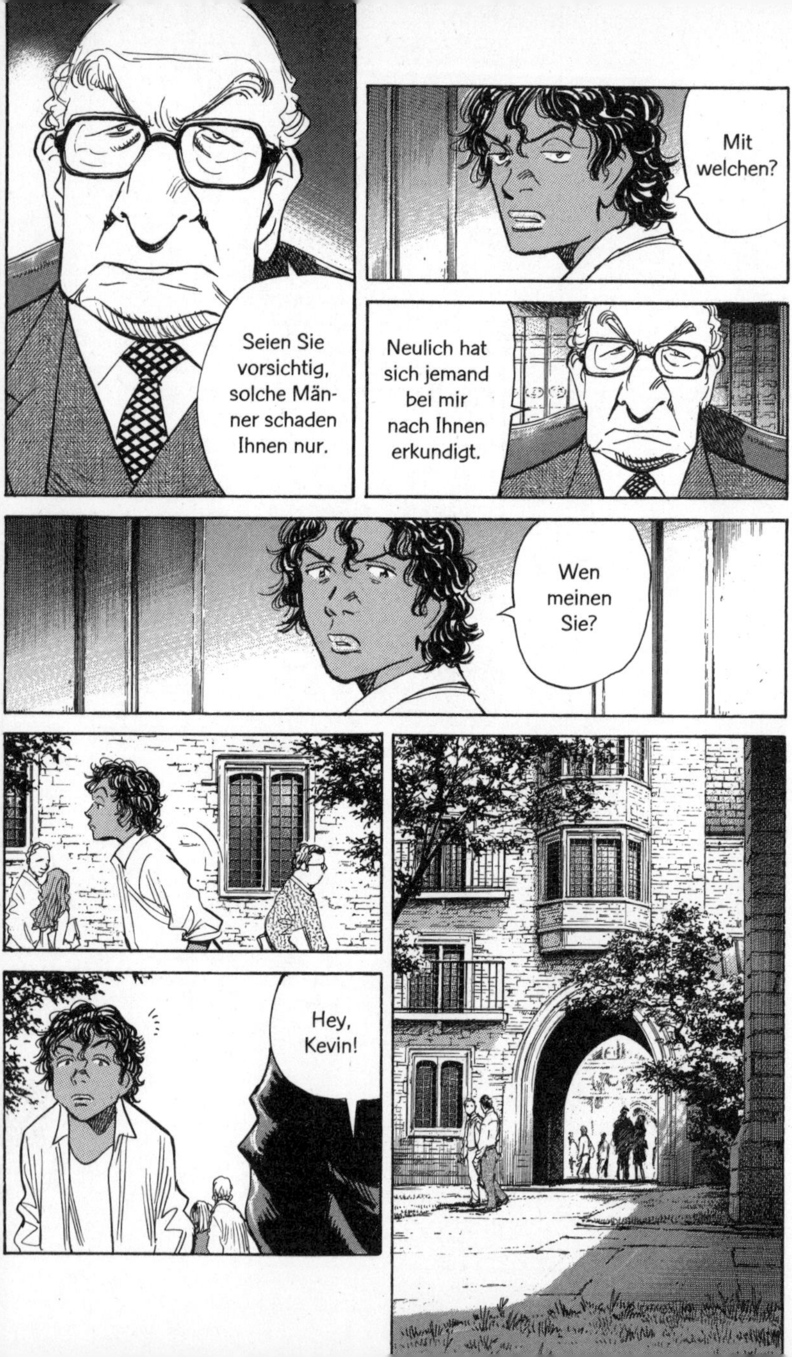
Mit welchen?
Neulich hat sich jemand bei mir nach Ihnen erkundigt.
Seien Sie vorsichtig, solche Männer schaden Ihnen nur.
Wen meinen Sie?
Hey, Kevin!

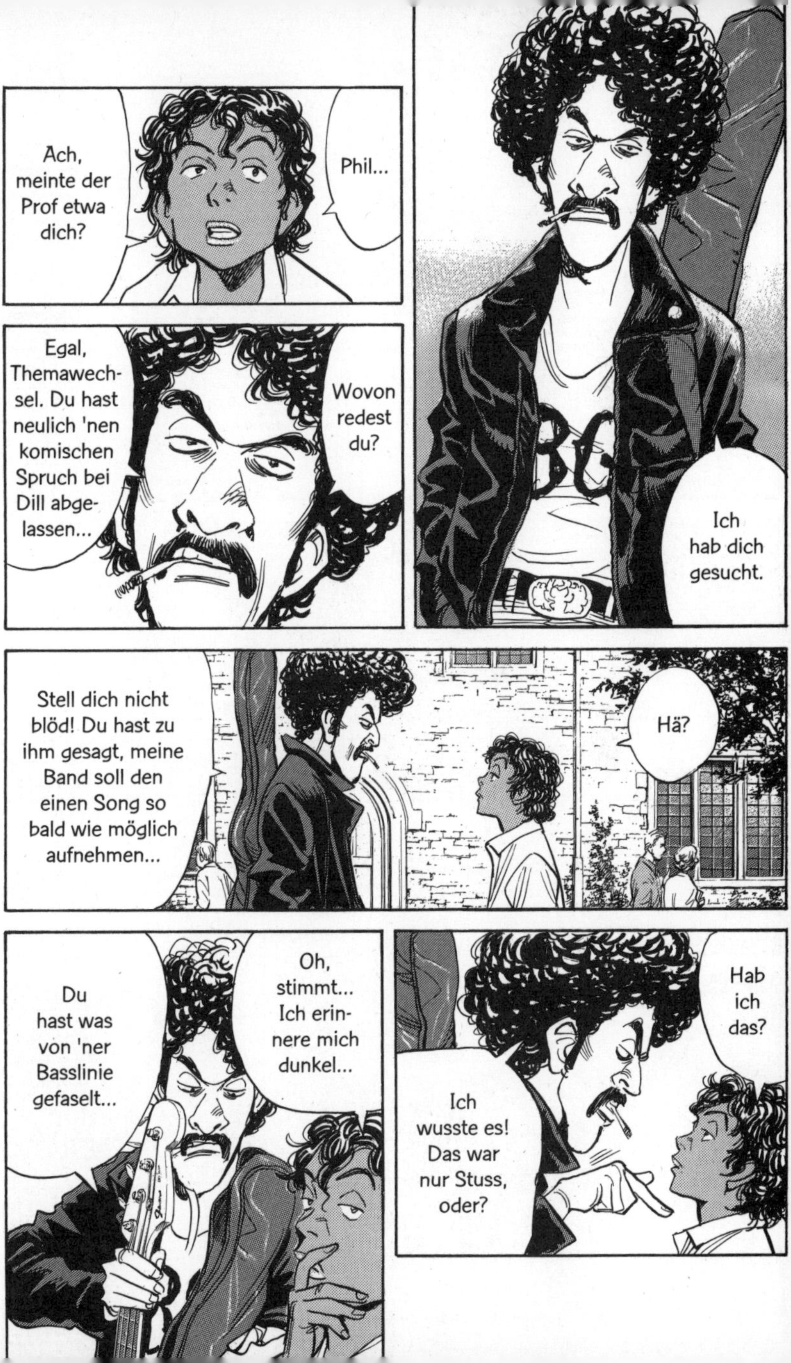

Ich hab dich gesucht.
Phil...
Ach, meinte der Prof etwa dich?
Egal, Themawech-sel. Du hast neulich 'nen komischen Spruch bei Dill abge-lassen...
Wovon redest du?
Hä?
Stell dich nicht blöd! Du hast zu ihm gesagt, meine Band soll den einen Song so bald wie möglich aufnehmen...
Hab ich das?
Ich wusste es! Das war nur Stuss, oder?
Du hast was von 'ner Basslinie gefaselt...
Oh, stimmt... Ich erinnere mich dunkel...

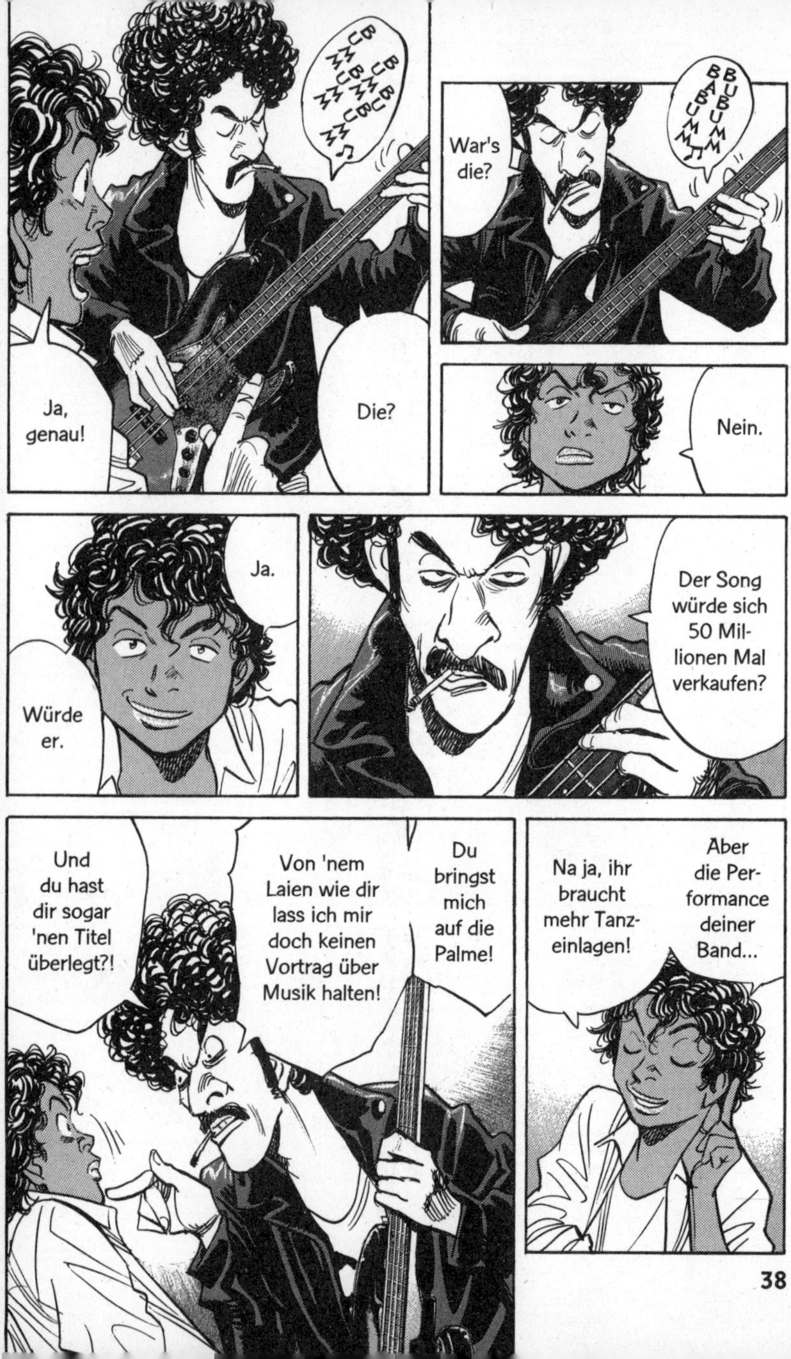

BUBUMM
BABUMM♪
War's die?
Nein.
BUMMBUMM
BUMMBUBUMM♪
Die?
Ja, genau!
Der Song würde sich 50 Millionen Mal verkaufen?
Ja.
Würde er.
Aber die Performance deiner Band...
Na ja, ihr braucht mehr Tanzeinlagen!
Du bringst mich auf die Palme!
Von 'nem Laien wie dir lass ich mir doch keinen Vortrag über Musik halten!
Und du hast dir sogar 'nen Titel überlegt?!

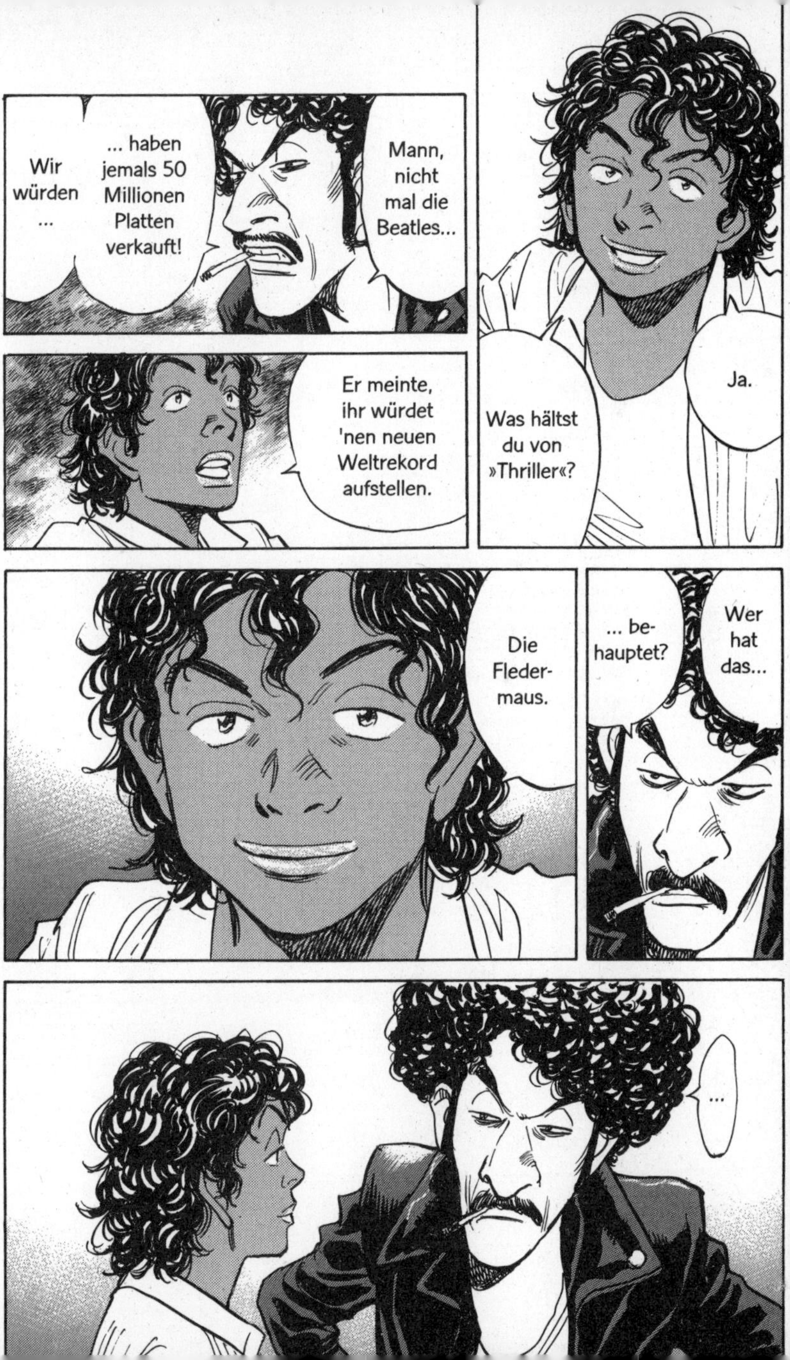
Ja.
Was hältst du von »Thriller«?
Mann, nicht mal die Beatles...
... haben jemals 50 Millionen Platten verkauft!
Wir würden ...
Er meinte, ihr würdet 'nen neuen Weltrekord aufstellen.
Wer hat das...
... behauptet?
Die Fledermaus.
...

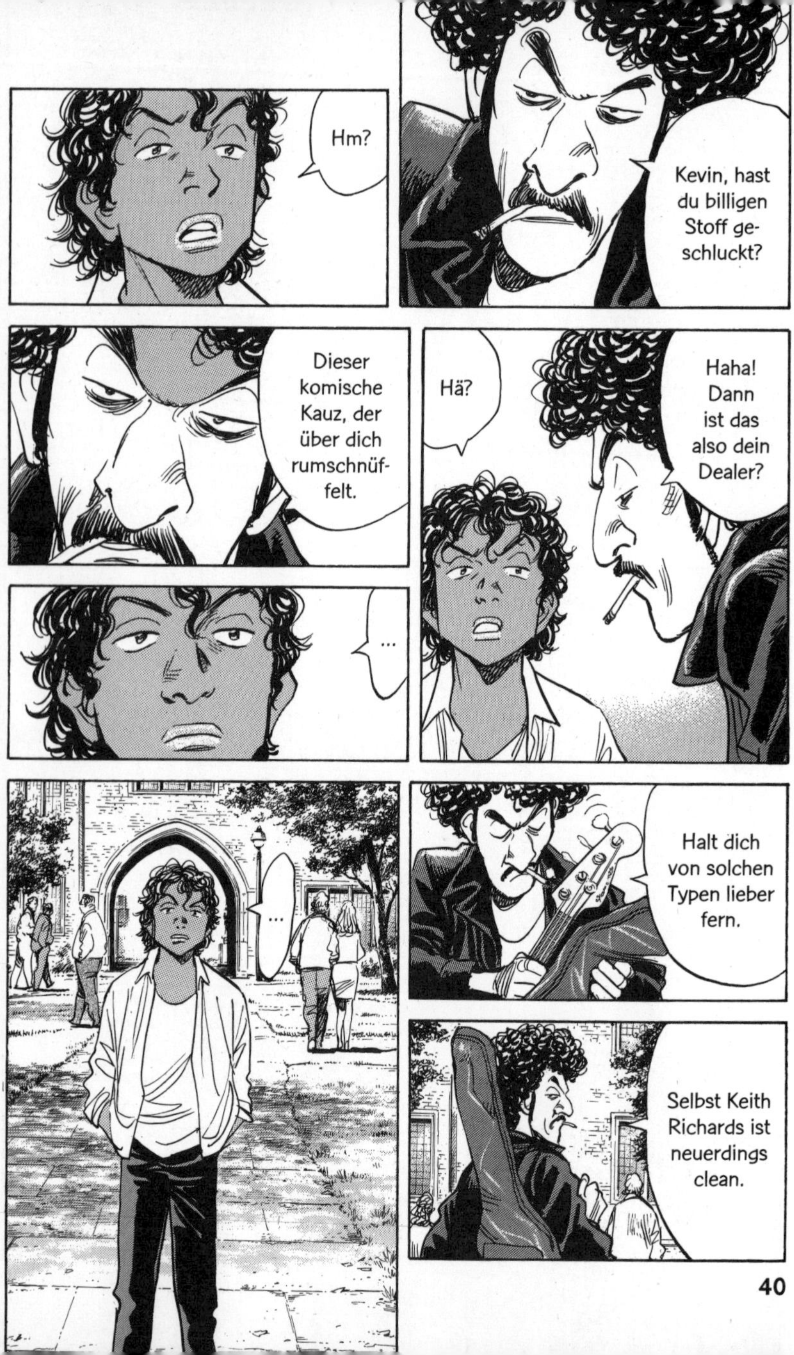
Kevin, hast du billigen Stoff geschluckt?
Hm?
Haha! Dann ist das also dein Dealer?
Hä?
Dieser komische Kauz, der über dich rumschnüffelt.
...
Halt dich von solchen Typen lieber fern.
Selbst Keith Richards ist neuerdings clean.
...

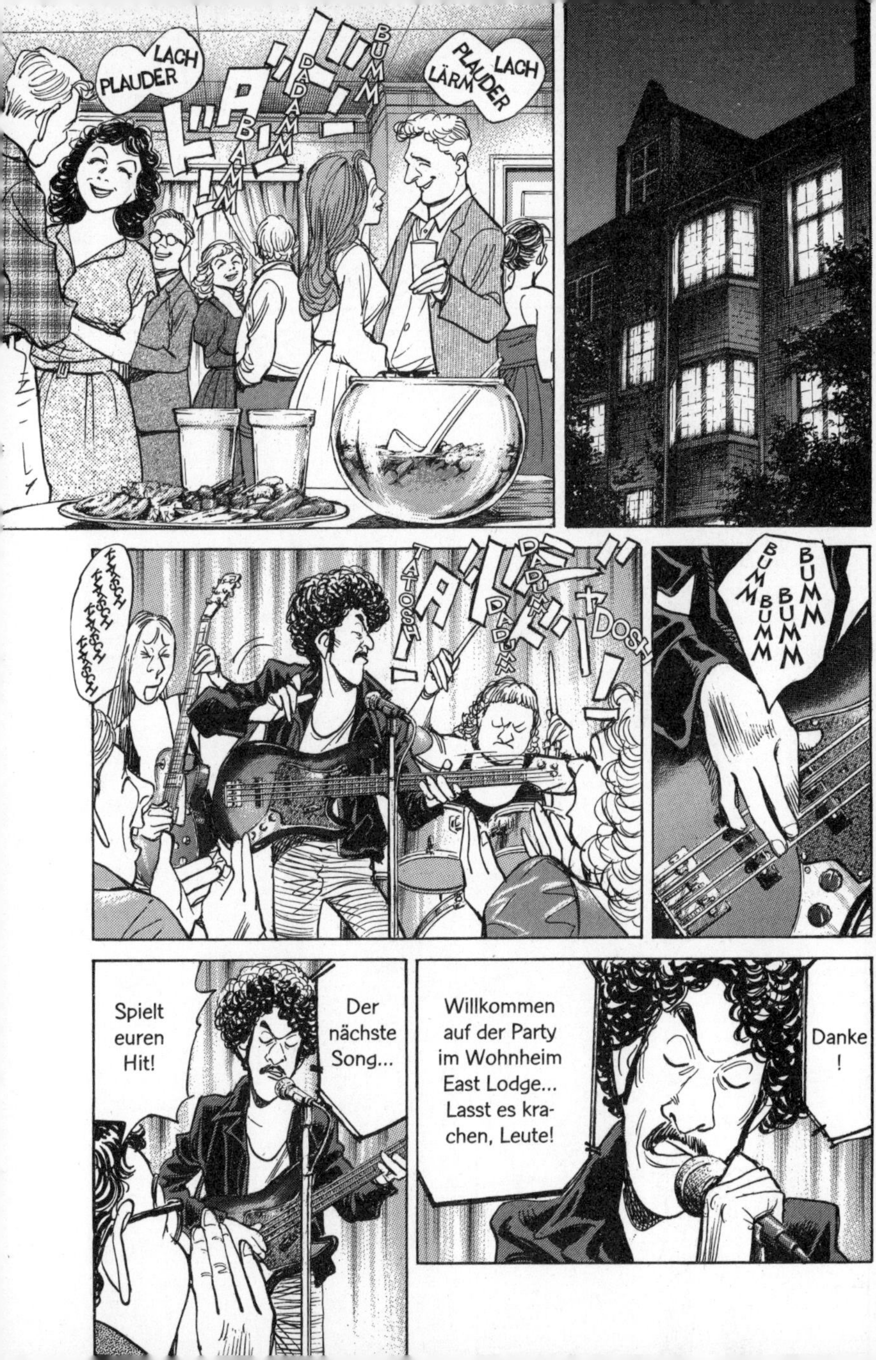
LACH
PLAUDER
BUMM
DADAMM
BABAMM
PLAUDER
LACH
LÄRM
TATOSH
DADUM
DADUM
DOSH
KLATSCH KLATSCH KLATSCH KLATSCH KLATSCH
BUMM BUMM BUMM BUMM BUMM
Danke!
Willkommen auf der Party im Wohnheim East Lodge... Lasst es krachen, Leute!
Der nächste Song...
Spielt euren Hit!

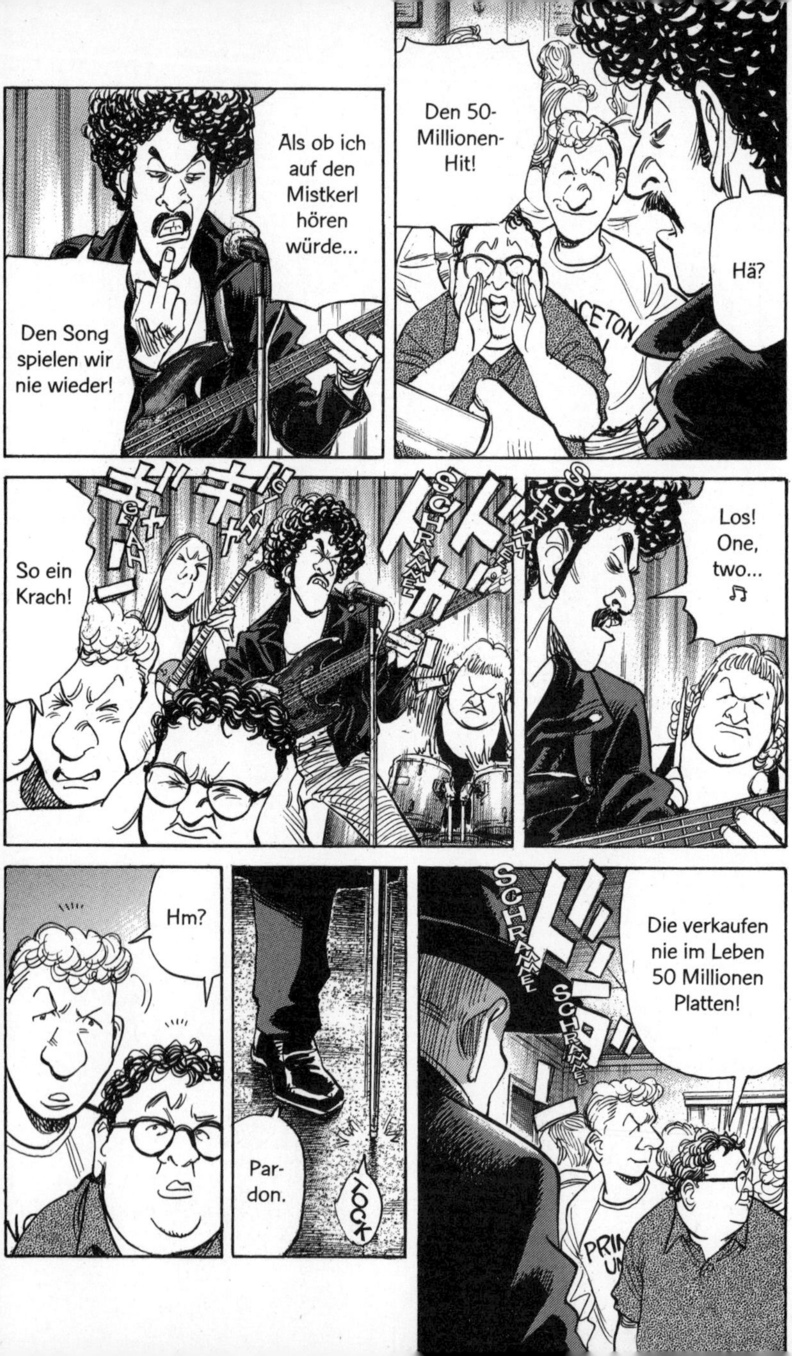

Den 50-Millionen-Hit!
Hä?
Als ob ich auf den Mistkerl hören würde...
Den Song spielen wir nie wieder!
Los! One, two... ♫
SCHRAMM
SCHRAMMEL
So ein Krach!
SCHRAMMEL
Die verkaufen nie im Leben 50 Millionen Platten!
SCHRAMMEL
Pardon.
TOCK
Hm?

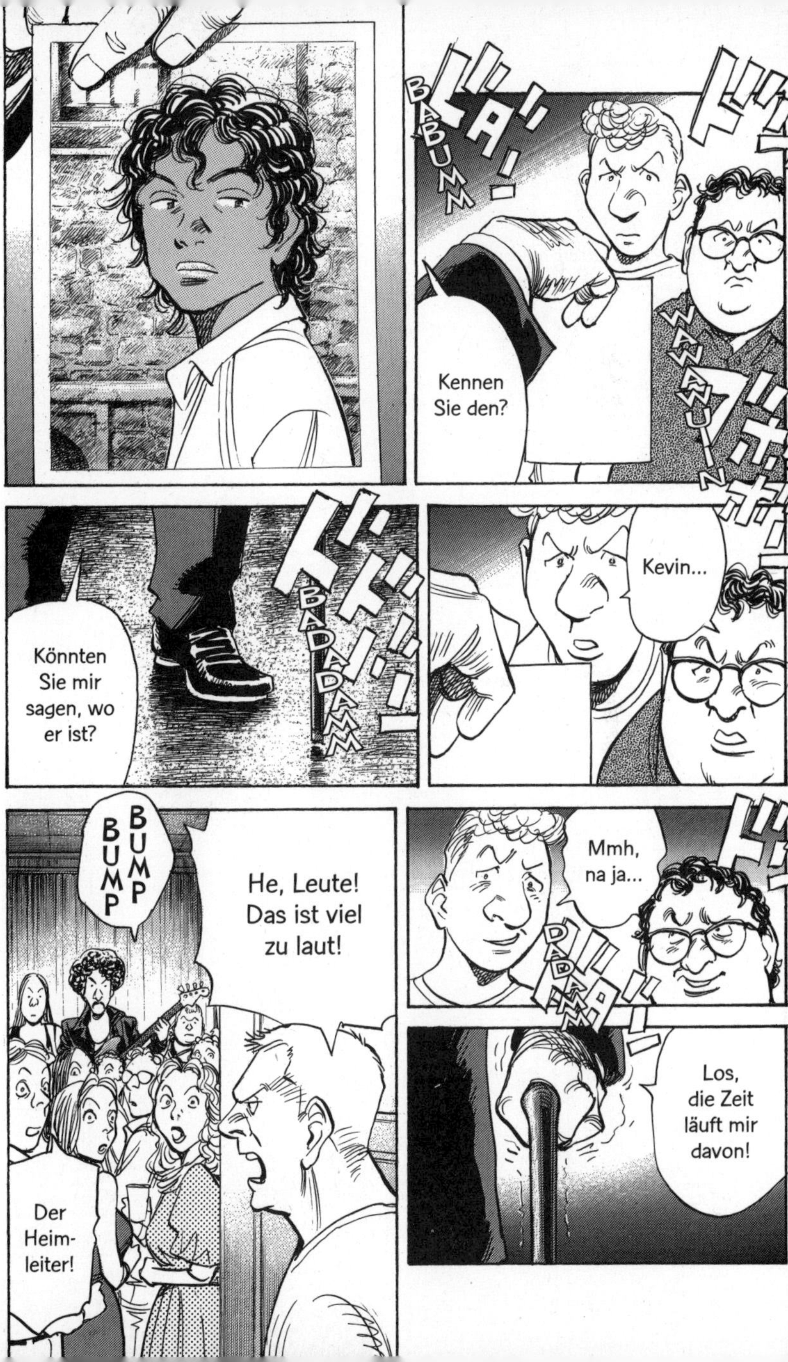
BABUMM
Kennen Sie den?
WAWAU–N
Kevin...
BADADAMM
Könnten Sie mir sagen, wo er ist?
Mmh, na ja...
DADAMM
Los, die Zeit läuft mir davon!
BUMP BUMP
He, Leute! Das ist viel zu laut!
Der Heimleiter!

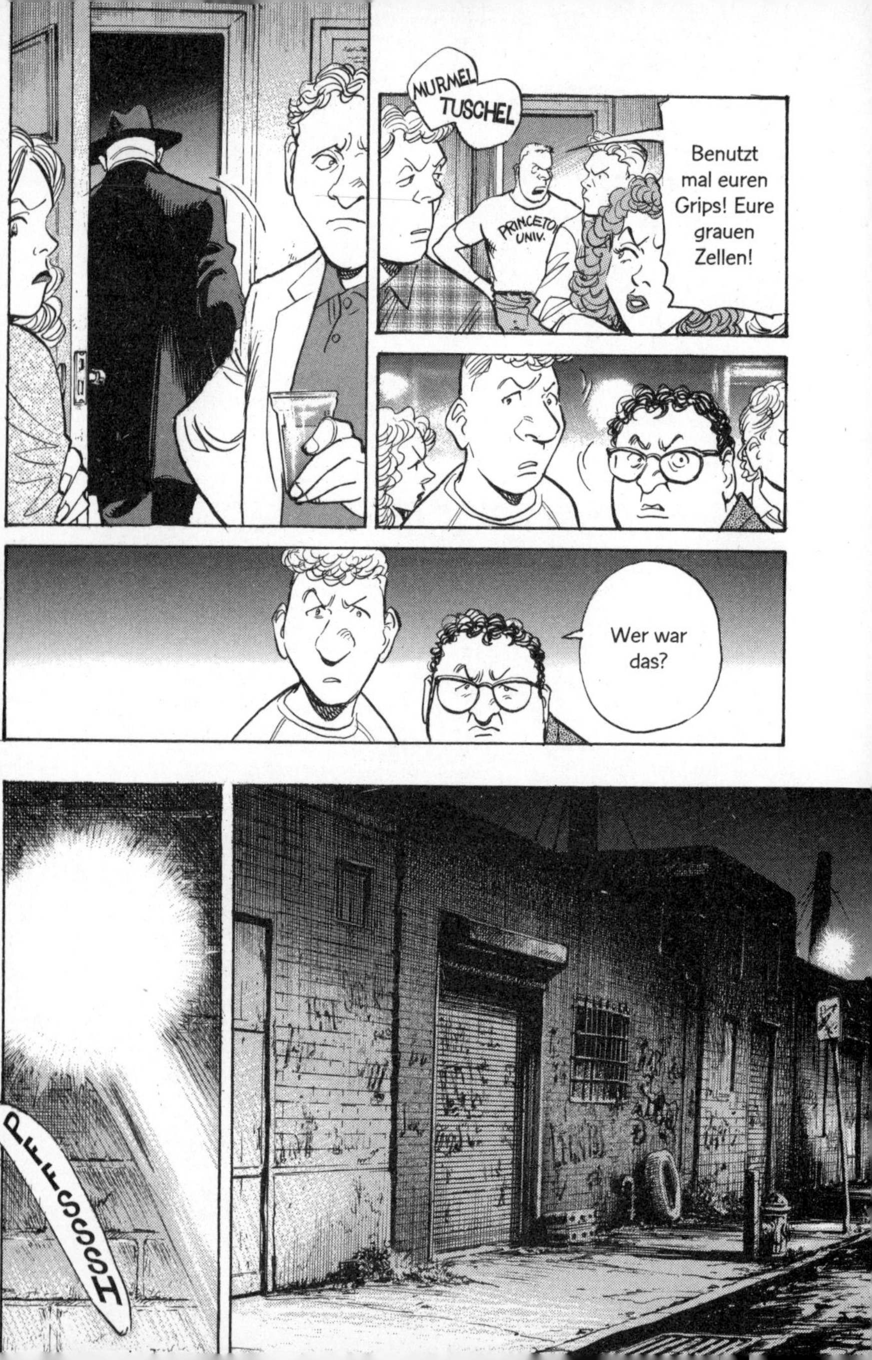
MURMEL
TUSCHEL
Benutzt mal euren Grips! Eure grauen Zellen!
Wer war das?
PFFSSSSH

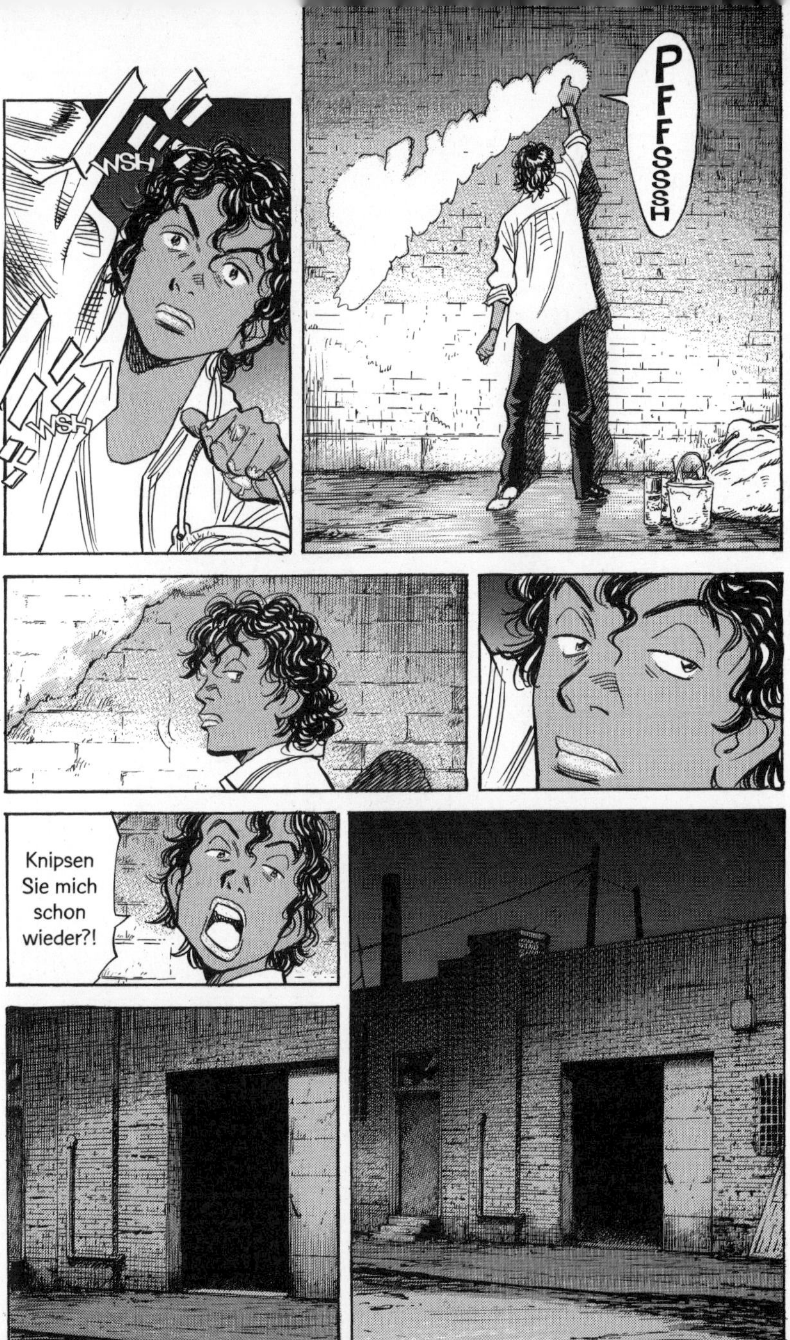
PFFSSSSH
WSH
WSH
Knipsen Sie mich schon wieder?!

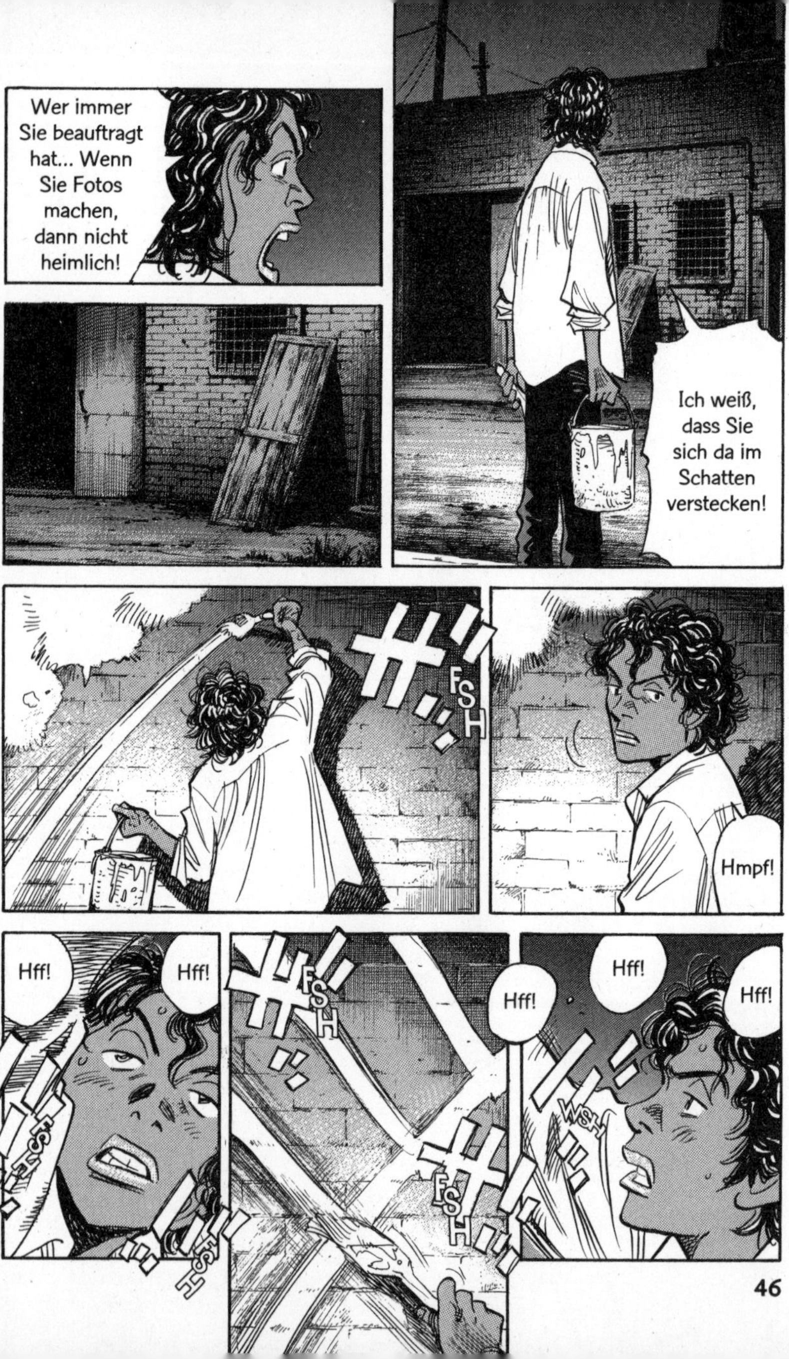

Wer immer Sie beauftragt hat... Wenn Sie Fotos machen, dann nicht heimlich!
Ich weiß, dass Sie sich da im Schatten verstecken!
FSH
Hmpf!
Hff!
Hff!
FSH
FSH
FSH
FSH
Hff!
Hff!
Hff!
WSH

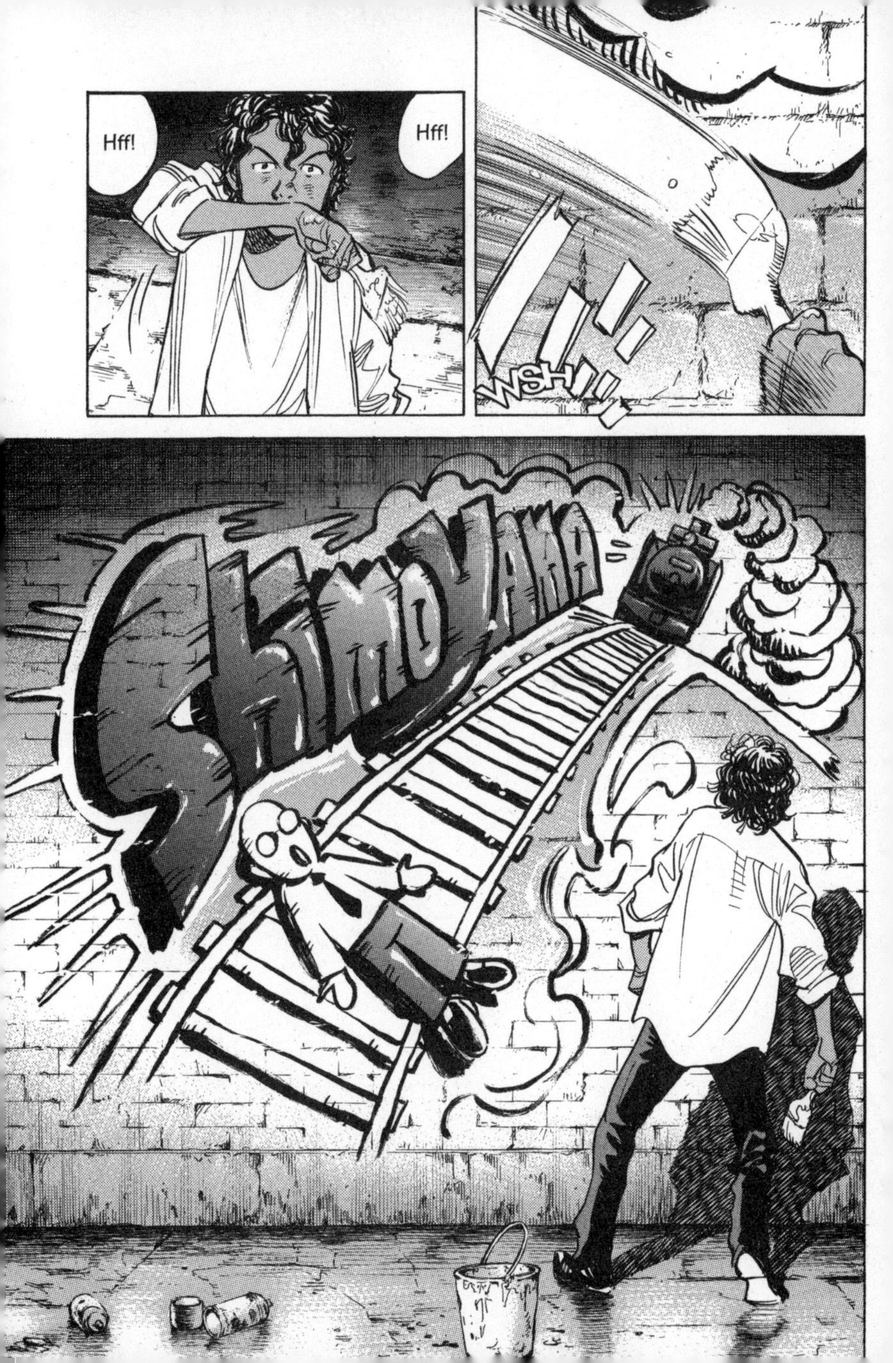
Hff!
Hff!
WSH
SHIMOYAMA

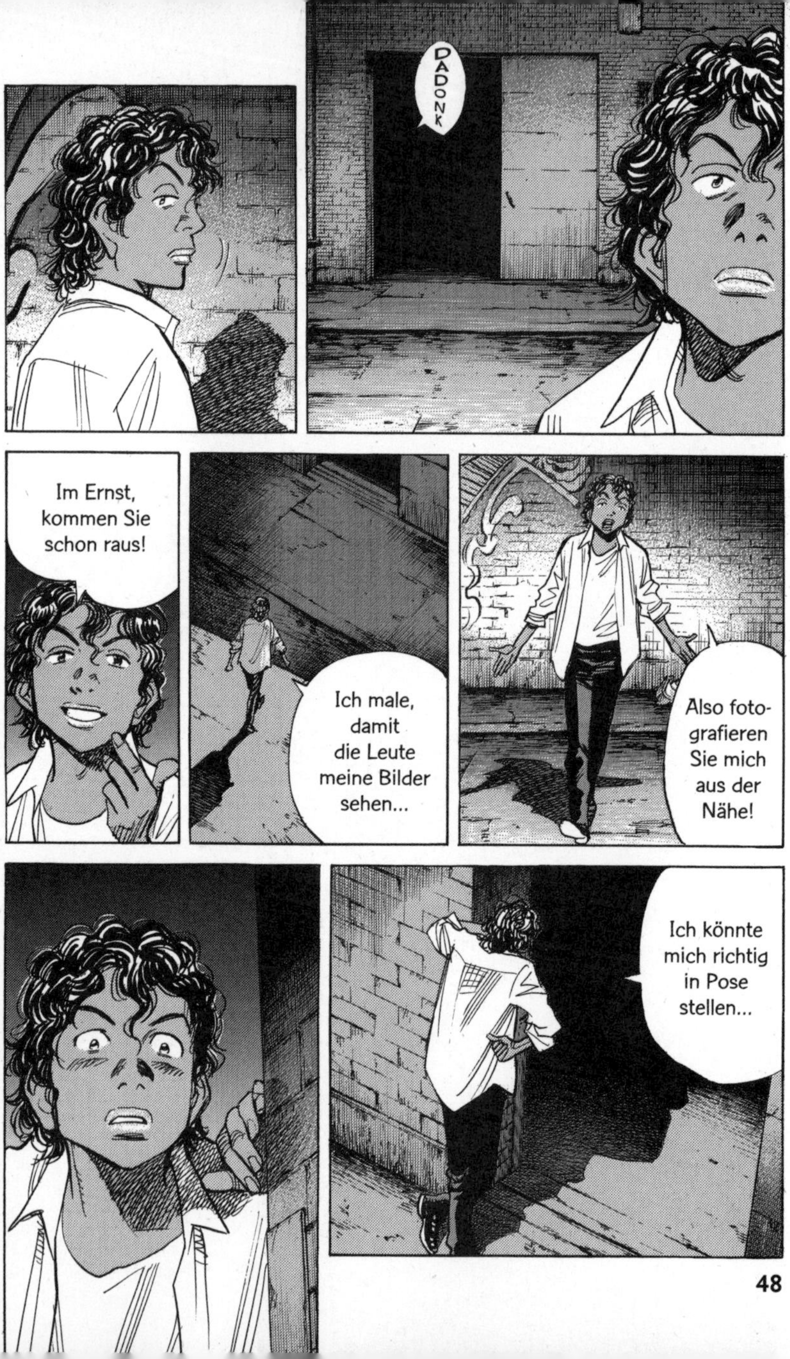
DADONK
Im Ernst, kommen Sie schon raus!
Also foto-grafieren Sie mich aus der Nähe!
Ich male, damit die Leute meine Bilder sehen...
Ich könnte mich richtig in Pose stellen...

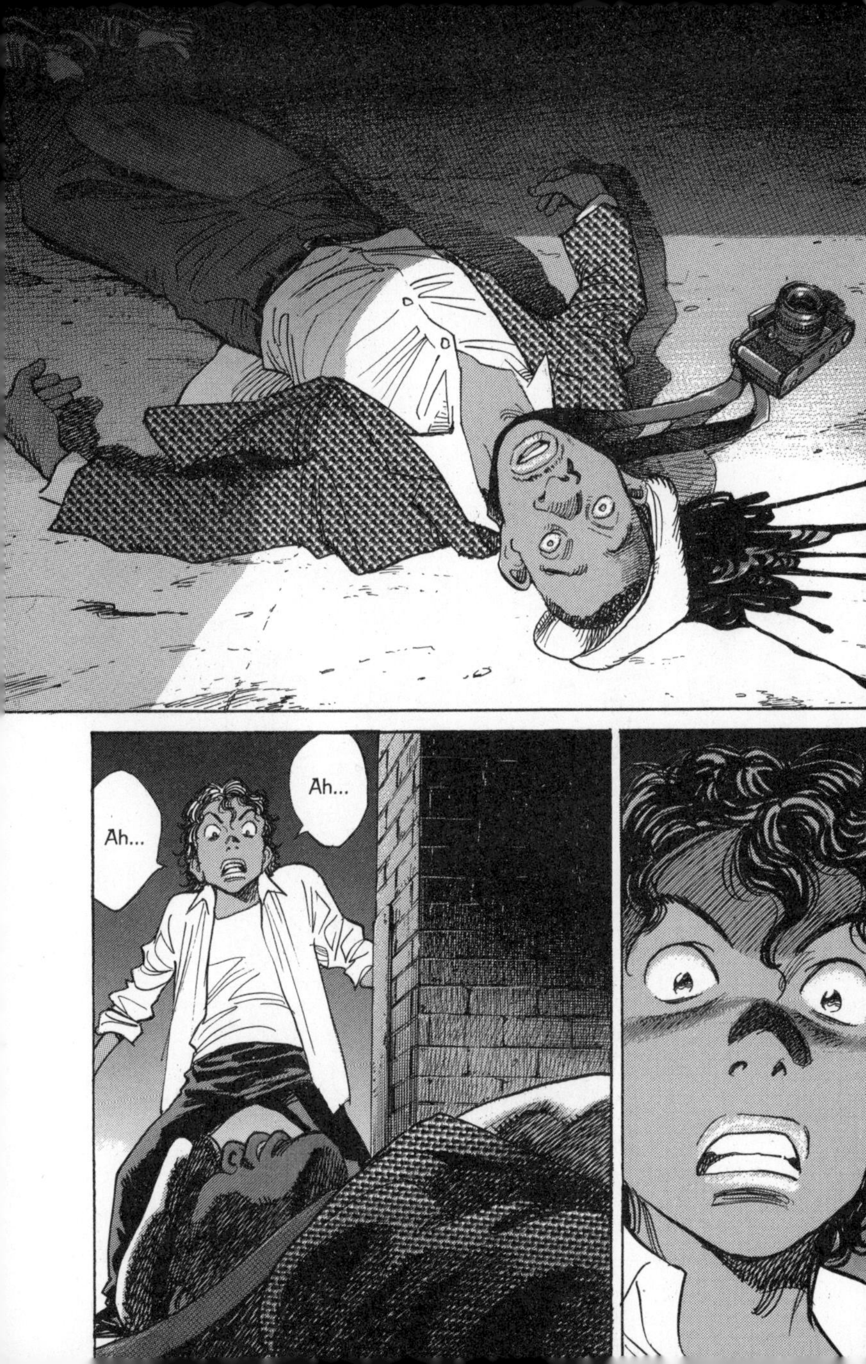
Ah...
Ah...

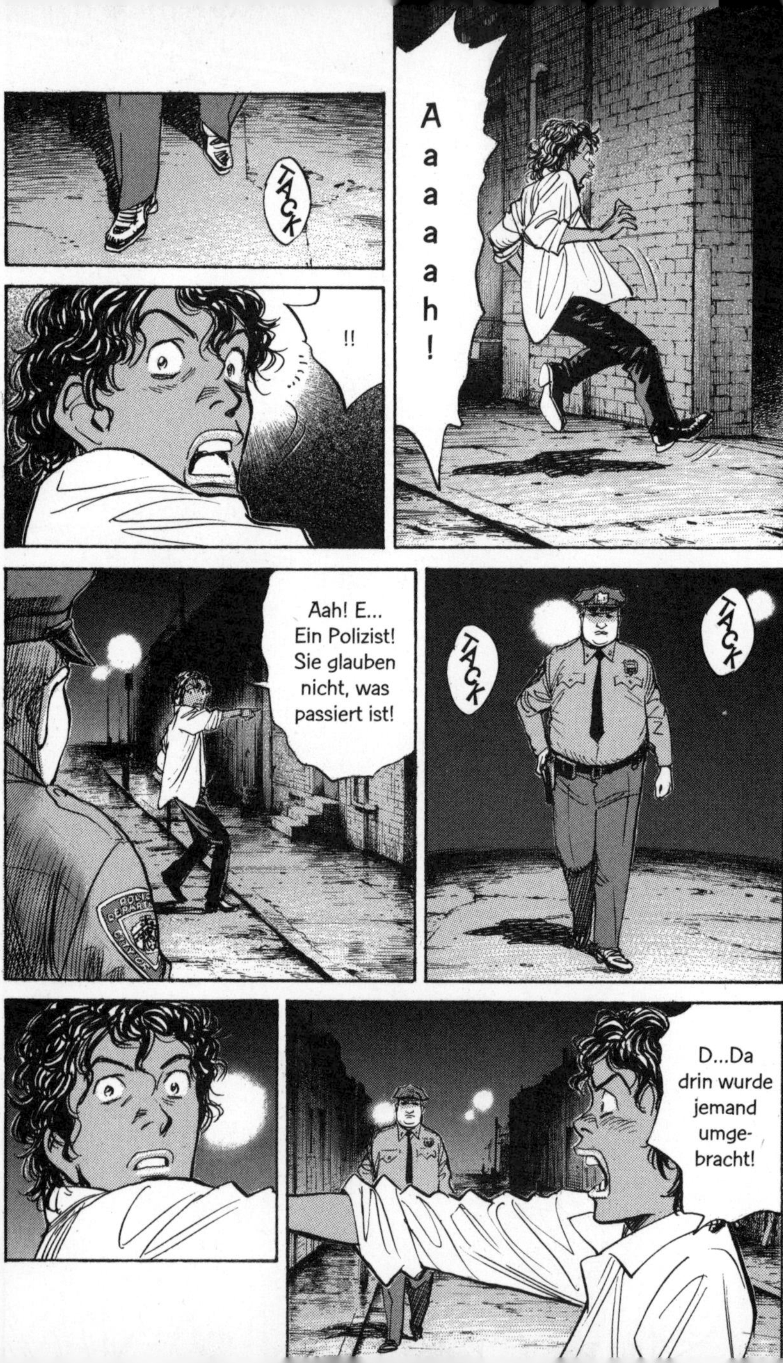
TACK
Aaaaah!
!!
TACK
TACK
Aah! E... Ein Polizist! Sie glauben nicht, was passiert ist!
D...Da drin wurde jemand umge-bracht!

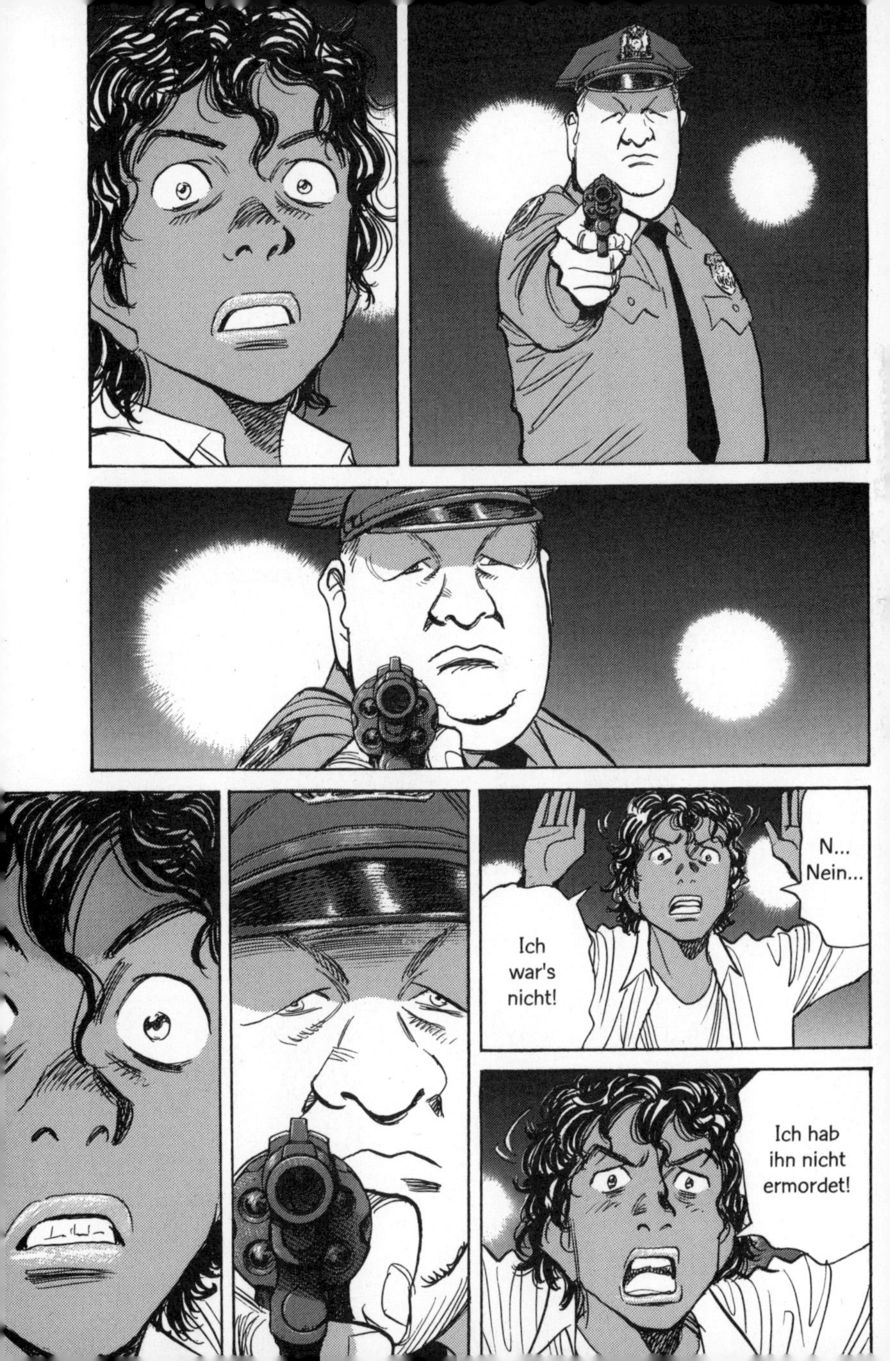

N... Nein...
Ich war's nicht!
Ich hab ihn nicht ermordet!

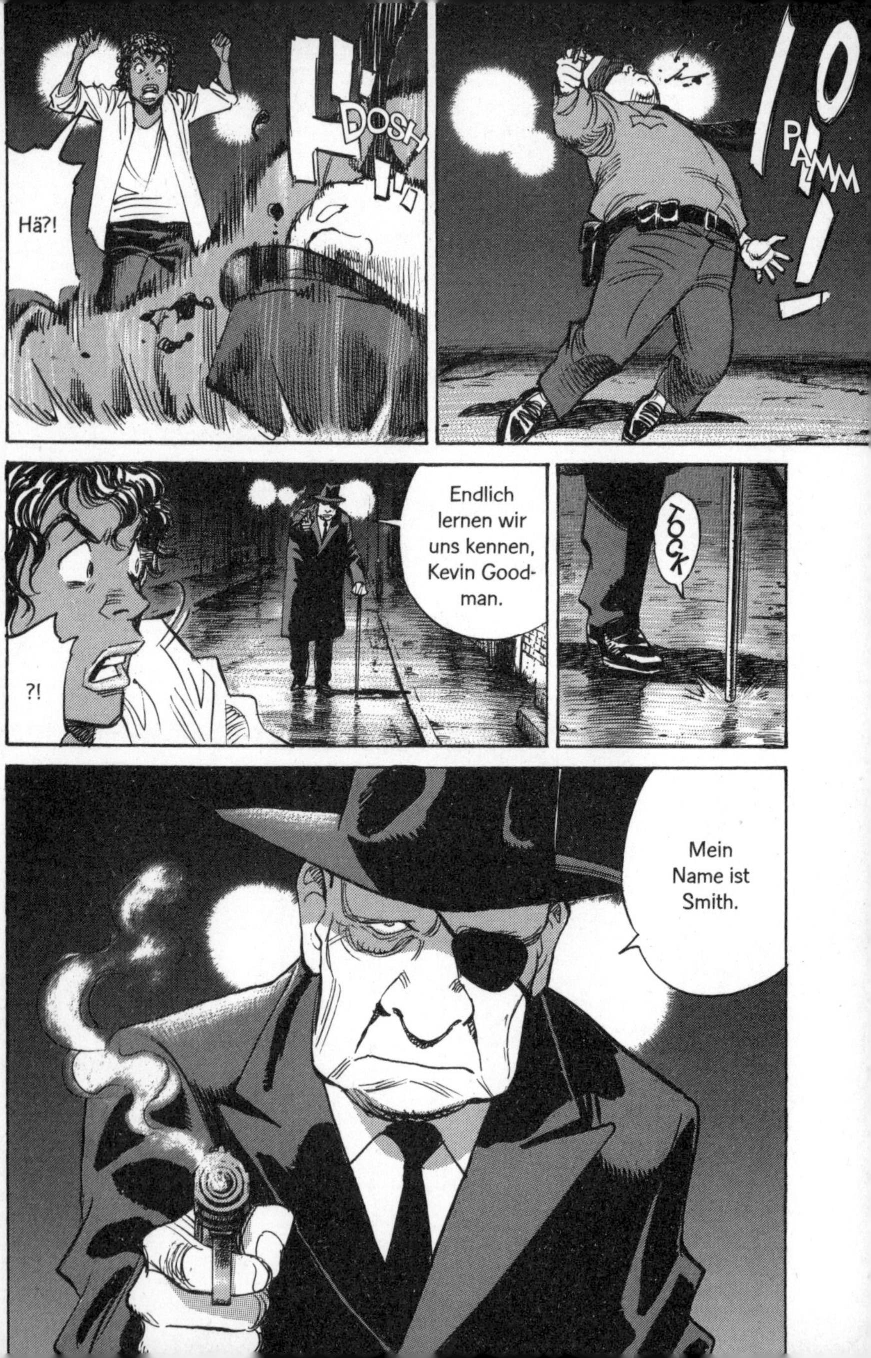
PAMM
DOSH
Hä?!
TOCK
Endlich lernen wir uns kennen, Kevin Good-man.
?!
Mein Name ist Smith.

KAPITEL 96: DER KUMPAN

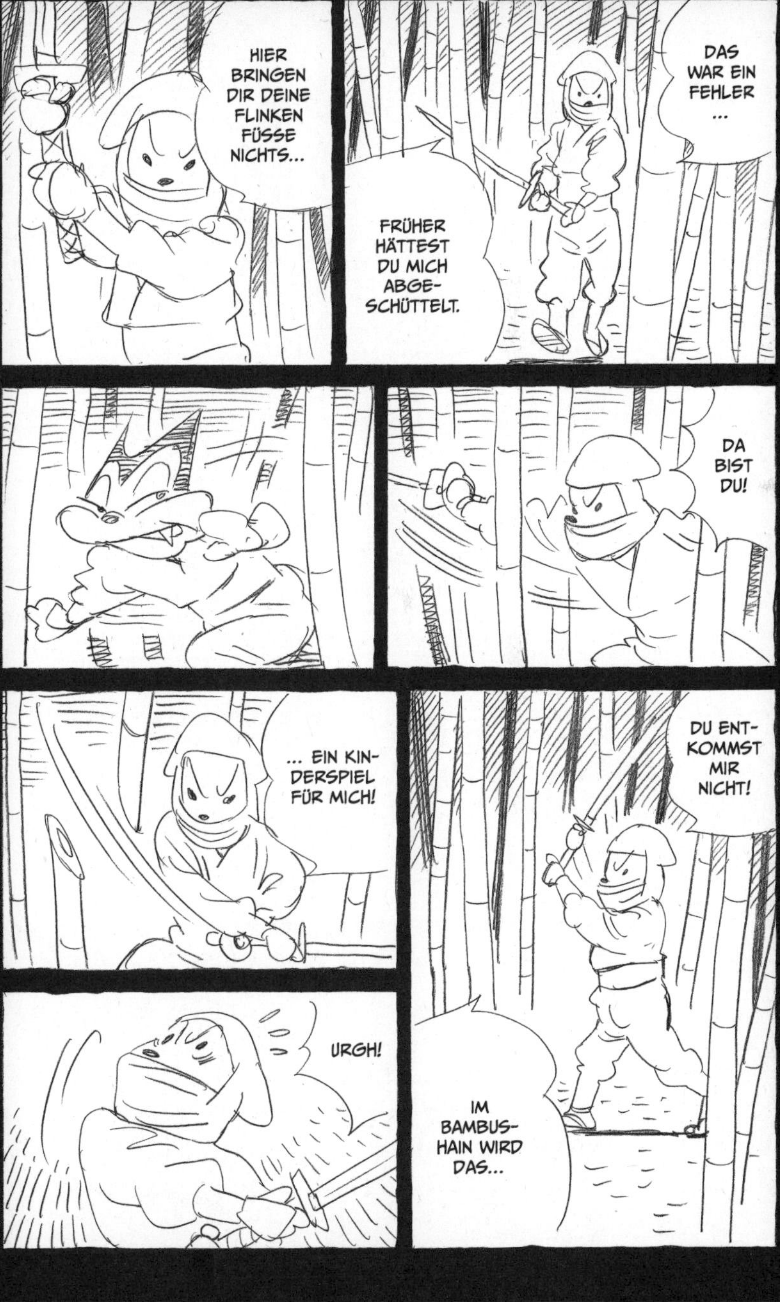

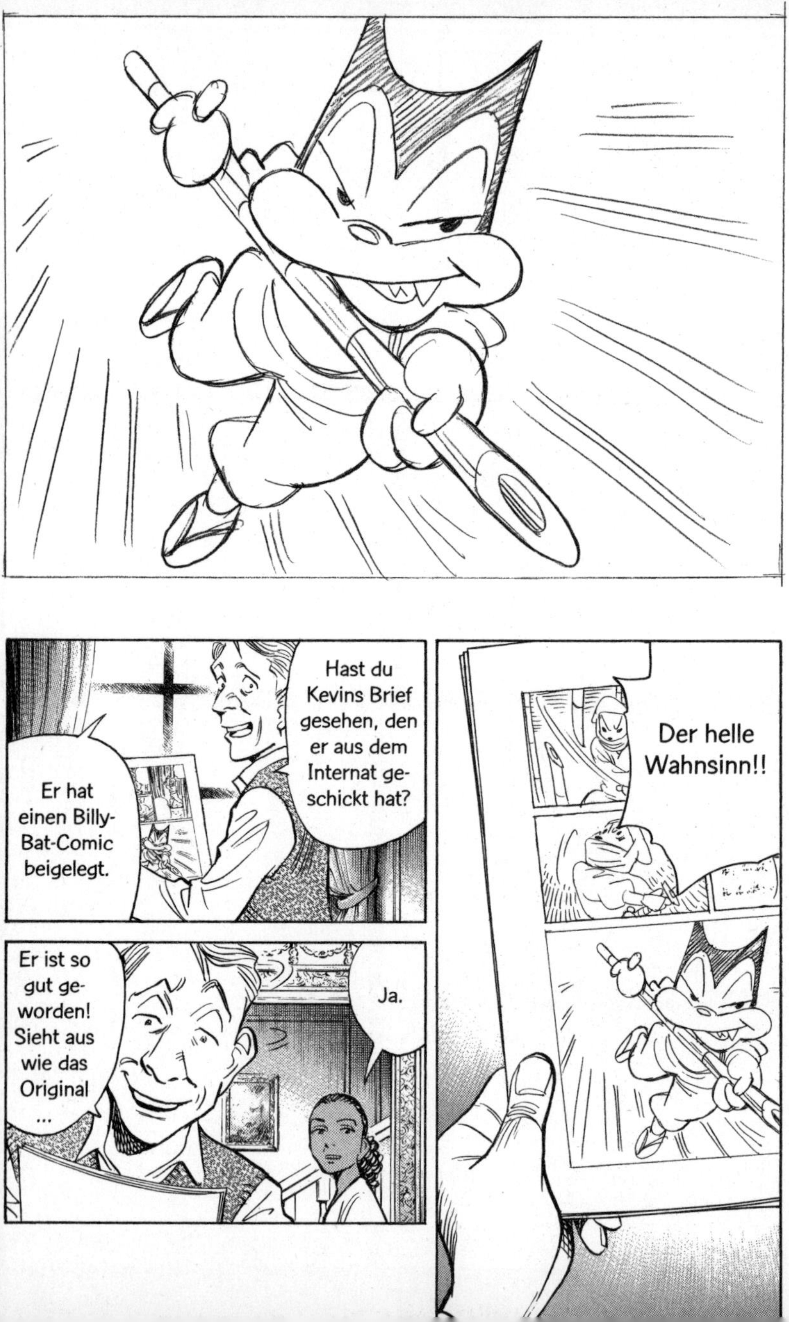

Der helle Wahnsinn!!
Hast du Kevins Brief gesehen, den er aus dem Internat geschickt hat?
Er hat einen Billy-Bat-Comic beigelegt.
Ja.
Er ist so gut geworden! Sieht aus wie das Original ...

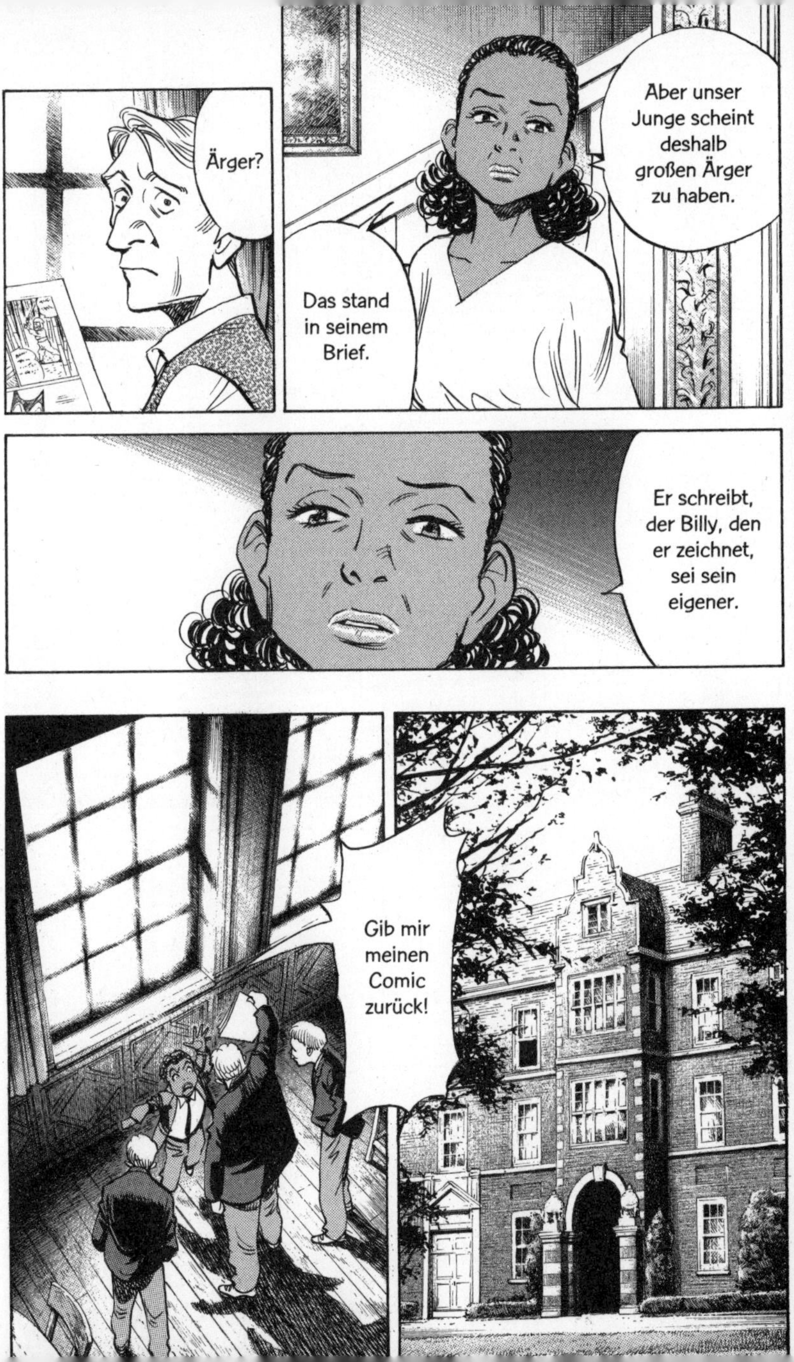
Aber unser Junge scheint deshalb großen Ärger zu haben.
Ärger?
Das stand in seinem Brief.
Er schreibt, der Billy, den er zeichnet, sei sein eigener.
Gib mir meinen Comic zurück!

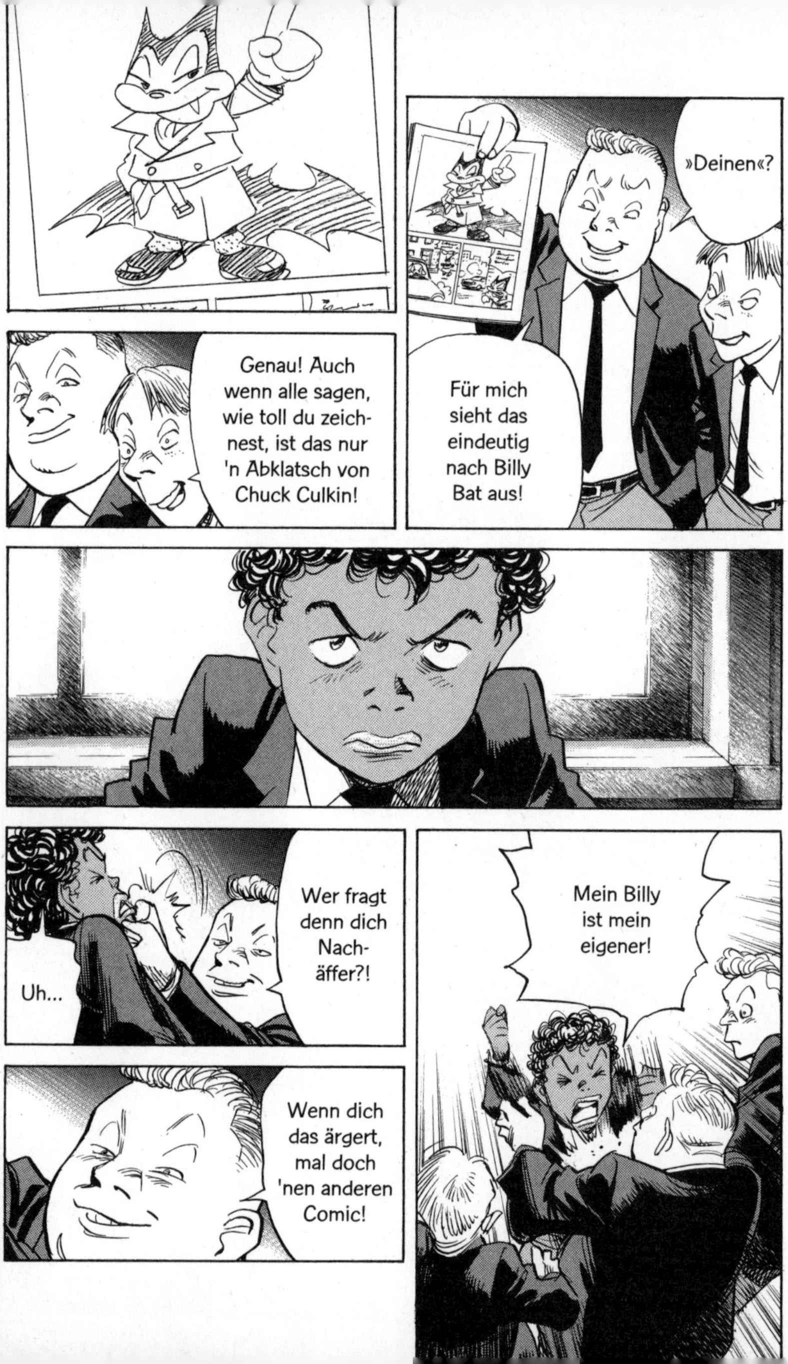
»Deinen«?
Für mich sieht das eindeutig nach Billy Bat aus!
Genau! Auch wenn alle sagen, wie toll du zeichnest, ist das nur 'n Abklatsch von Chuck Culkin!
Wer fragt denn dich Nachäffer?!
Uh...
Wenn dich das ärgert, mal doch 'nen anderen Comic!
Mein Billy ist mein eigener!

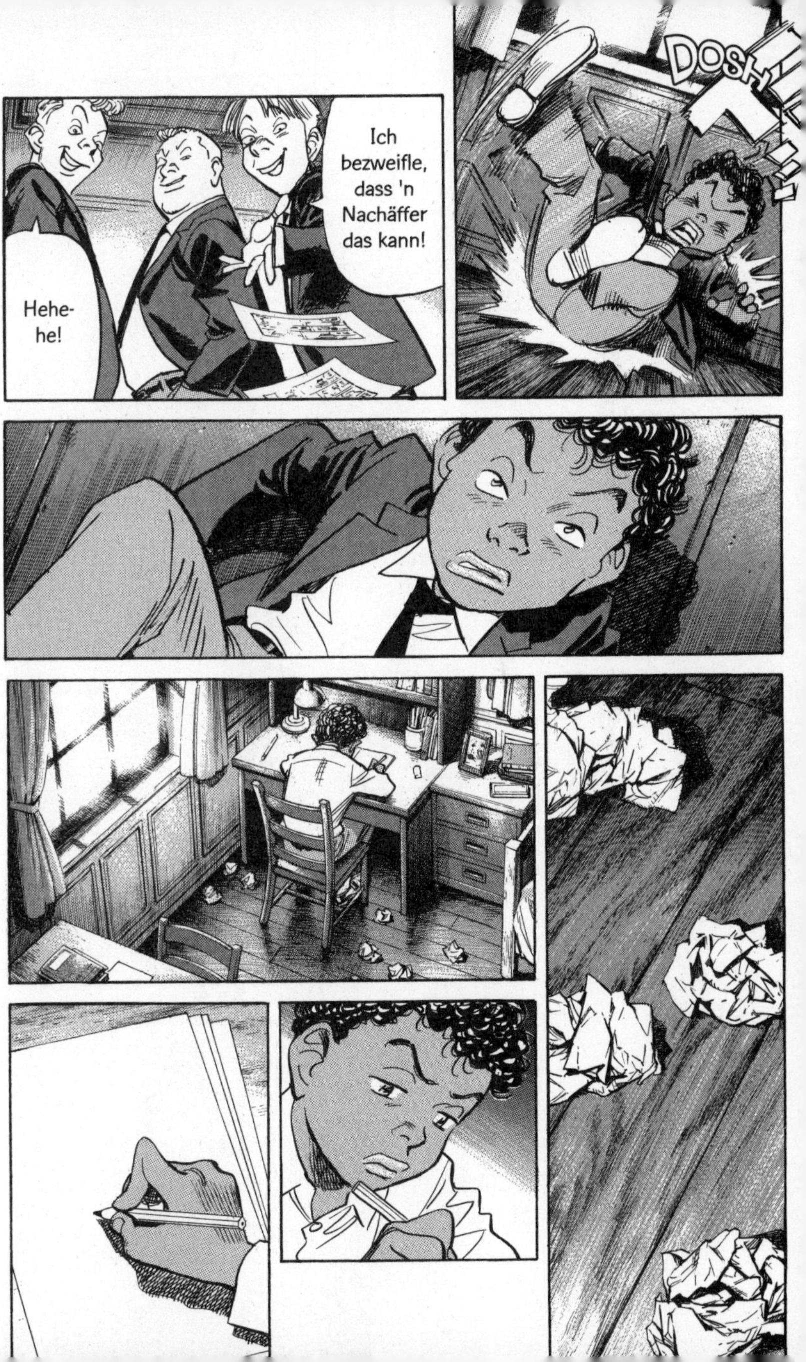
DOSH
Ich bezweifle, dass 'n Nachäffer das kann!
Hehe-he!

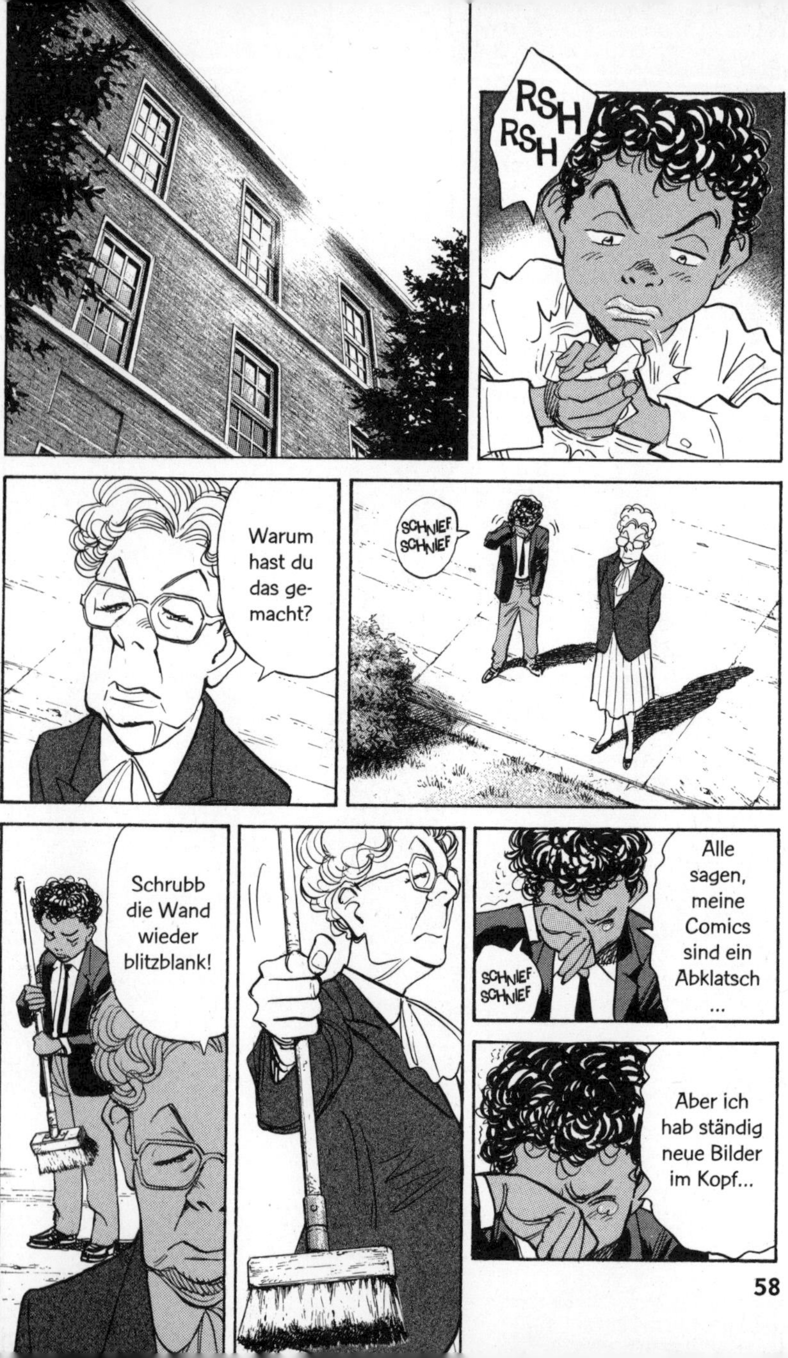
RSH RSH
SCHNIEF SCHNIEF
Warum hast du das gemacht?
Schrubb die Wand wieder blitzblank!
Alle sagen, meine Comics sind ein Abklatsch ...
SCHNIEF SCHNIEF
Aber ich hab ständig neue Bilder im Kopf...

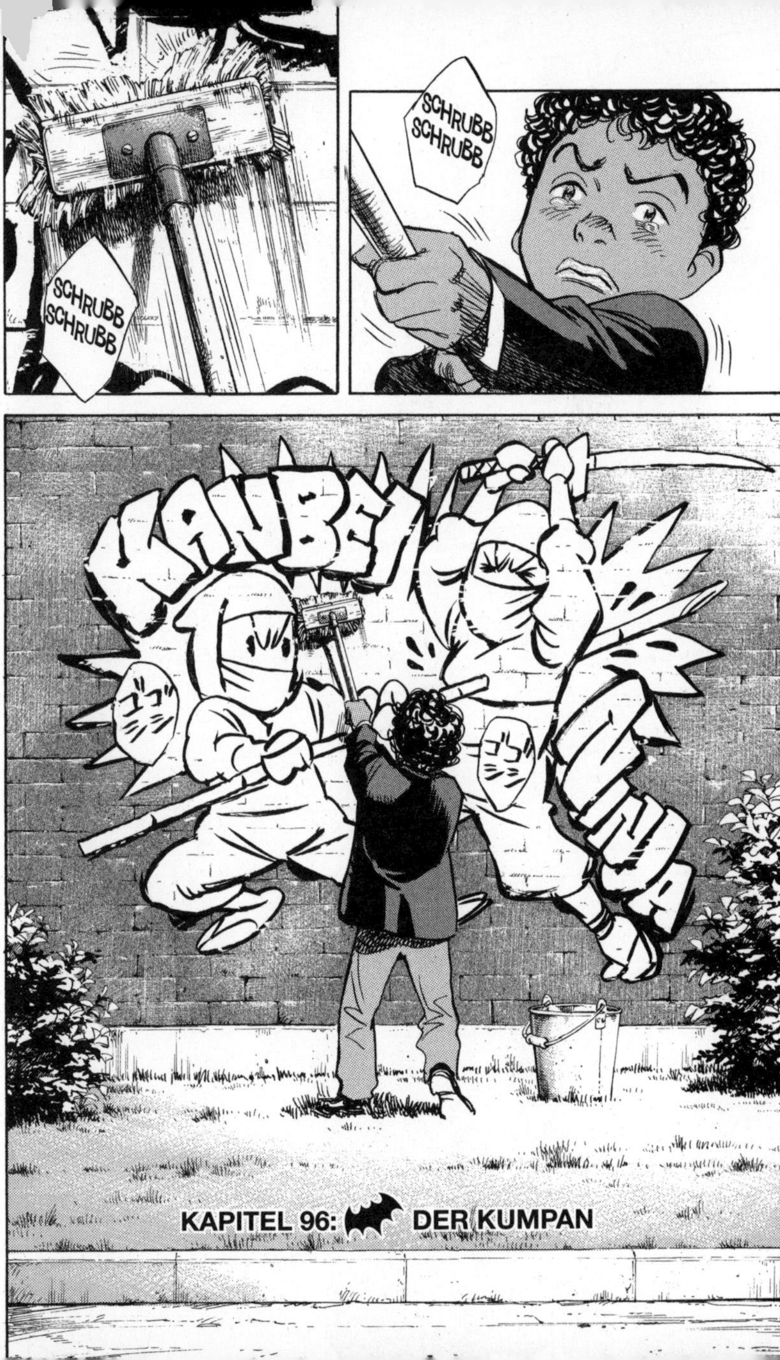
SCHRUBB SCHRUBB
SCHRUBB SCHRUBB
KAPITEL 96: DER KUMPAN

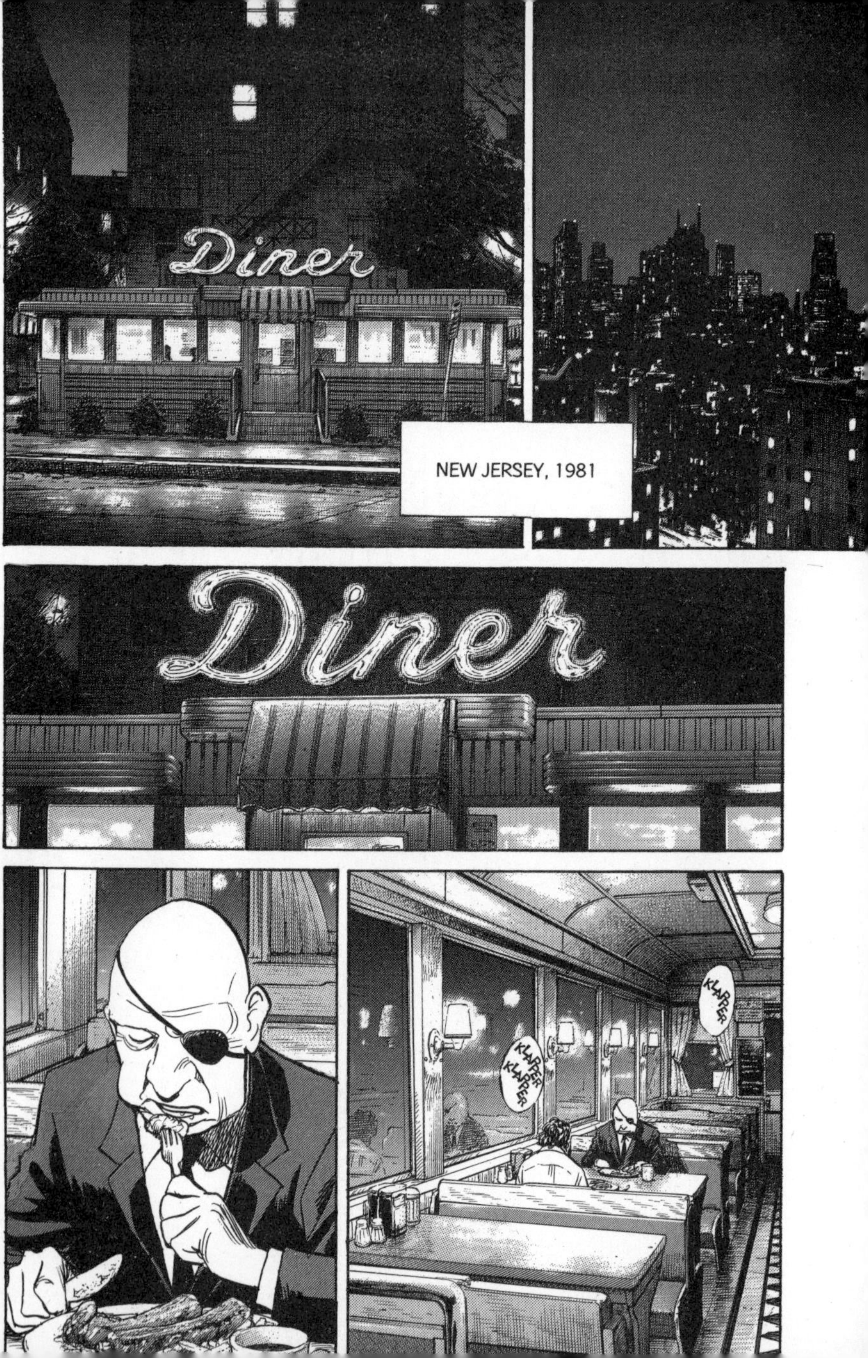
NEW JERSEY, 1981
Diner
Diner
KLAPPER
KLAPPER KLAPPER

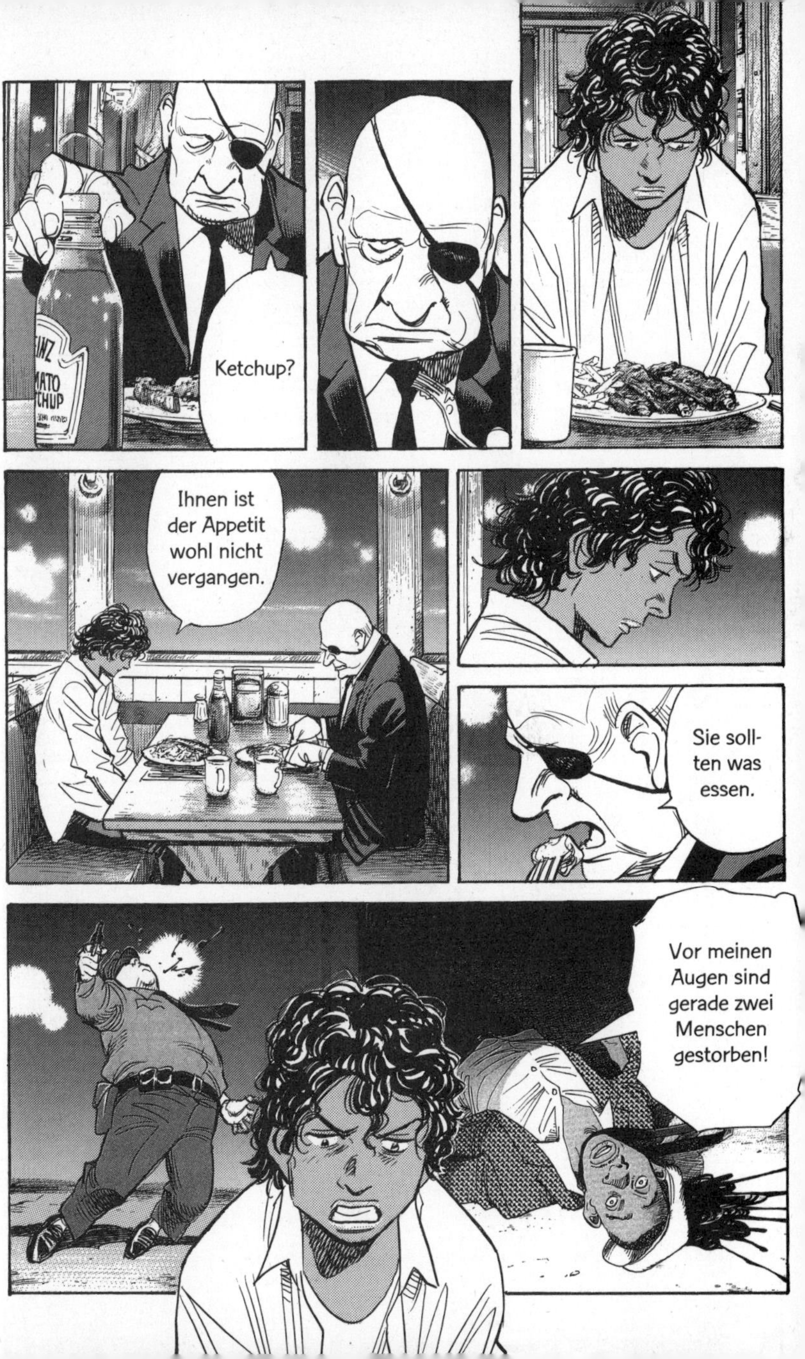
Ketchup?
Ihnen ist der Appetit wohl nicht vergangen.
Sie soll-ten was essen.
Vor meinen Augen sind gerade zwei Menschen gestorben!

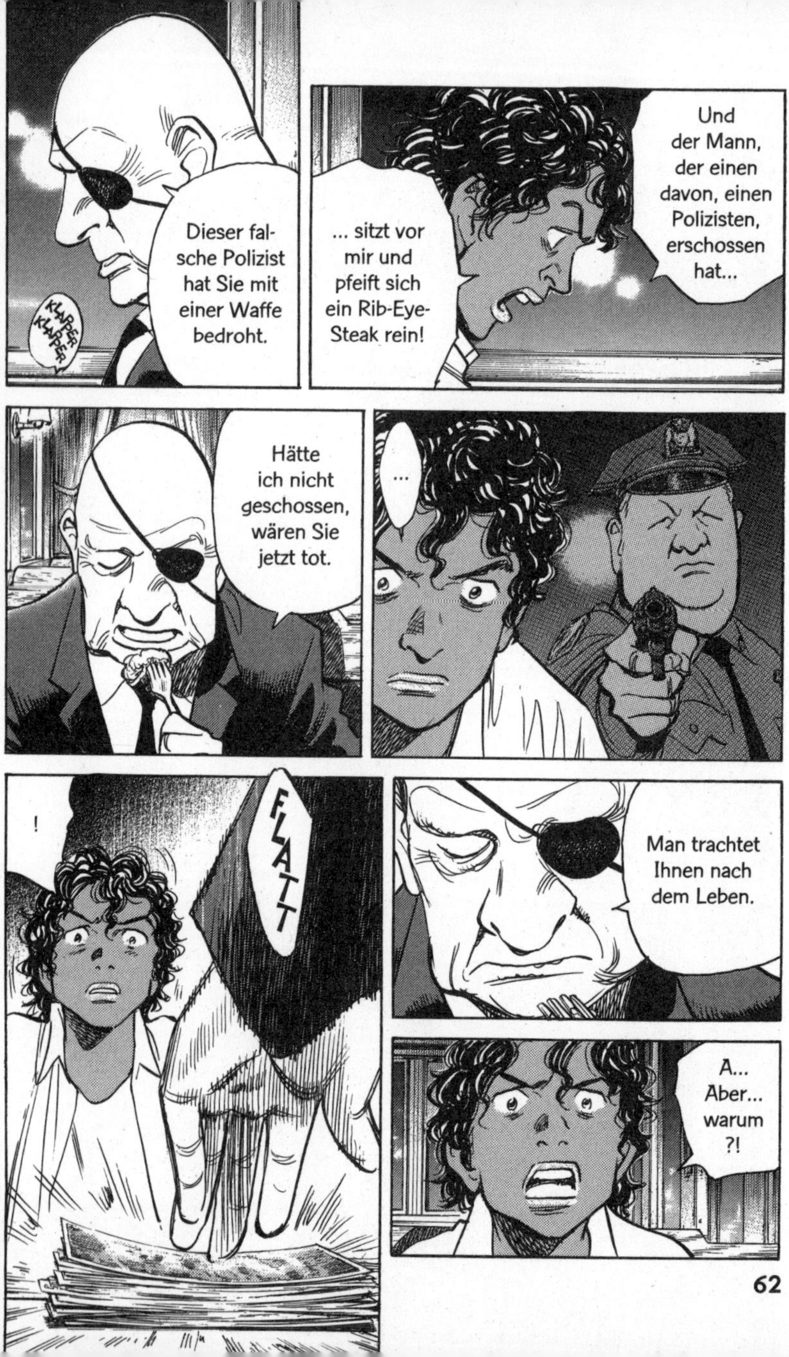

Und der Mann, der einen davon, einen Polizisten, erschossen hat...
... sitzt vor mir und pfeift sich ein Rib-Eye-Steak rein!
Dieser falsche Polizist hat Sie mit einer Waffe bedroht.
KLAPPER KLAPPER
...
Hätte ich nicht geschossen, wären Sie jetzt tot.
Man trachtet Ihnen nach dem Leben.
A... Aber... warum ?!
FLATT
!

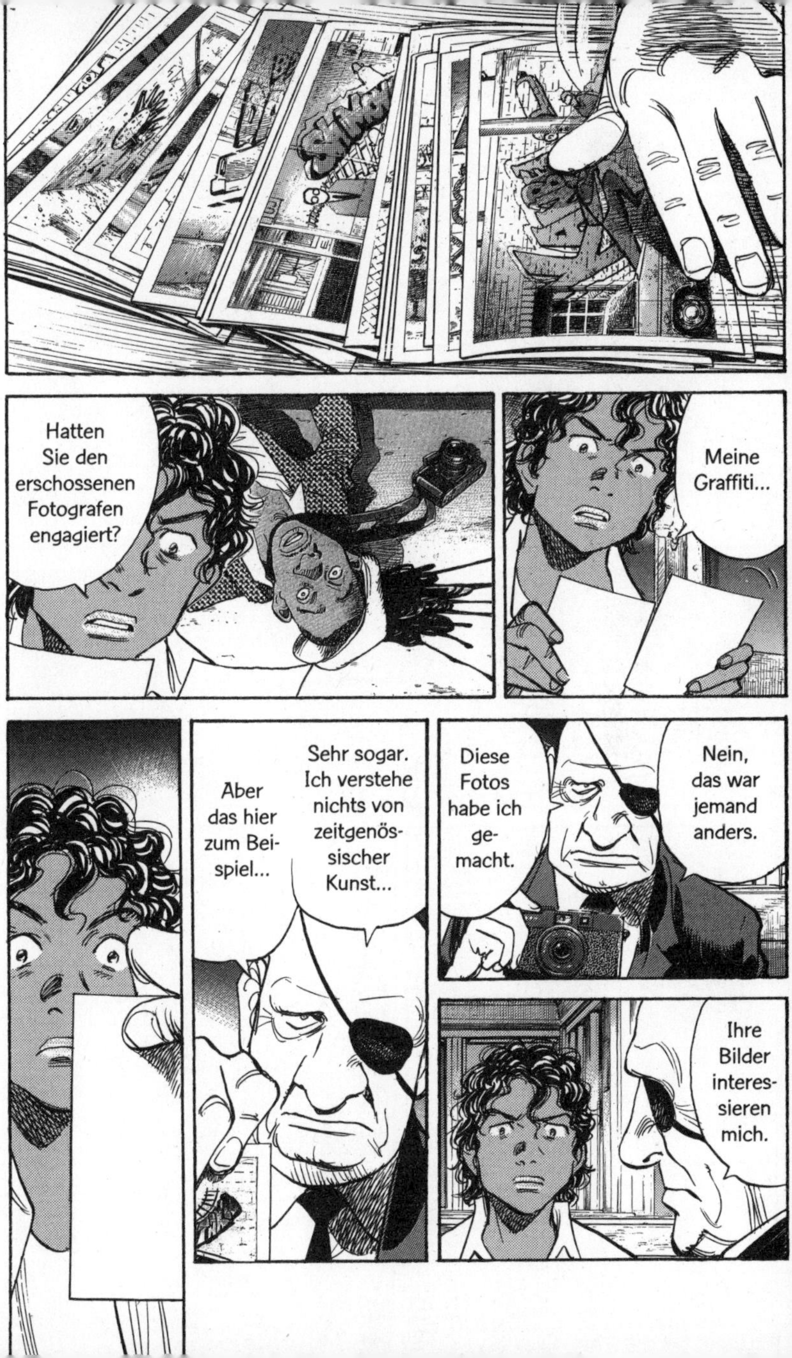
Meine Graffiti...
Hatten Sie den erschossenen Fotografen engagiert?
Nein, das war jemand anders.
Diese Fotos habe ich gemacht.
Ihre Bilder interessieren mich.
Sehr sogar. Ich verstehe nichts von zeitgenössischer Kunst...
Aber das hier zum Beispiel...

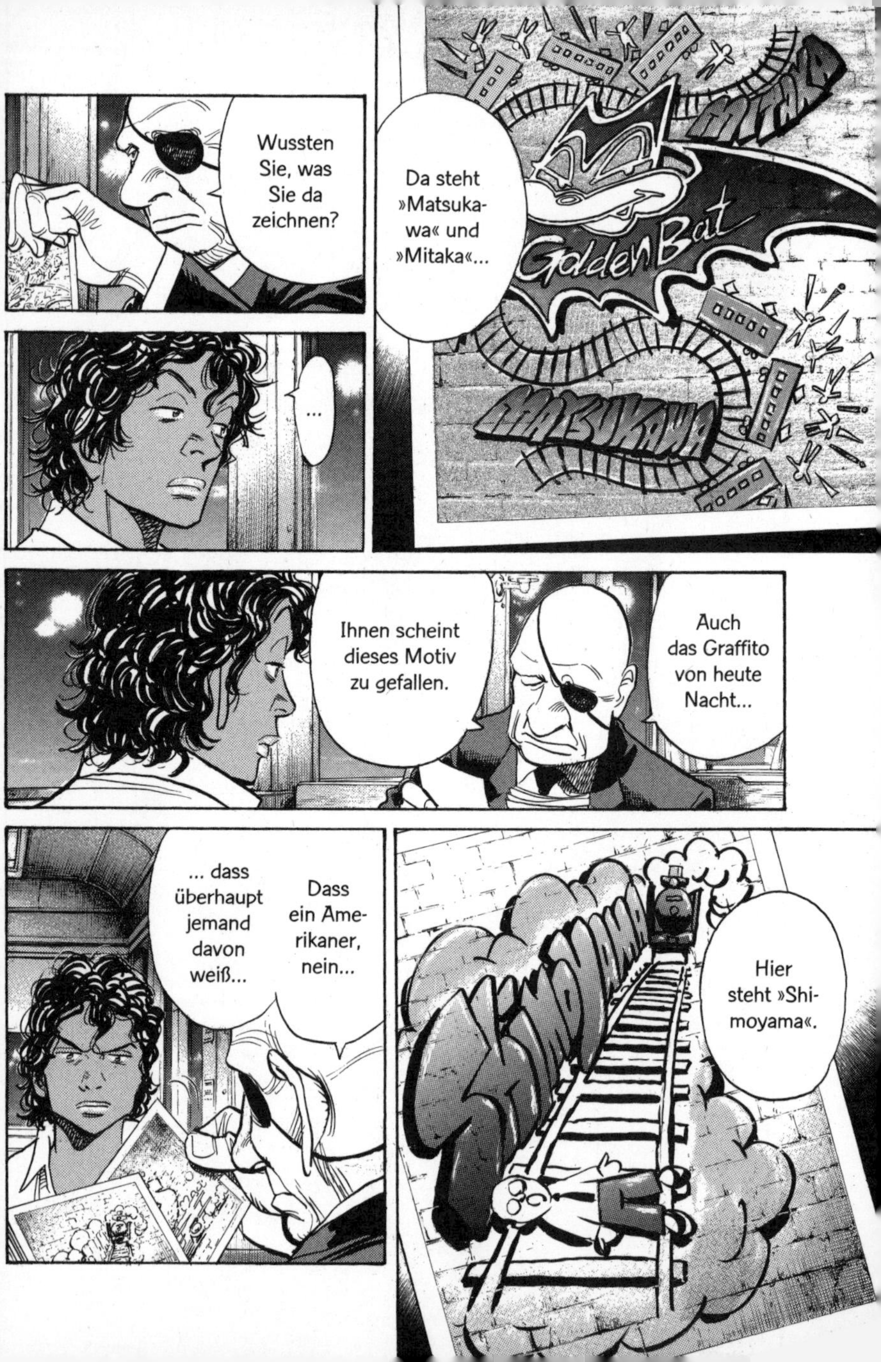

Da steht »Matsuka-wa« und »Mitaka«...
Golden Bat
MATSUKAWA
Wussten Sie, was Sie da zeichnen?
...
Auch das Graffito von heute Nacht...
Ihnen scheint dieses Motiv zu gefallen.
Hier steht »Shi-moyama«.
Dass ein Ame-rikaner, nein...
... dass überhaupt jemand davon weiß...

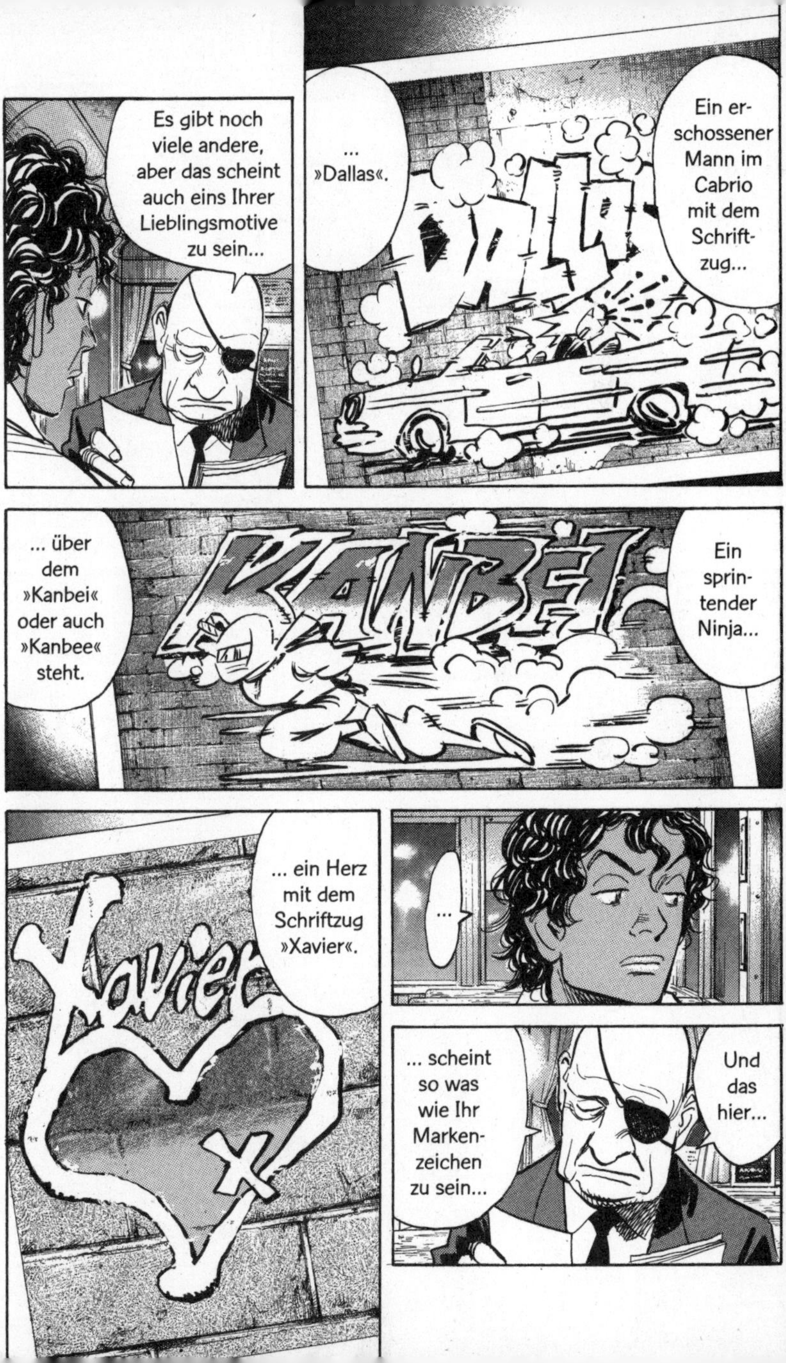
Ein erschossener Mann im Cabrio mit dem Schriftzug...
... »Dallas«.
Es gibt noch viele andere, aber das scheint auch eins Ihrer Lieblingsmotive zu sein...
Ein sprintender Ninja...
... über dem »Kanbei« oder auch »Kanbee« steht.
...
... ein Herz mit dem Schriftzug »Xavier«.
Und das hier...
... scheint so was wie Ihr Markenzeichen zu sein...

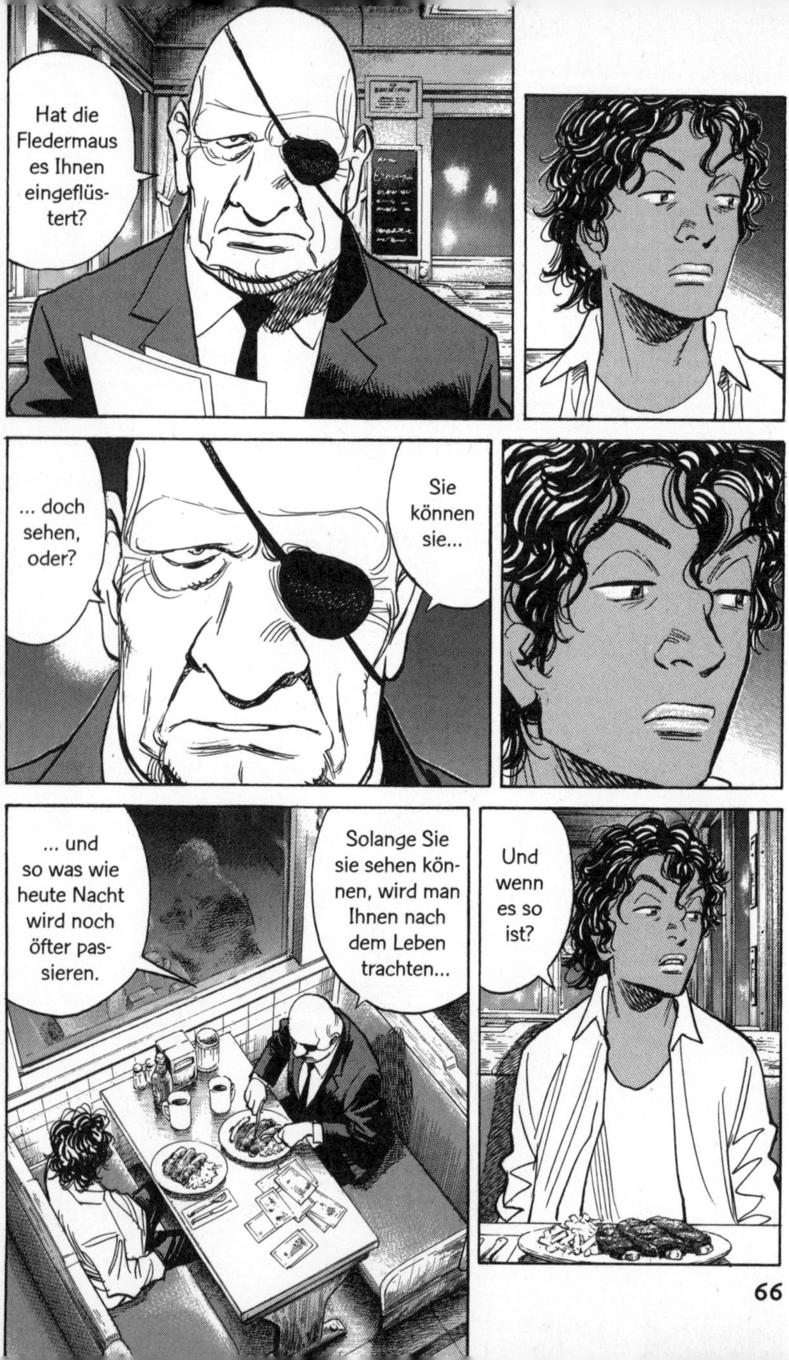
Hat die Fledermaus es Ihnen eingeflüstert?
Sie können sie...
... doch sehen, oder?
Und wenn es so ist?
Solange Sie sie sehen können, wird man Ihnen nach dem Leben trachten...
... und so was wie heute Nacht wird noch öfter passieren.

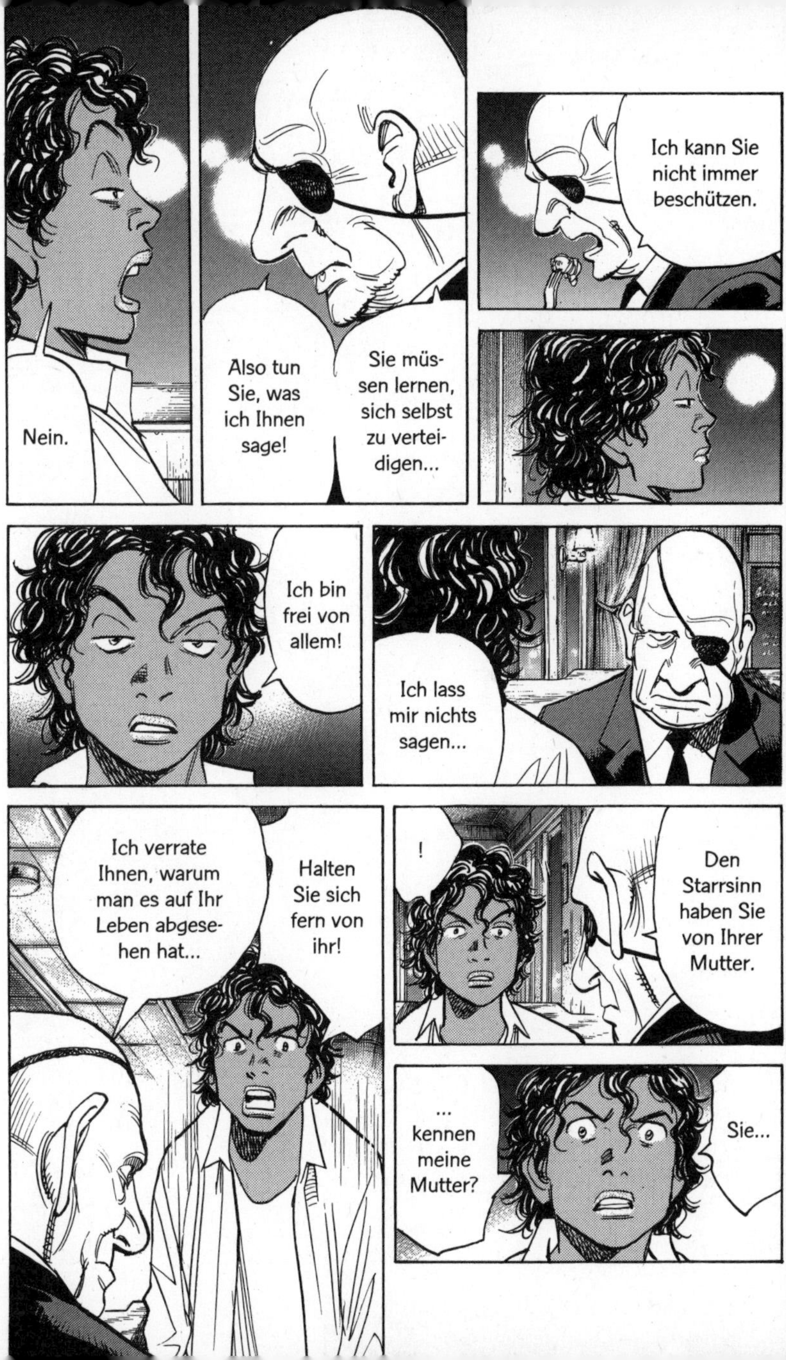

Ich kann Sie nicht immer beschützen.
Sie müssen lernen, sich selbst zu verteidigen...
Also tun Sie, was ich Ihnen sage!
Nein.
Ich lass mir nichts sagen...
Ich bin frei von allem!
Den Starrsinn haben Sie von Ihrer Mutter.
!
Sie...
... kennen meine Mutter?
Halten Sie sich fern von ihr!
Ich verrate Ihnen, warum man es auf Ihr Leben abgesehen hat...

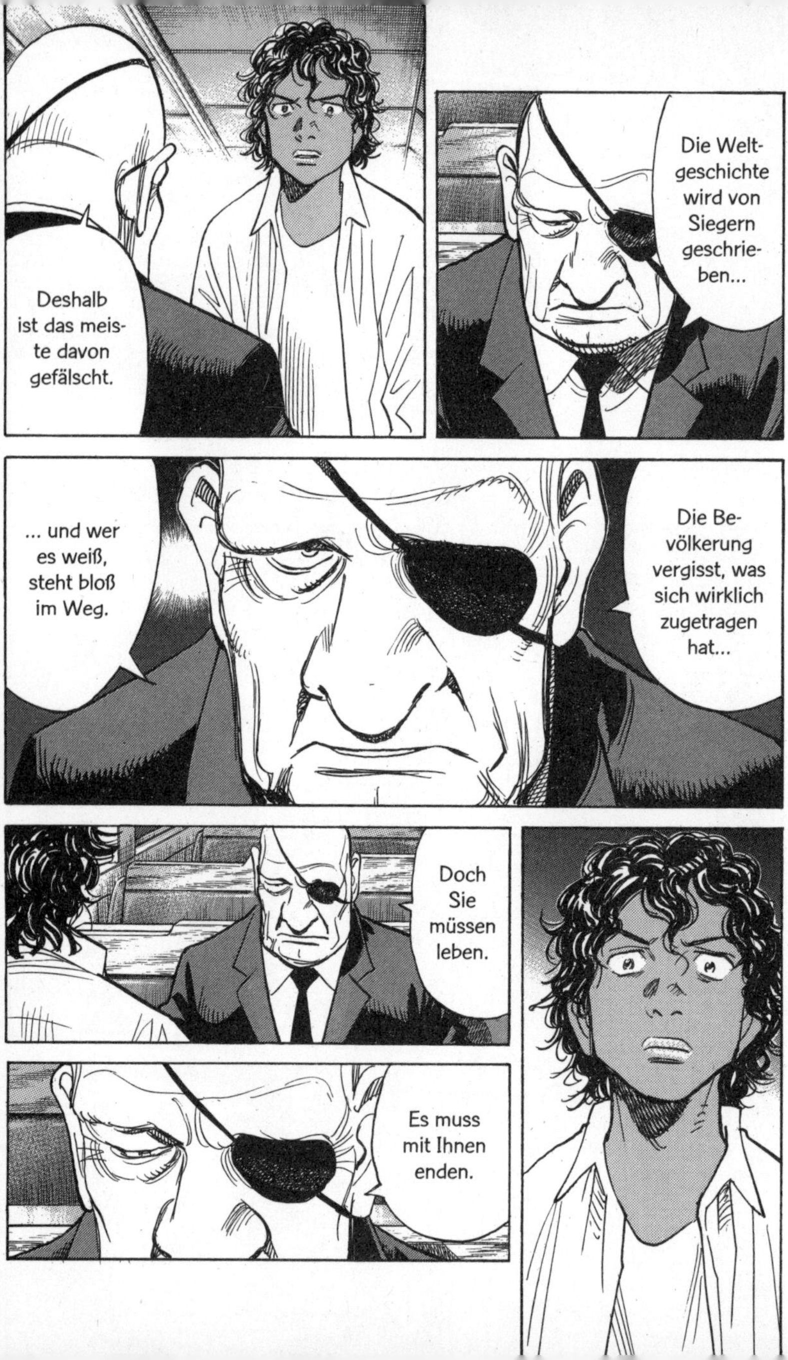
Die Weltgeschichte wird von Siegern geschrieben...
Deshalb ist das meiste davon gefälscht.
Die Bevölkerung vergisst, was sich wirklich zugetragen hat...
... und wer es weiß, steht bloß im Weg.
Doch Sie müssen leben.
Es muss mit Ihnen enden.

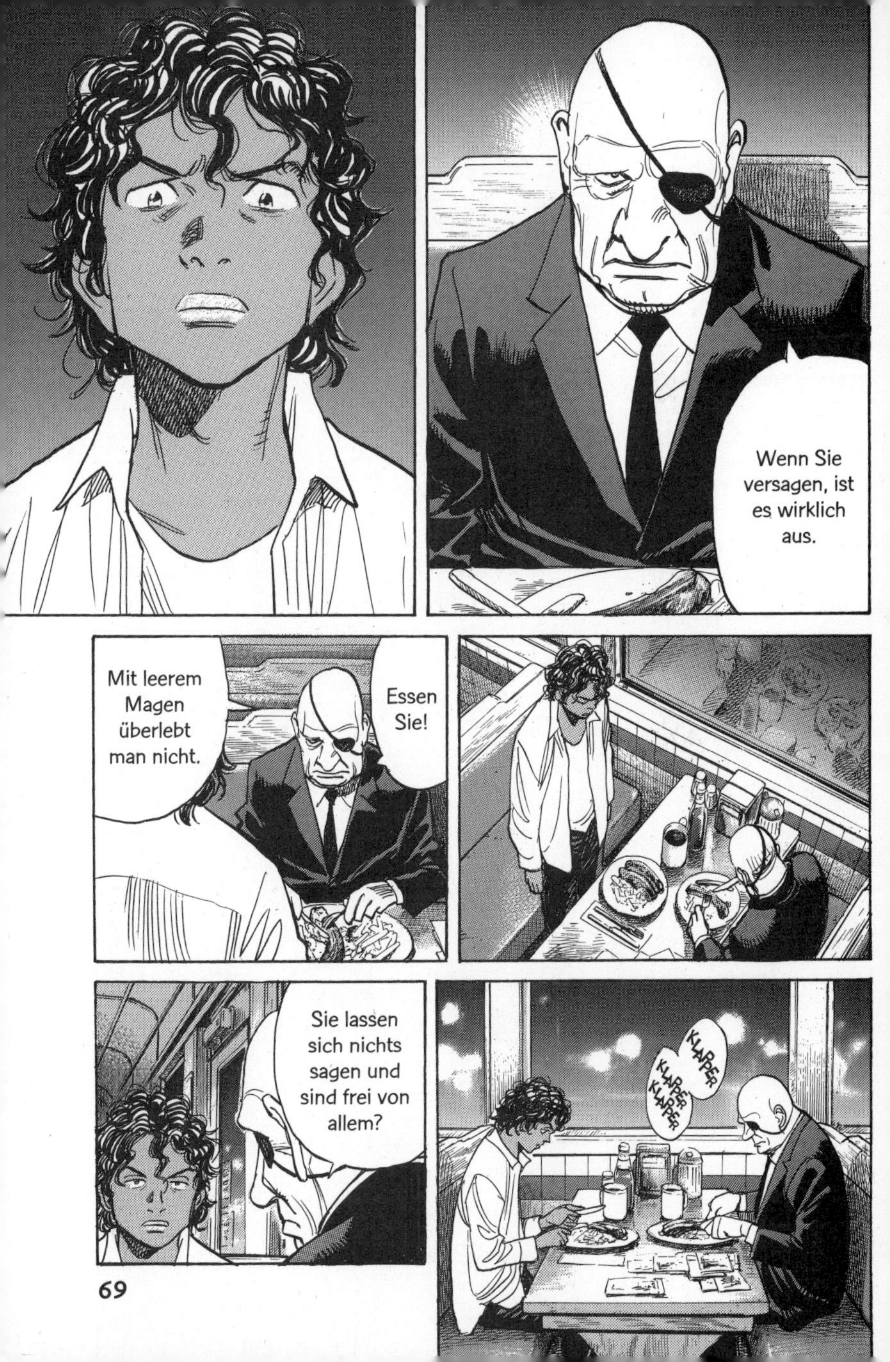
Wenn Sie versagen, ist es wirklich aus.
Essen Sie!
Mit leerem Magen überlebt man nicht.
KLAPPER
KLAPPER
KLAPPER
Sie lassen sich nichts sagen und sind frei von allem?

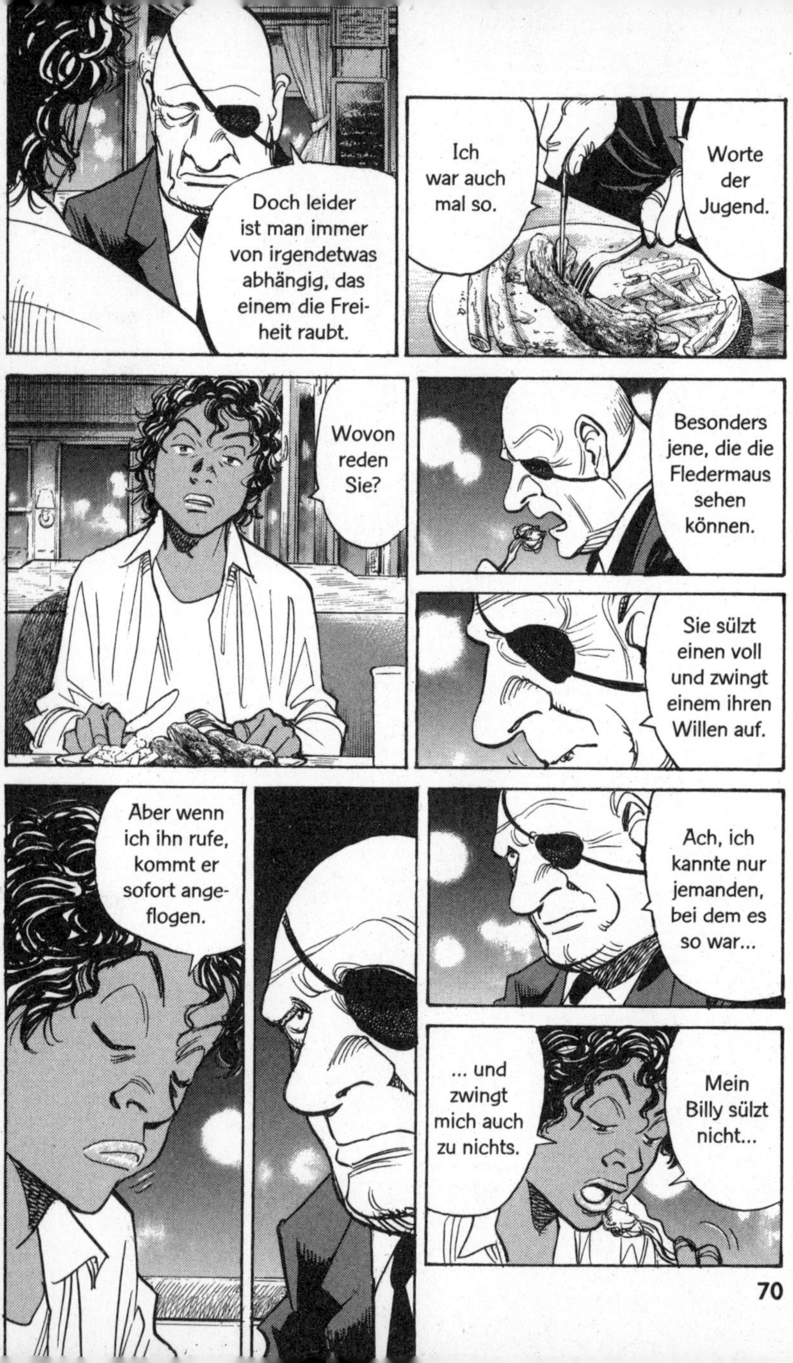
Worte der Jugend.
Ich war auch mal so.
Doch leider ist man immer von irgendetwas abhängig, das einem die Freiheit raubt.
Besonders jene, die die Fledermaus sehen können.
Sie sülzt einen voll und zwingt einem ihren Willen auf.
Wovon reden Sie?
Ach, ich kannte nur jemanden, bei dem es so war...
Mein Billy sülzt nicht...
... und zwingt mich auch zu nichts.
Aber wenn ich ihn rufe, kommt er sofort angeflogen.

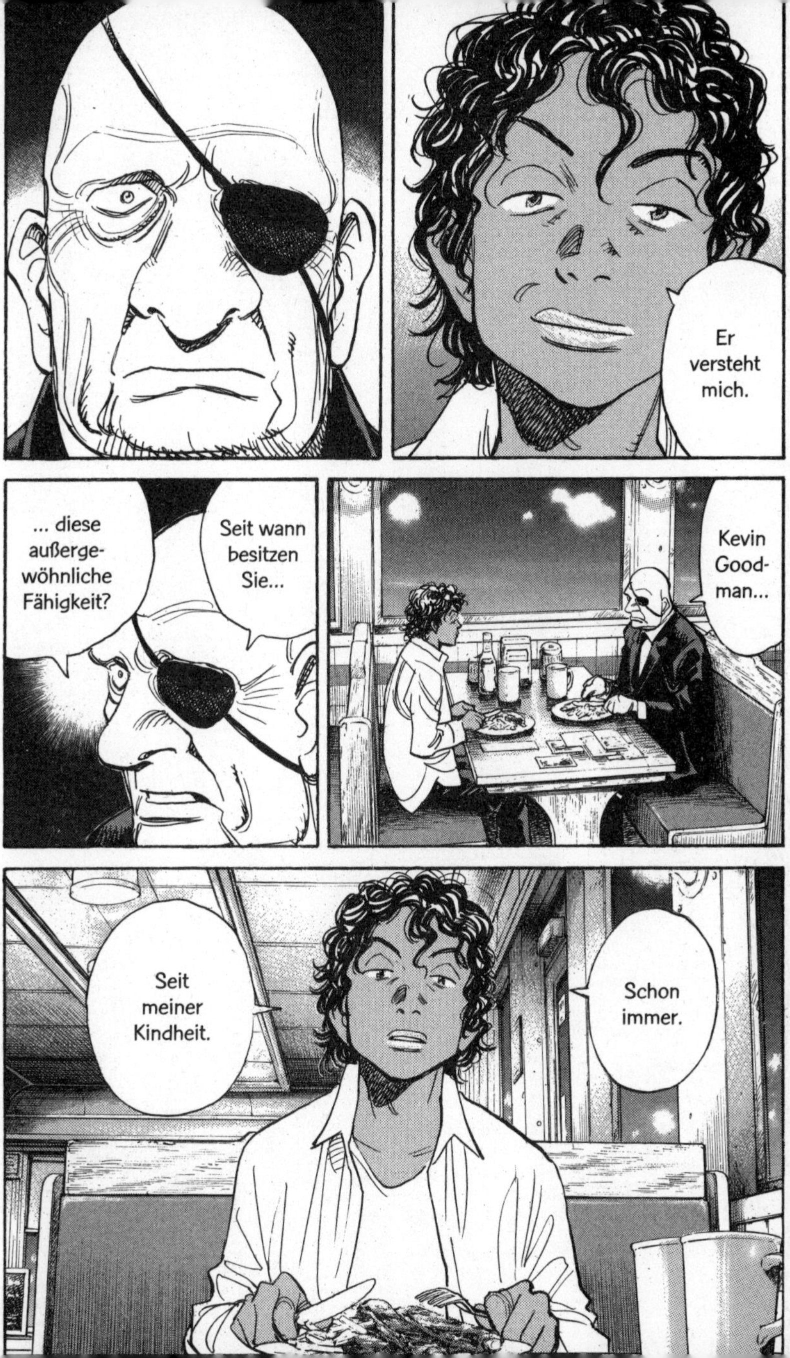
Er versteht mich.
Kevin Goodman...
Seit wann besitzen Sie...
... diese außerge-wöhnliche Fähigkeit?
Schon immer.
Seit meiner Kindheit.

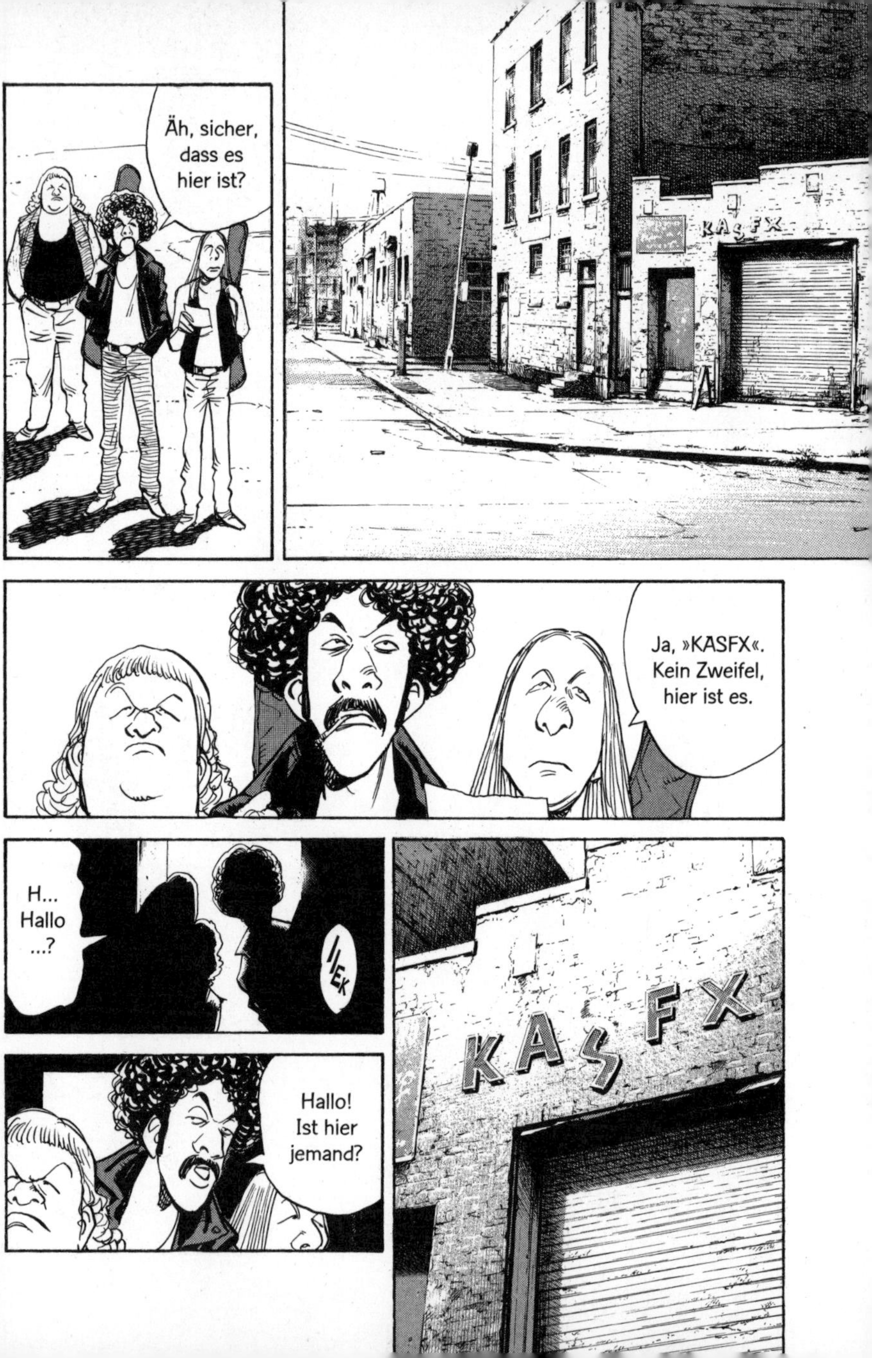
Äh, sicher, dass es hier ist?
KASFX
Ja, »KASFX«. Kein Zweifel, hier ist es.
H... Hallo ...?
IEK
Hallo! Ist hier jemand?
KASFX

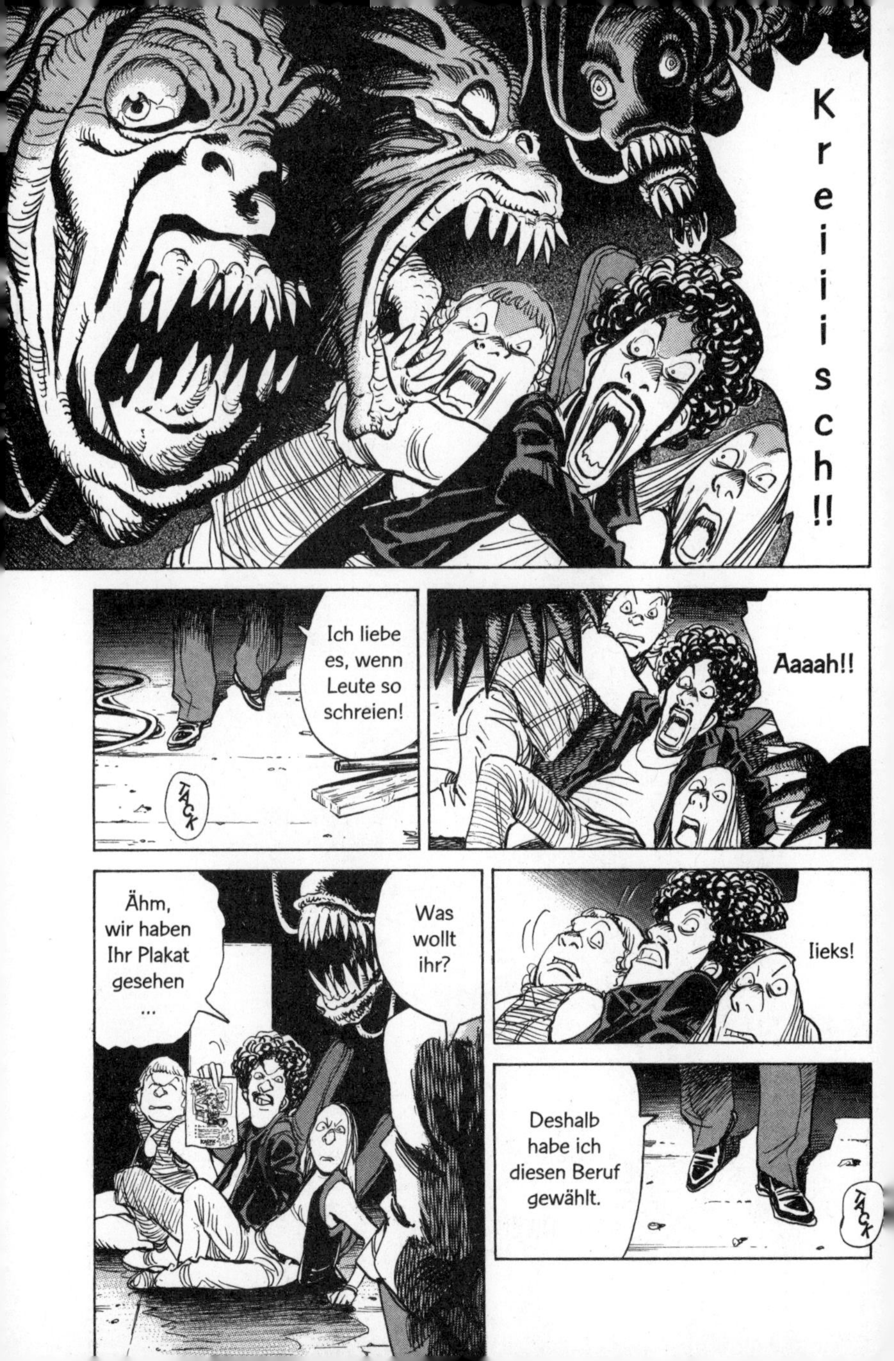
Kreiiisch!!
Aaaah!!
Ich liebe es, wenn Leute so schreien!
TACK
Iieks!
Was wollt ihr?
Ähm, wir haben Ihr Plakat gesehen ...
Deshalb habe ich diesen Beruf gewählt.
TACK

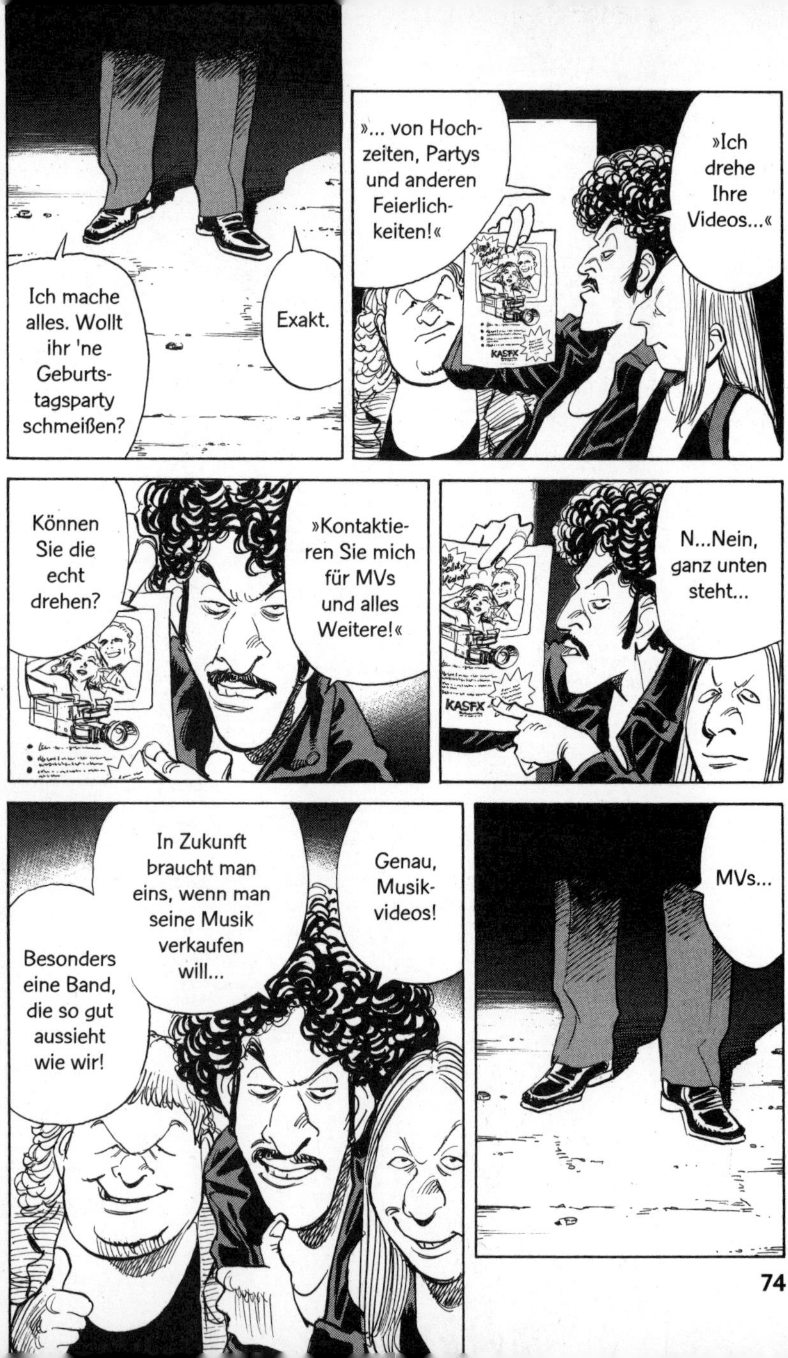
»Ich drehe Ihre Videos...«
»... von Hochzeiten, Partys und anderen Feierlichkeiten!«
Exakt.
Ich mache alles. Wollt ihr 'ne Geburtstagsparty schmeißen?
N...Nein, ganz unten steht...
»Kontaktieren Sie mich für MVs und alles Weitere!«
Können Sie die echt drehen?
MVs...
Genau, Musikvideos!
In Zukunft braucht man eins, wenn man seine Musik verkaufen will...
Besonders eine Band, die so gut aussieht wie wir!

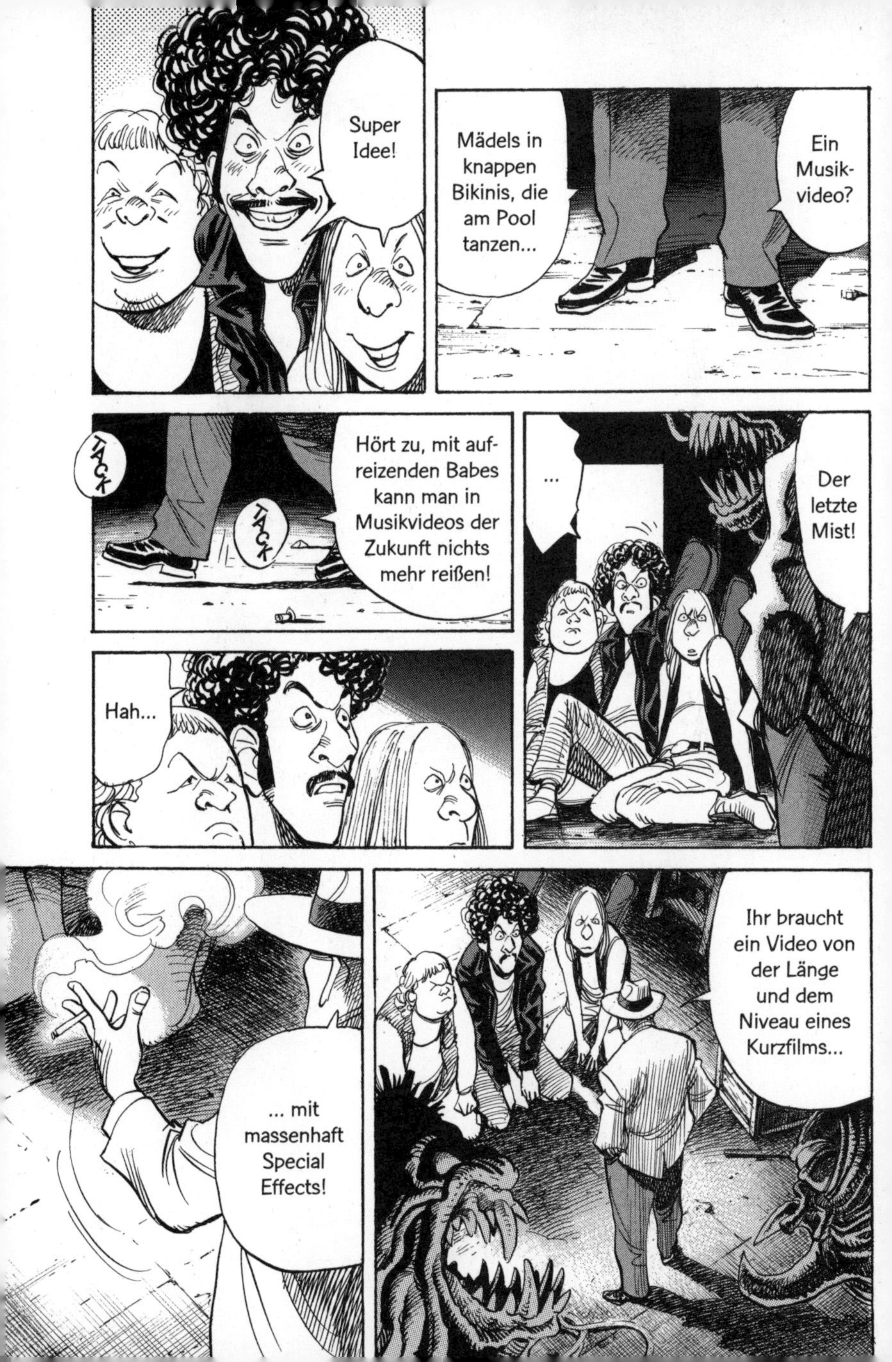

Ein Musikvideo?
Mädels in knappen Bikinis, die am Pool tanzen...
Super Idee!
Der letzte Mist!
...
Hört zu, mit aufreizenden Babes kann man in Musikvideos der Zukunft nichts mehr reißen!
TACK
TACK
Hah...
Ihr braucht ein Video von der Länge und dem Niveau eines Kurzfilms...
... mit massenhaft Special Effects!

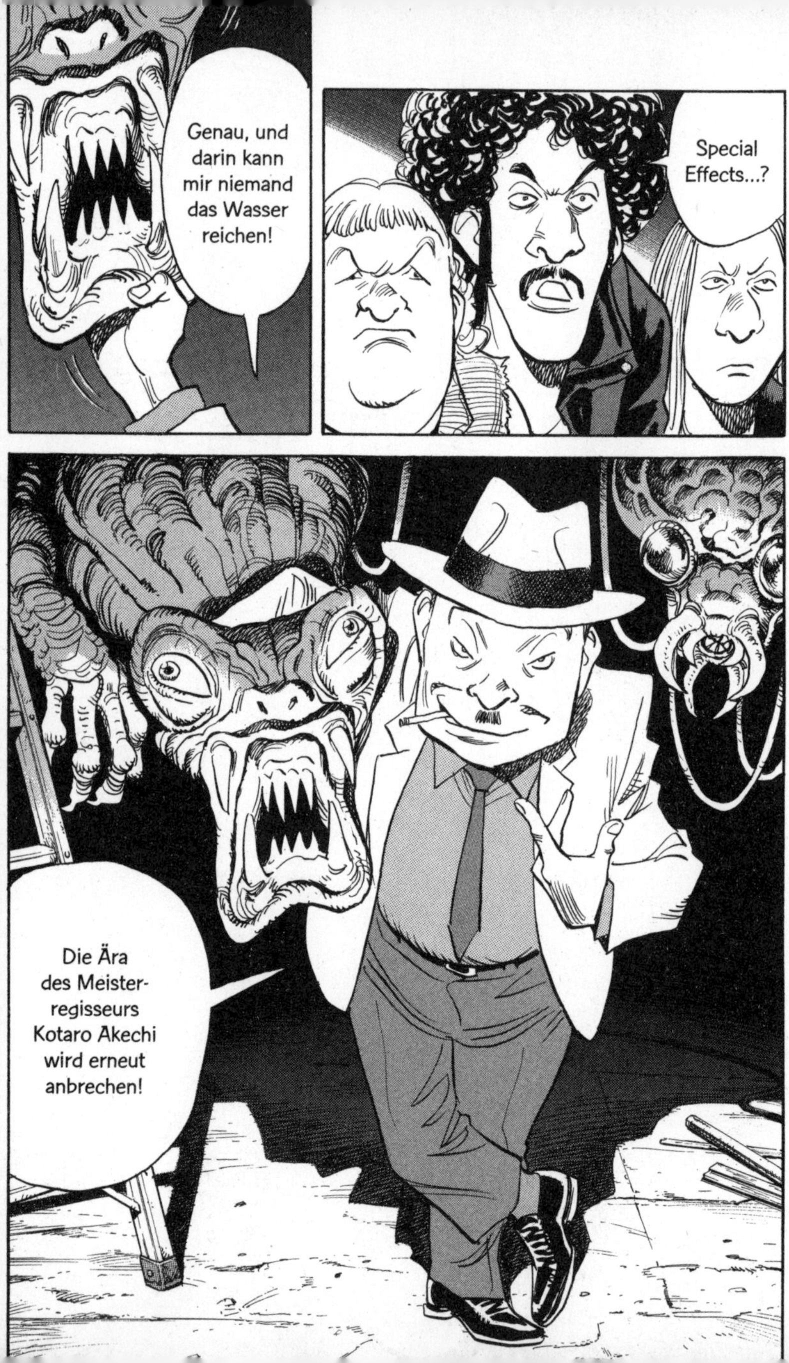
Special Effects...?
Genau, und darin kann mir niemand das Wasser reichen!
Die Ära des Meister-regisseurs Kotaro Akechi wird erneut anbrechen!

KAPITEL 97: TOP-SECRET

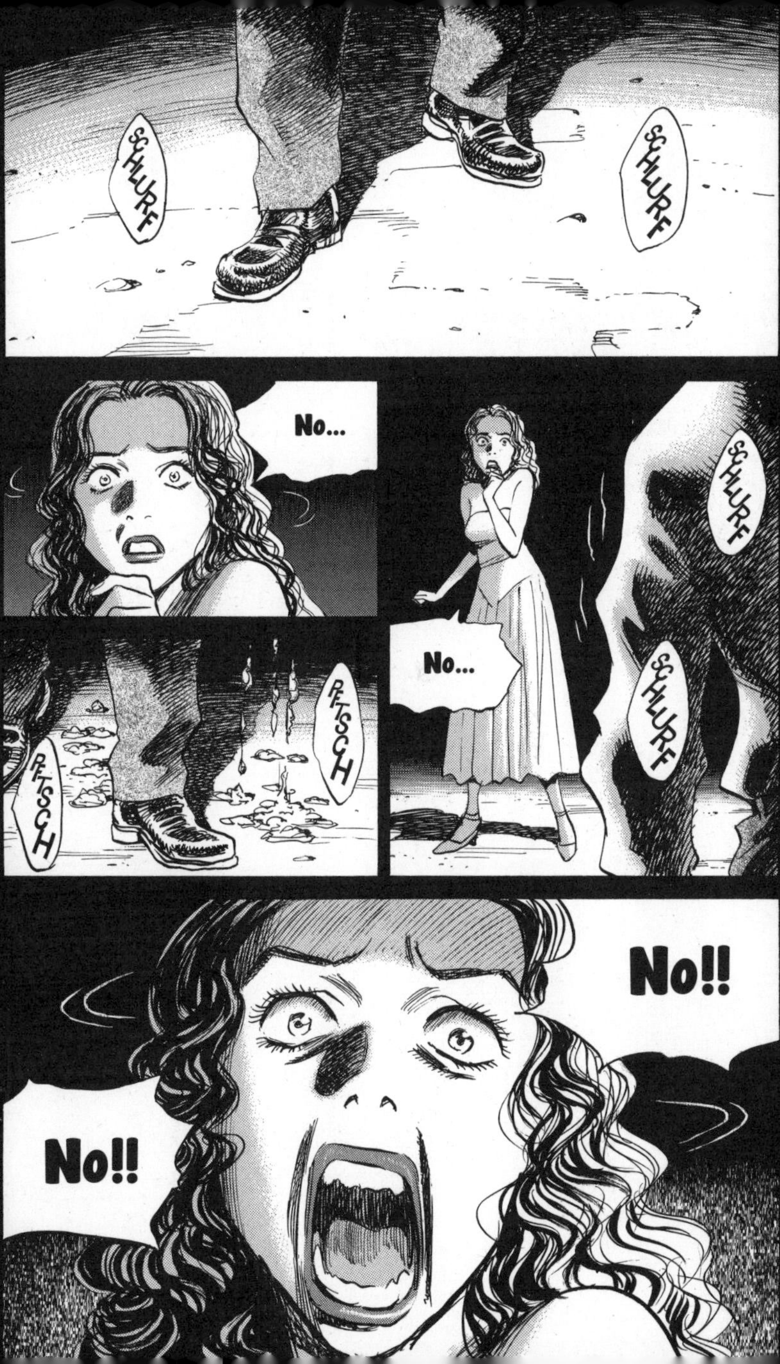

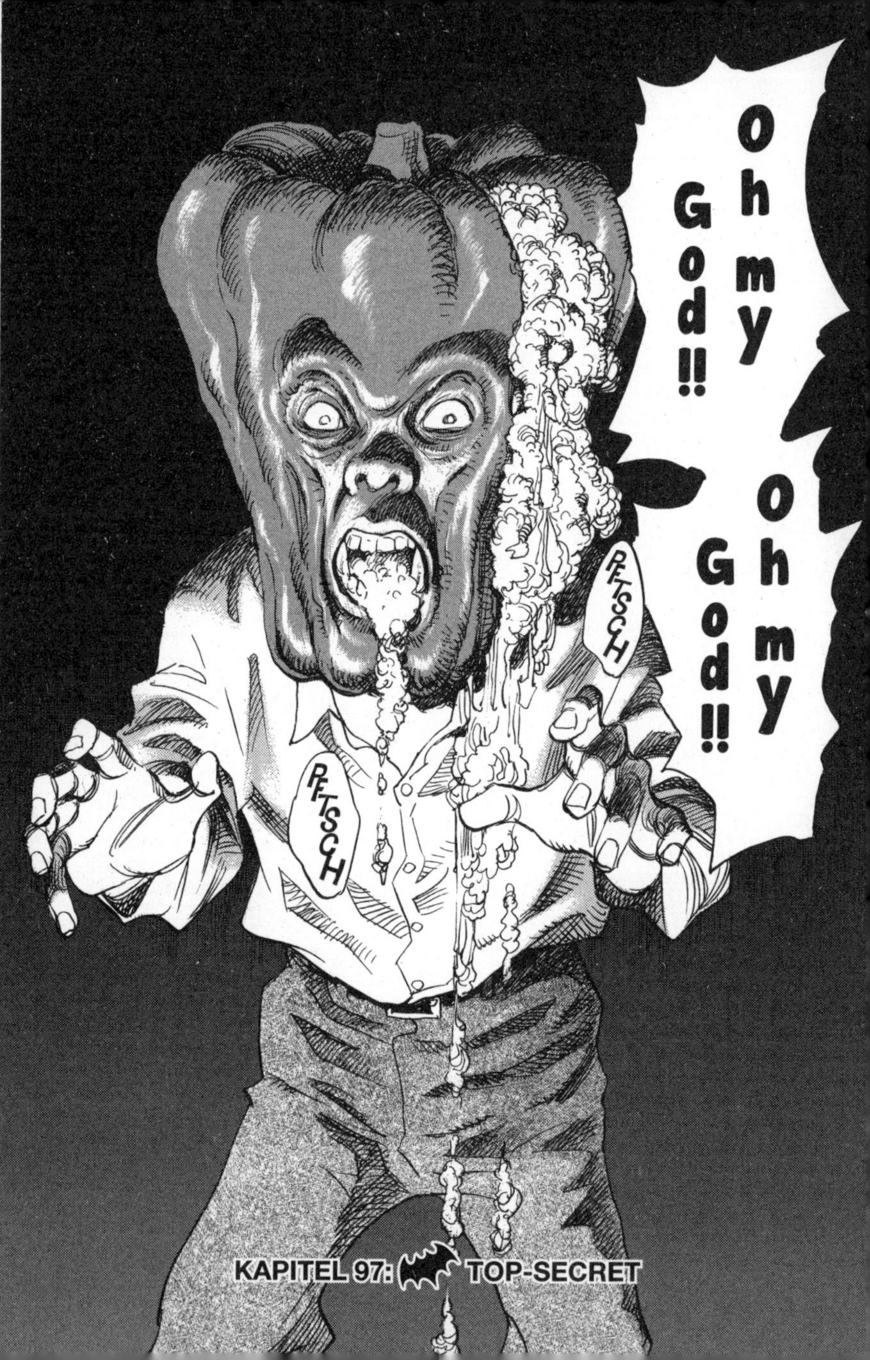
Oh my God!!
Oh my God!!
PFTSCH
PFTSCH
KAPITEL 97: TOP-SECRET

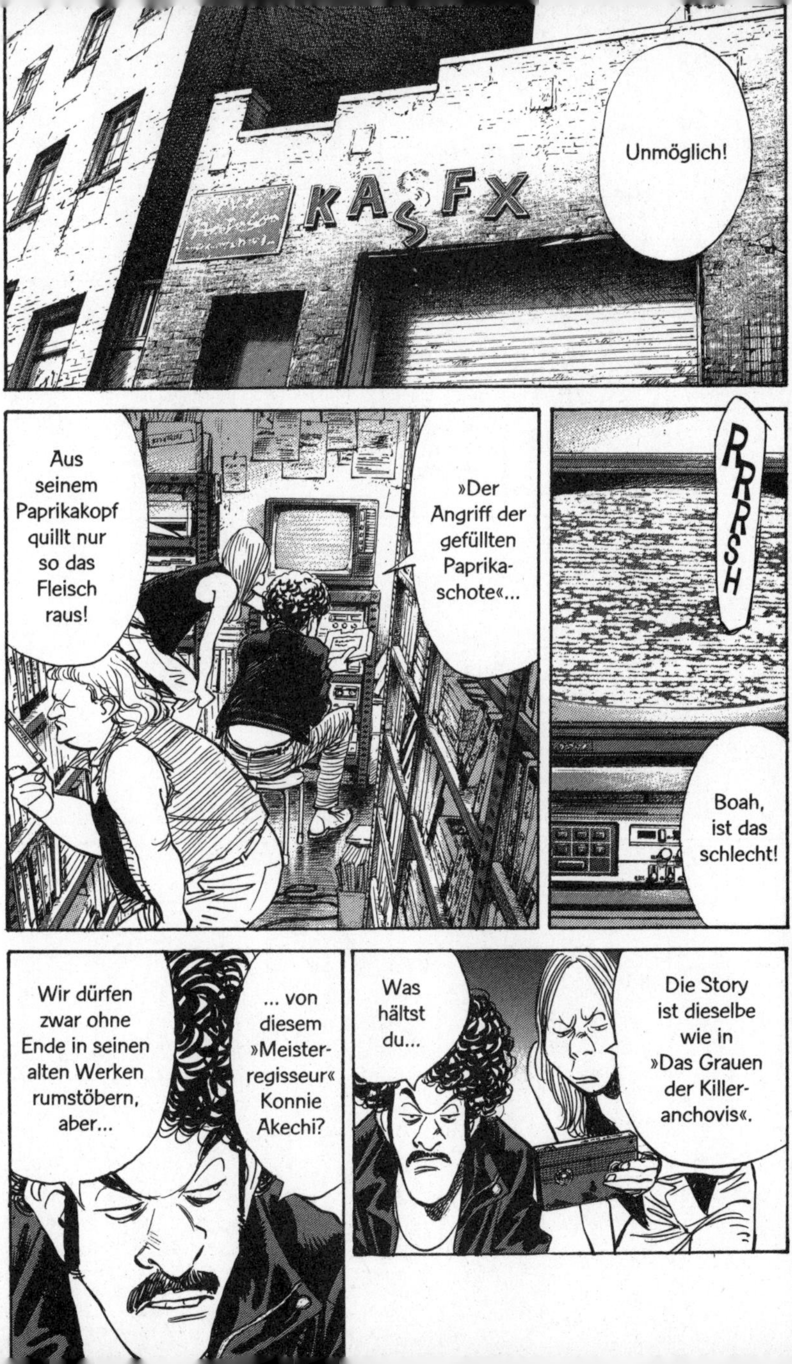
KAS FX
Unmöglich!
RRRRSH
Boah, ist das schlecht!
»Der Angriff der gefüllten Paprika-schote«...
Aus seinem Paprikakopf quillt nur so das Fleisch raus!
Die Story ist dieselbe wie in »Das Grauen der Killer-anchovis«.
Was hältst du...
... von diesem »Meister-regisseur« Konnie Akechi?
Wir dürfen zwar ohne Ende in seinen alten Werken rumstöbern, aber...

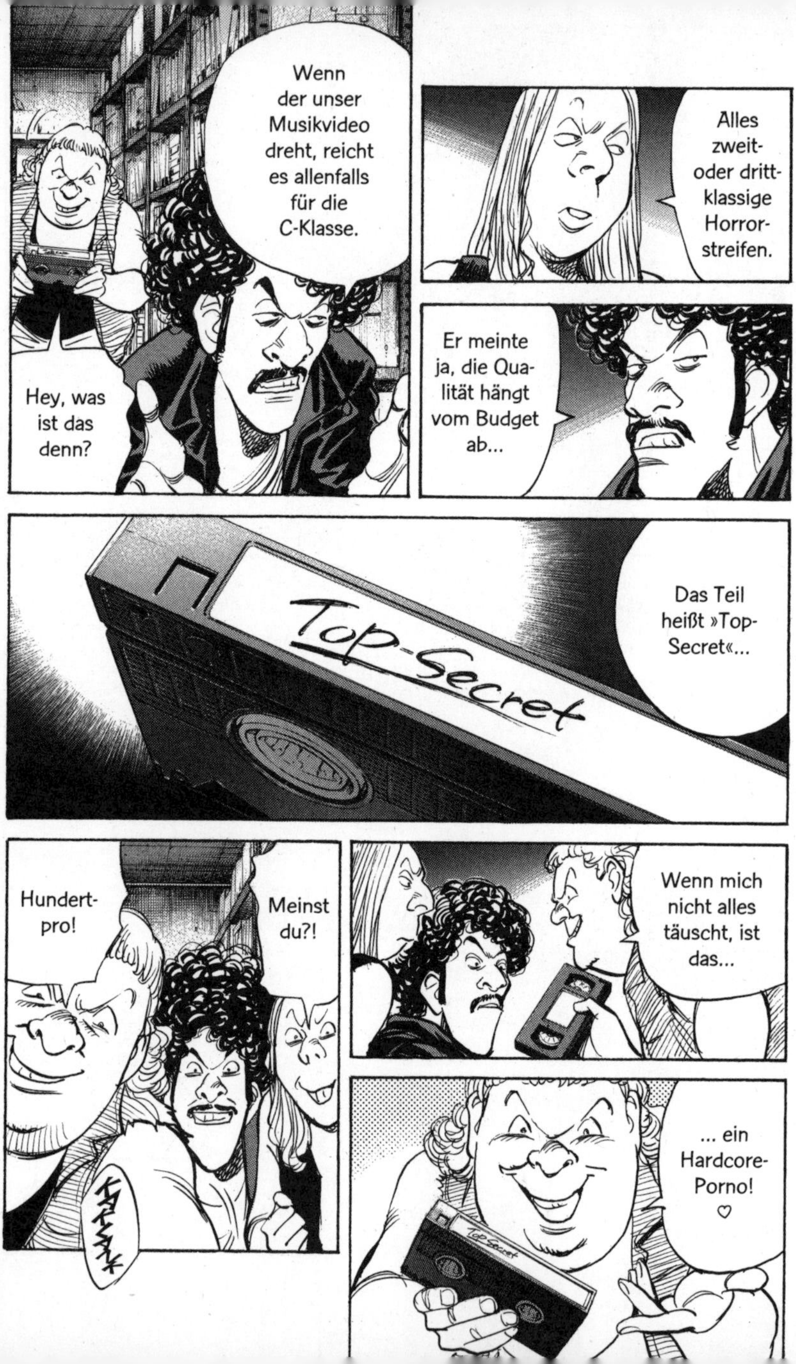
Alles zweit- oder dritt-klassige Horror-streifen.
Wenn der unser Musikvideo dreht, reicht es allenfalls für die C-Klasse.
Er meinte ja, die Qualität hängt vom Budget ab...
Hey, was ist das denn?
Das Teil heißt »Top-Secret«...
Top-Secret
Wenn mich nicht alles täuscht, ist das...
... ein Hardcore-Porno! ♡
Top Secret
Meinst du?!
Hundert-pro!

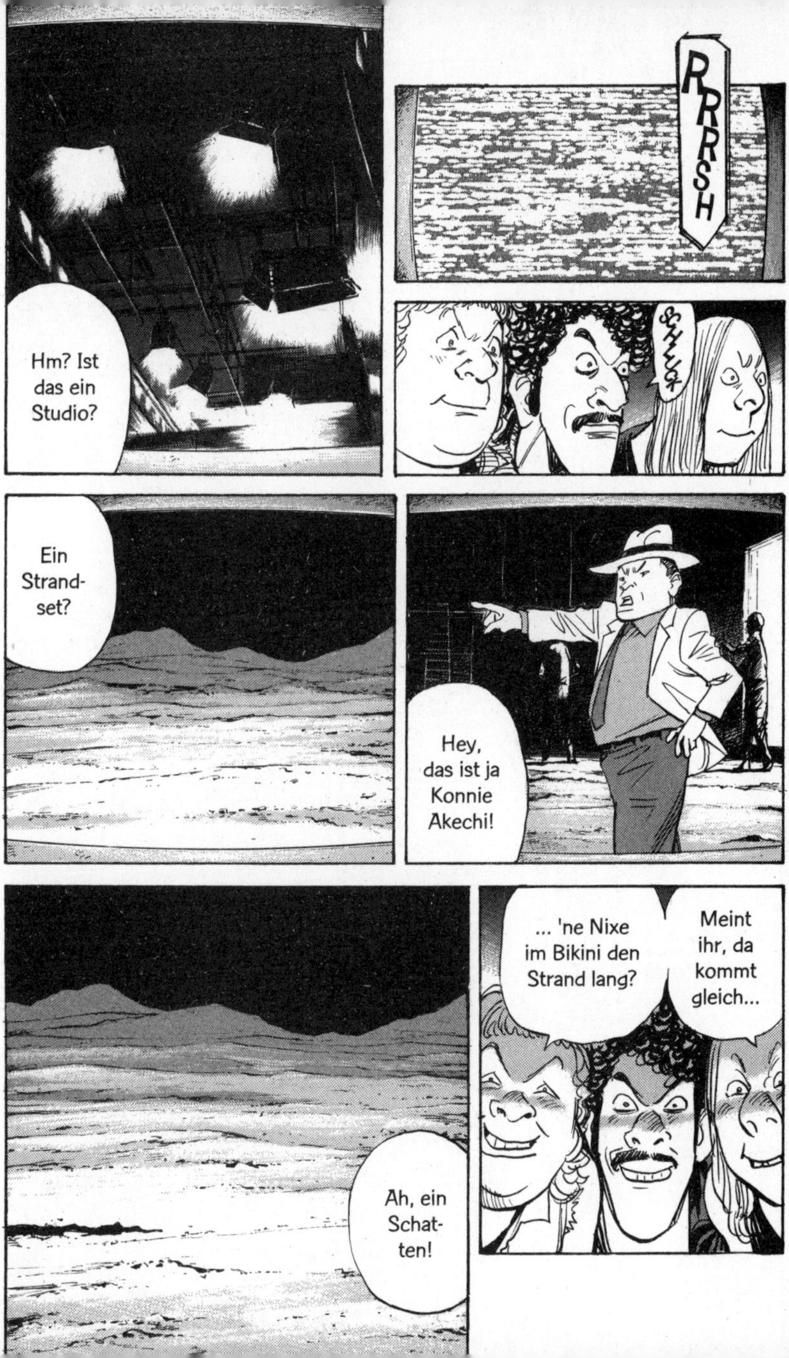
RRRSH
SCHLUCK
Hm? Ist das ein Studio?
Hey, das ist ja Konnie Akechi!
Ein Strandset?
Meint ihr, da kommt gleich...
... 'ne Nixe im Bikini den Strand lang?
Ah, ein Schatten!

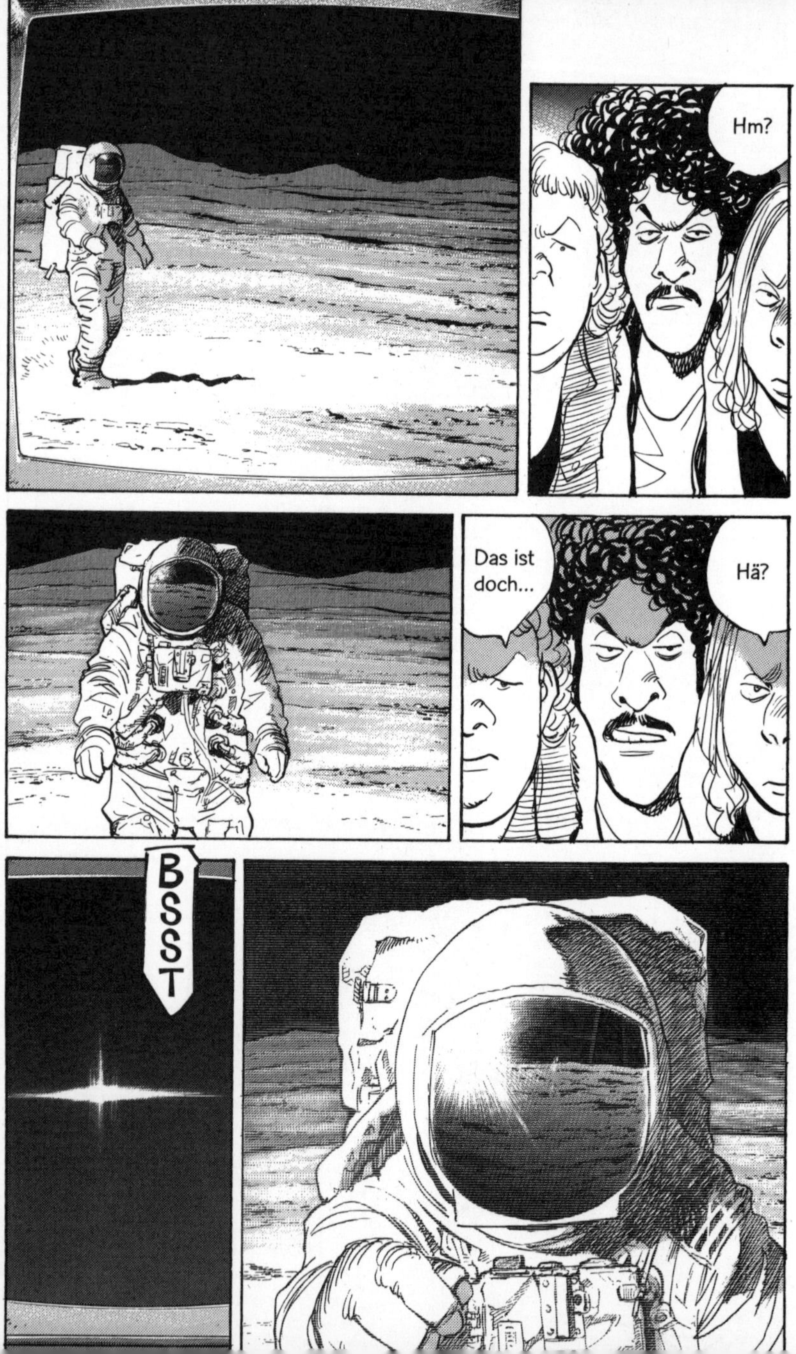
Hm?
Hä?
Das ist doch...
BSST

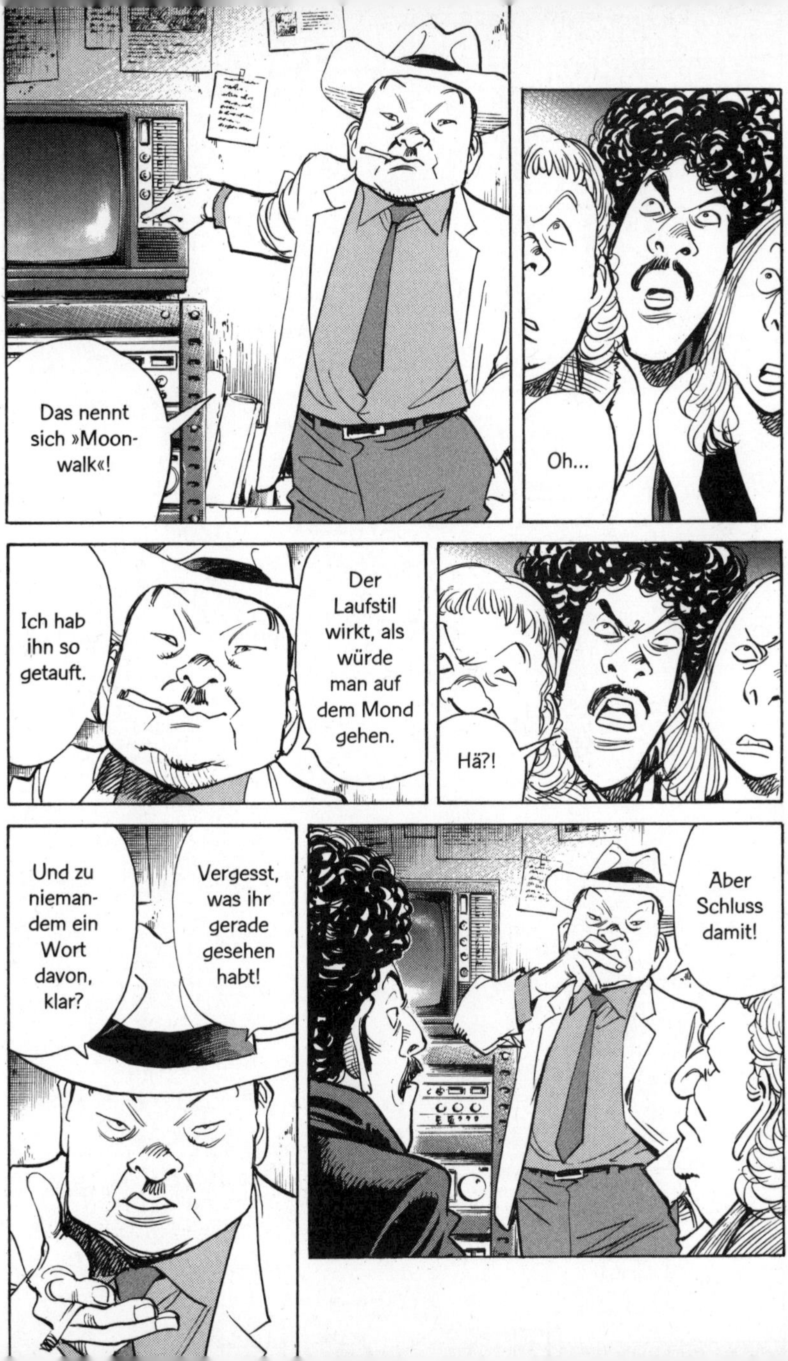
Oh...
Das nennt sich »Moonwalk«!
Hä?!
Der Laufstil wirkt, als würde man auf dem Mond gehen.
Ich hab ihn so getauft.
Aber Schluss damit!
Vergesst, was ihr gerade gesehen habt!
Und zu niemandem ein Wort davon, klar?

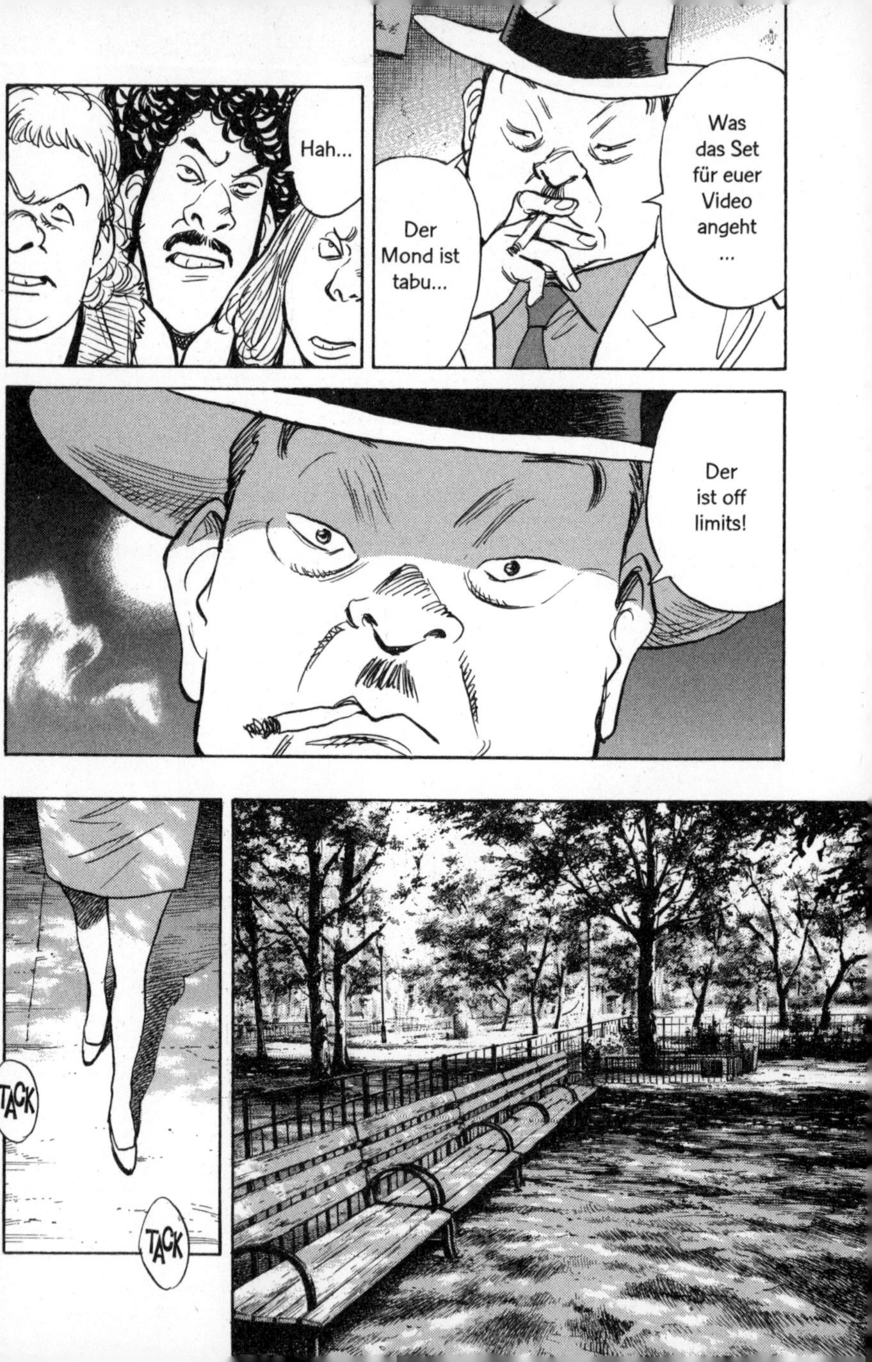
Was das Set für euer Video angeht ...
Der Mond ist tabu...
Hah...
Der ist off limits!
TACK
TACK

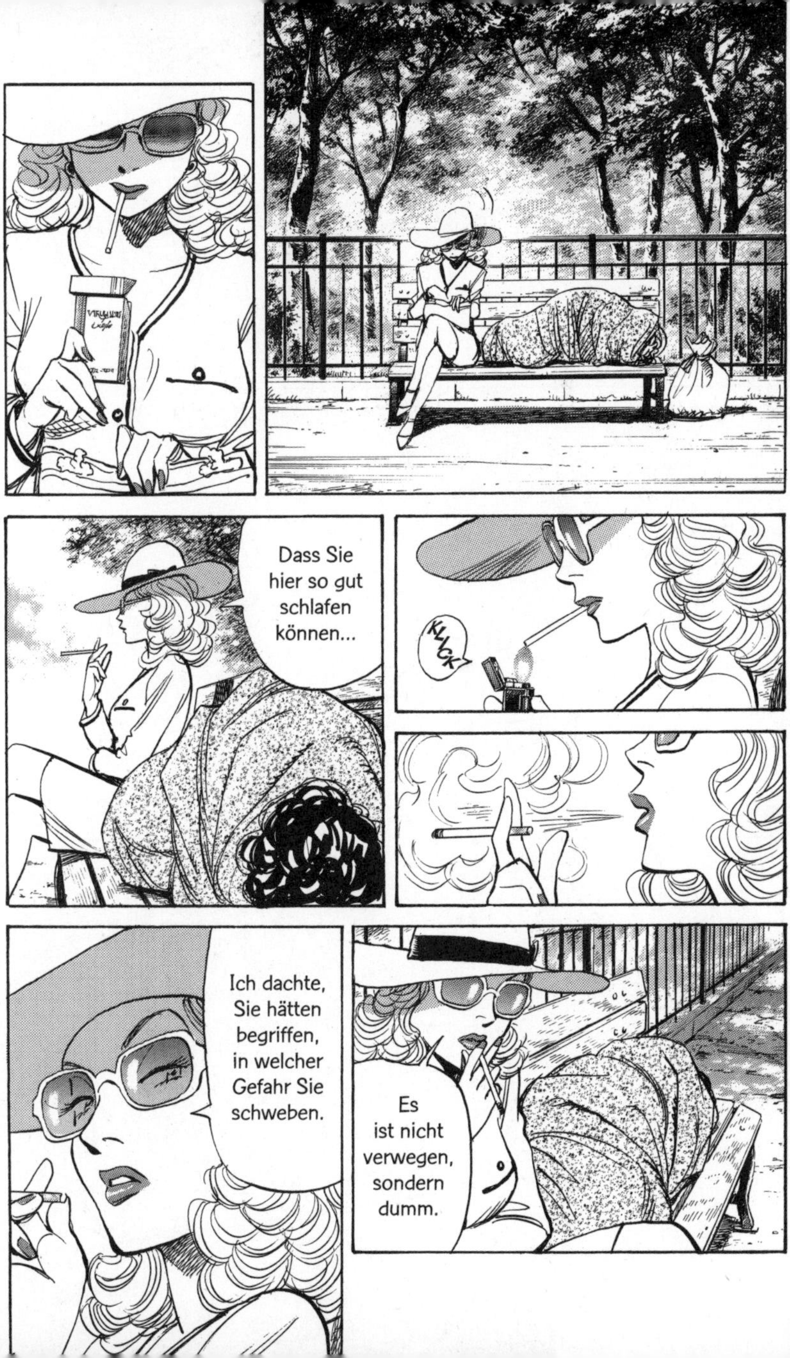
KLICK
Dass Sie hier so gut schlafen können...
Es ist nicht verwegen, sondern dumm.
Ich dachte, Sie hätten begriffen, in welcher Gefahr Sie schweben.

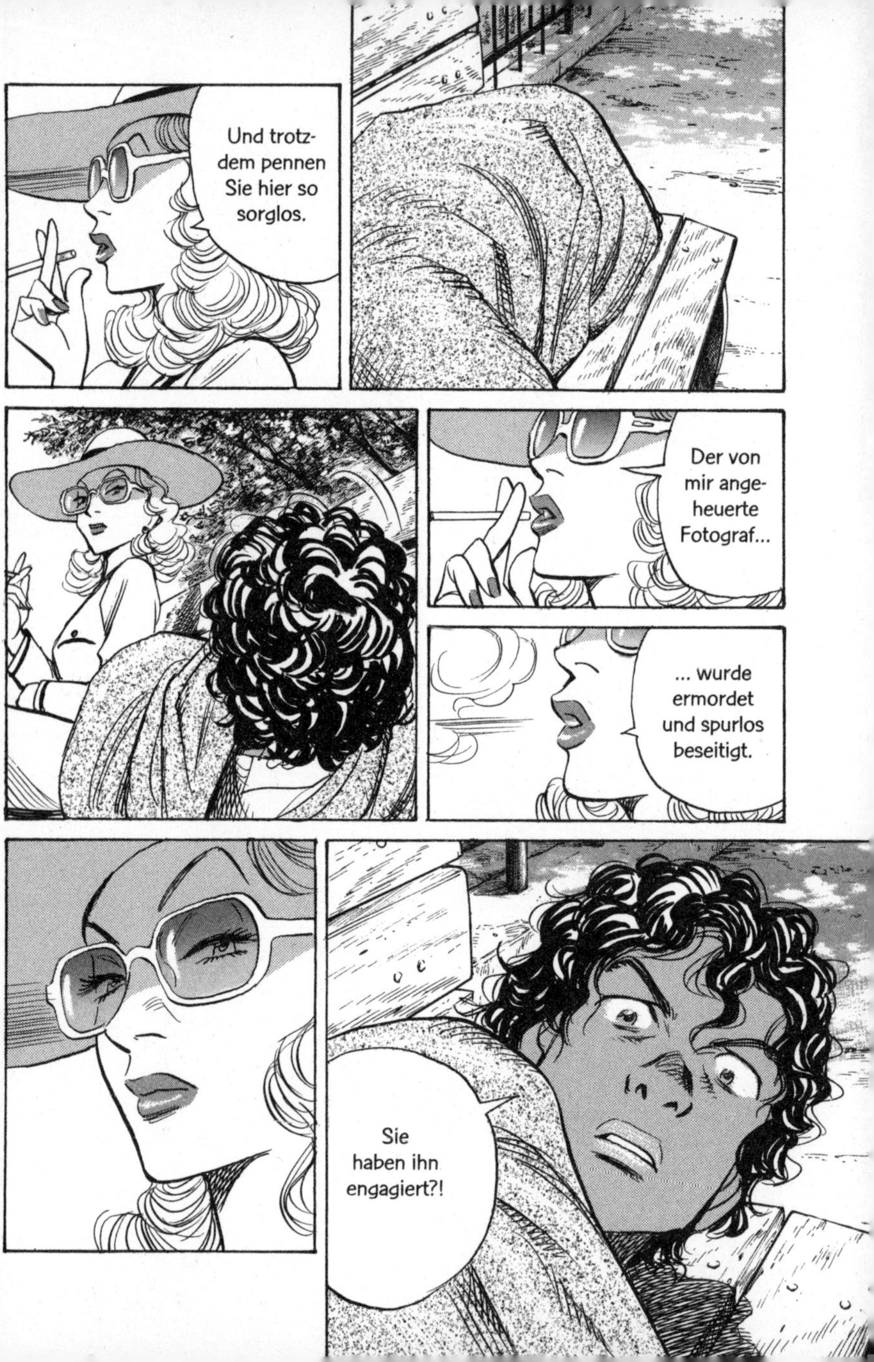
Und trotzdem pennen Sie hier so sorglos.
Der von mir angeheuerte Fotograf...
... wurde ermordet und spurlos beseitigt.
Sie haben ihn engagiert?!

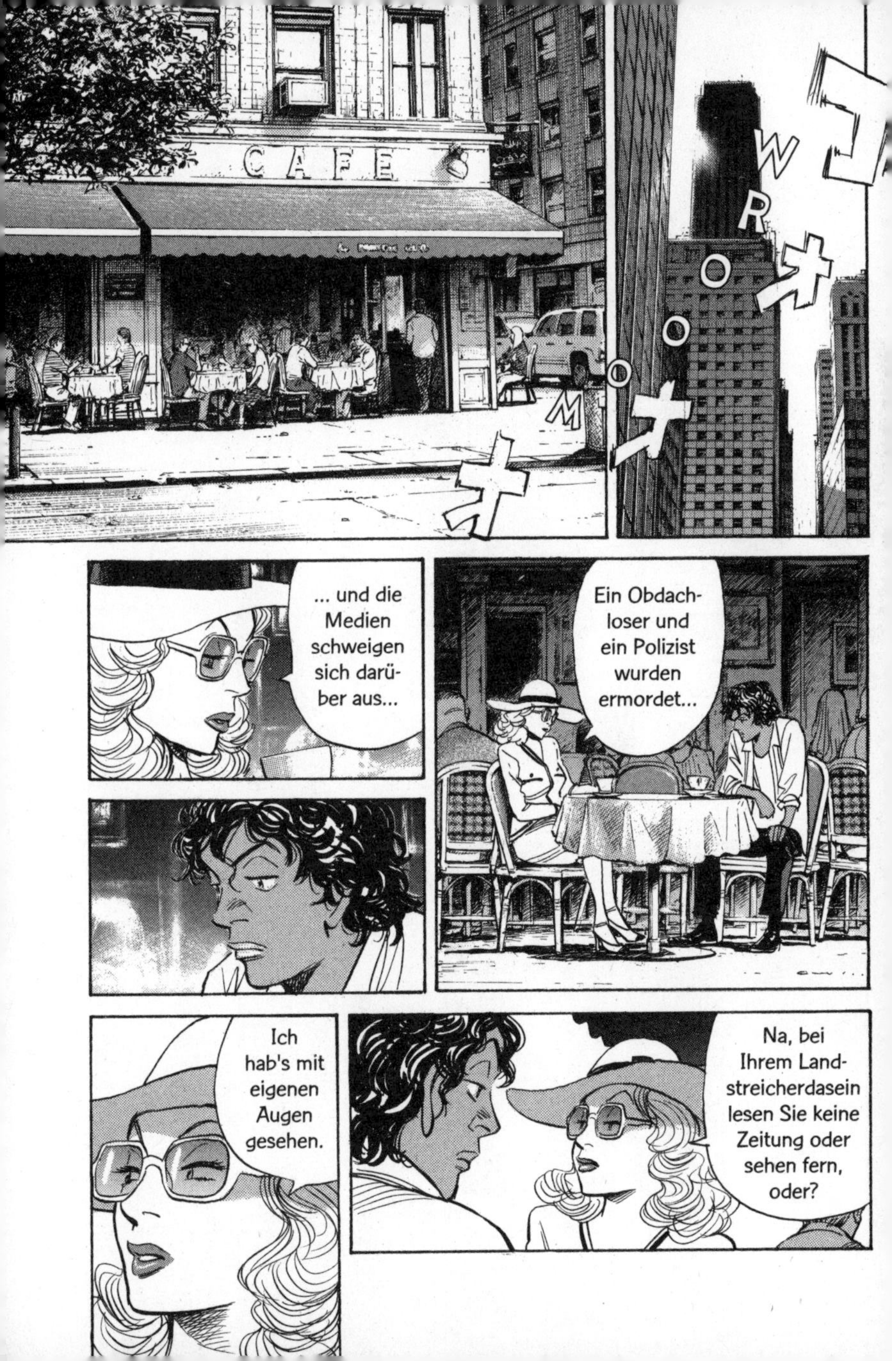
CAFE
WROOOM
Ein Obdachloser und ein Polizist wurden ermordet...
... und die Medien schweigen sich darüber aus...
Na, bei Ihrem Landstreicherdasein lesen Sie keine Zeitung oder sehen fern, oder?
Ich hab's mit eigenen Augen gesehen.

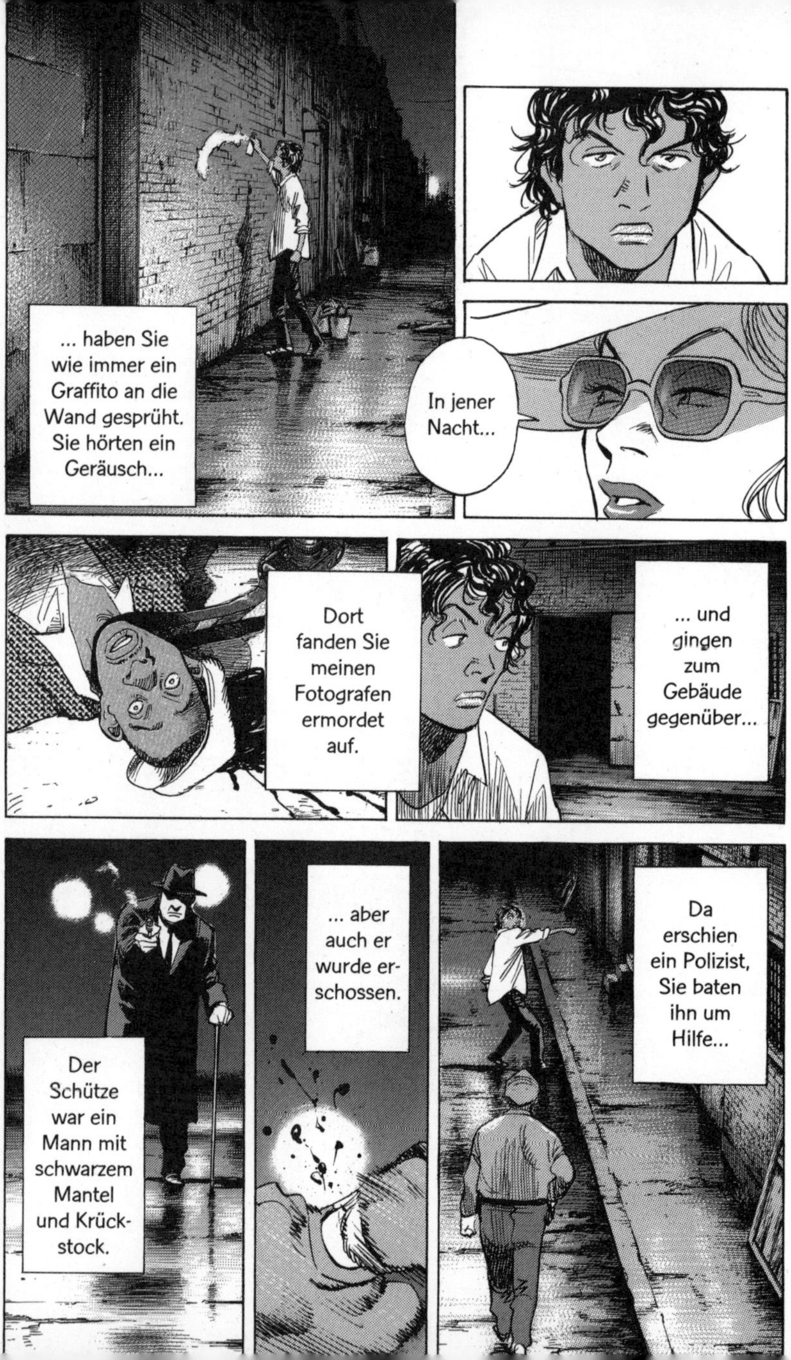

In jener Nacht...
... haben Sie wie immer ein Graffito an die Wand gesprüht. Sie hörten ein Geräusch...
... und gingen zum Gebäude gegenüber...
Dort fanden Sie meinen Fotografen ermordet auf.
Da erschien ein Polizist, Sie baten ihn um Hilfe...
... aber auch er wurde erschossen.
Der Schütze war ein Mann mit schwarzem Mantel und Krückstock.

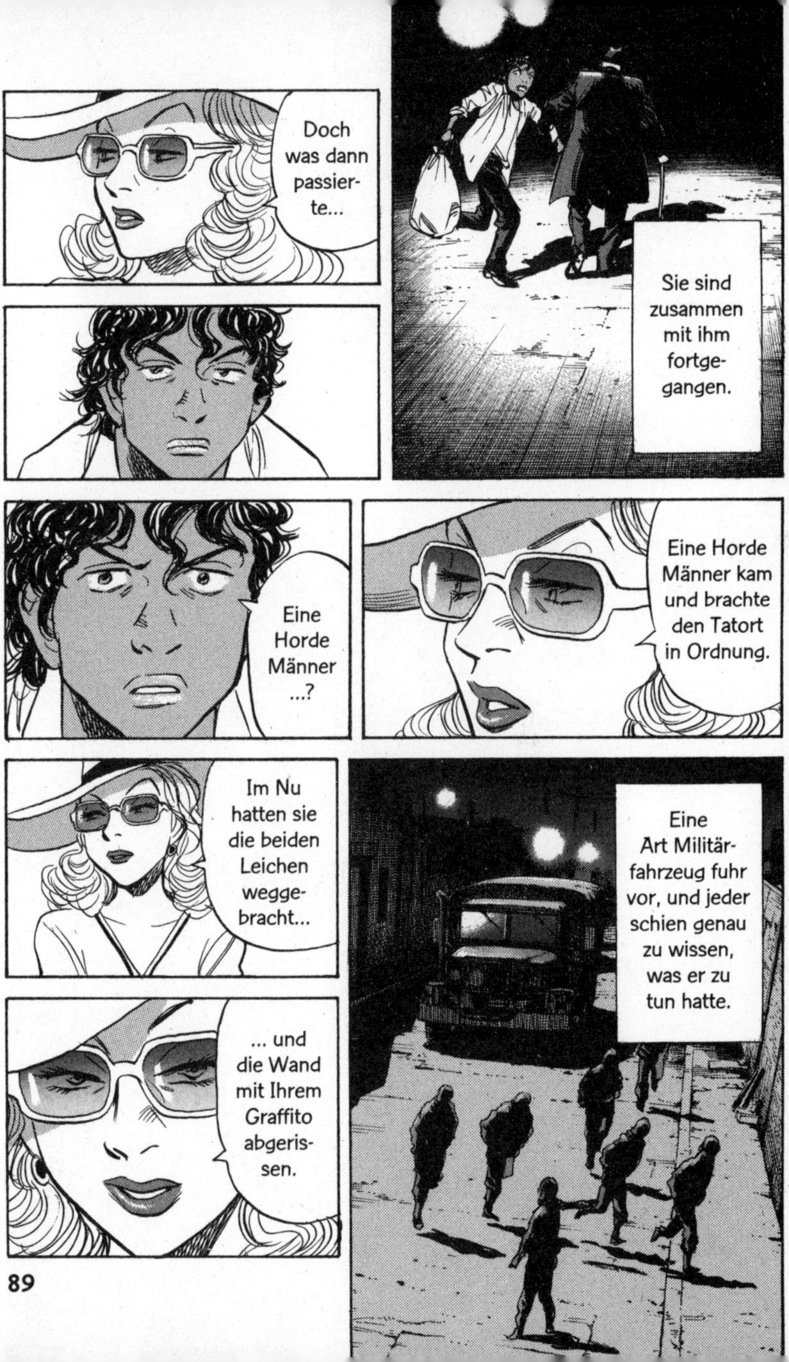
Sie sind zusammen mit ihm fortgegangen.
Doch was dann passierte...
Eine Horde Männer kam und brachte den Tatort in Ordnung.
Eine Horde Männer ...?
Eine Art Militärfahrzeug fuhr vor, und jeder schien genau zu wissen, was er zu tun hatte.
Im Nu hatten sie die beiden Leichen weggebracht...
... und die Wand mit Ihrem Graffito abgerissen.

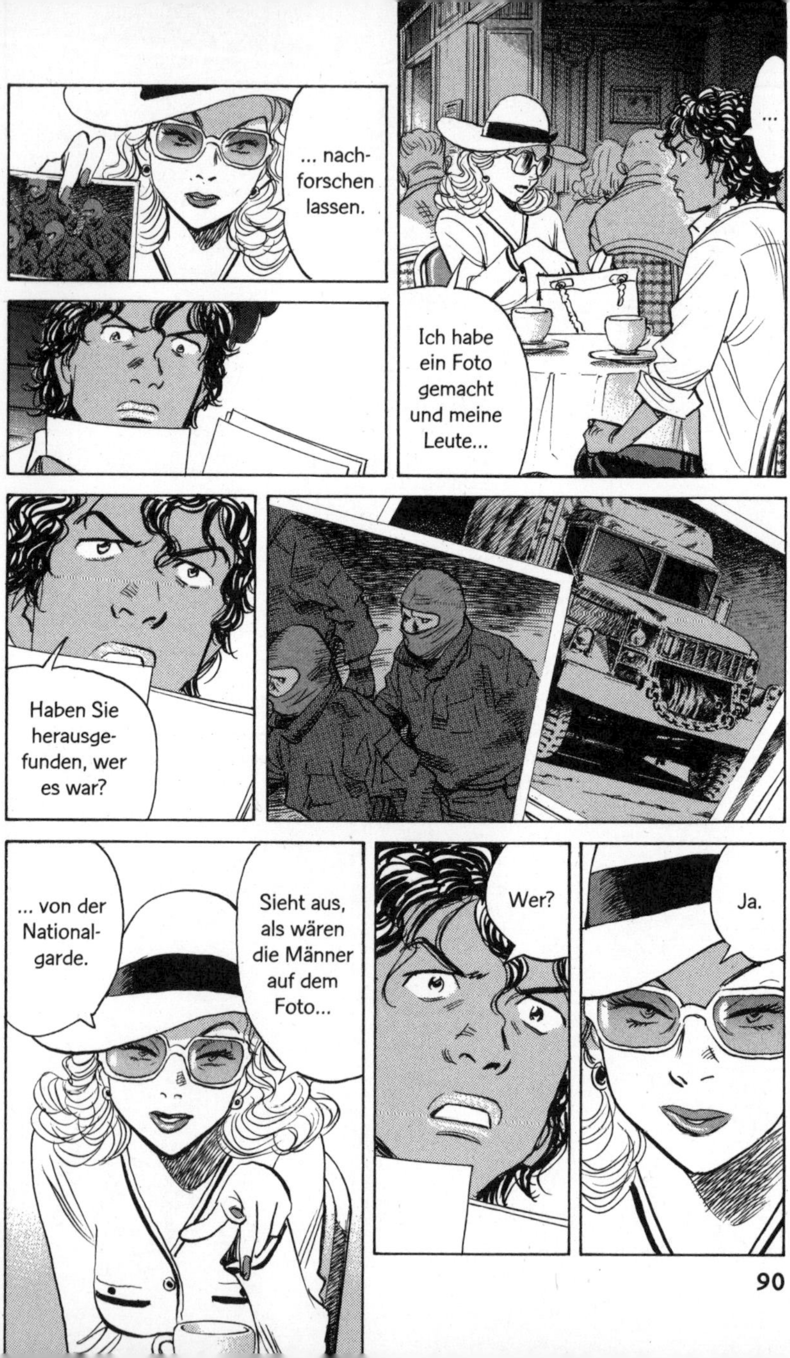
...
Ich habe ein Foto gemacht und meine Leute...
... nachforschen lassen.
Haben Sie herausgefunden, wer es war?
Ja.
Wer?
Sieht aus, als wären die Männer auf dem Foto...
... von der Nationalgarde.

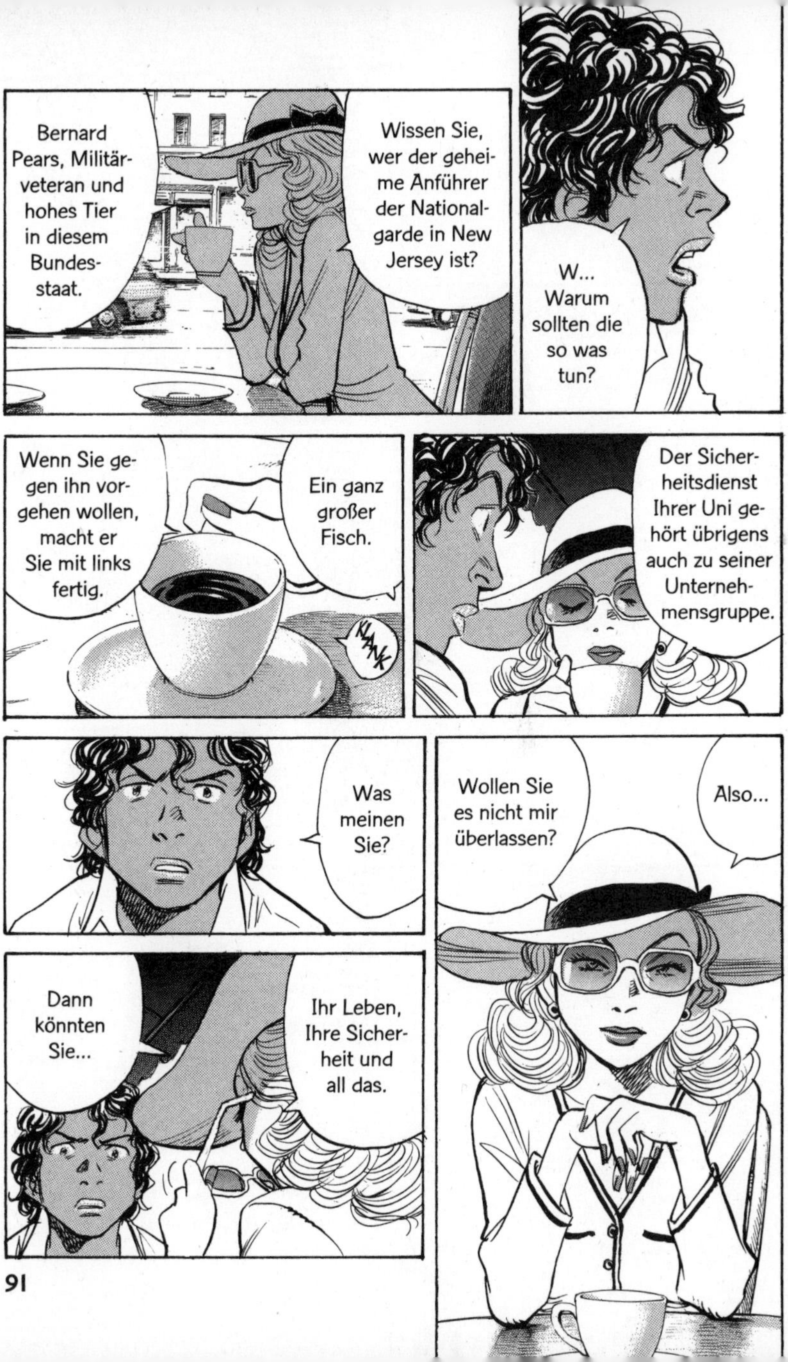
W... Warum sollten die so was tun?
Wissen Sie, wer der geheime Anführer der Nationalgarde in New Jersey ist?
Bernard Pears, Militärveteran und hohes Tier in diesem Bundesstaat.
Der Sicherheitsdienst Ihrer Uni gehört übrigens auch zu seiner Unternehmensgruppe.
KLANK
Ein ganz großer Fisch.
Wenn Sie gegen ihn vorgehen wollen, macht er Sie mit links fertig.
Also...
Wollen Sie es nicht mir überlassen?
Was meinen Sie?
Ihr Leben, Ihre Sicherheit und all das.
Dann könnten Sie...

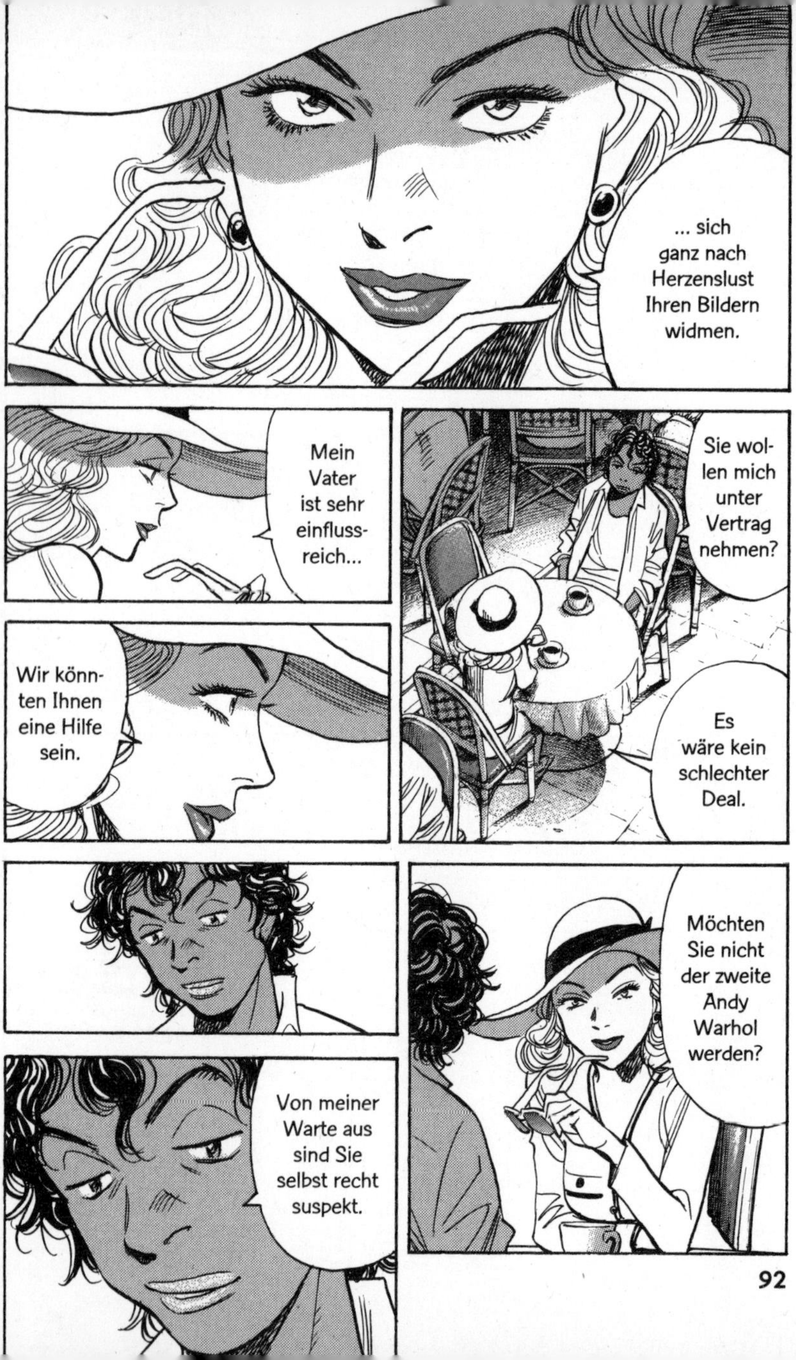
... sich ganz nach Herzenslust Ihren Bildern widmen.
Mein Vater ist sehr einfluss-reich...
Wir könn-ten Ihnen eine Hilfe sein.
Sie wol-len mich unter Vertrag nehmen?
Es wäre kein schlechter Deal.
Möchten Sie nicht der zweite Andy Warhol werden?
Von meiner Warte aus sind Sie selbst recht suspekt.

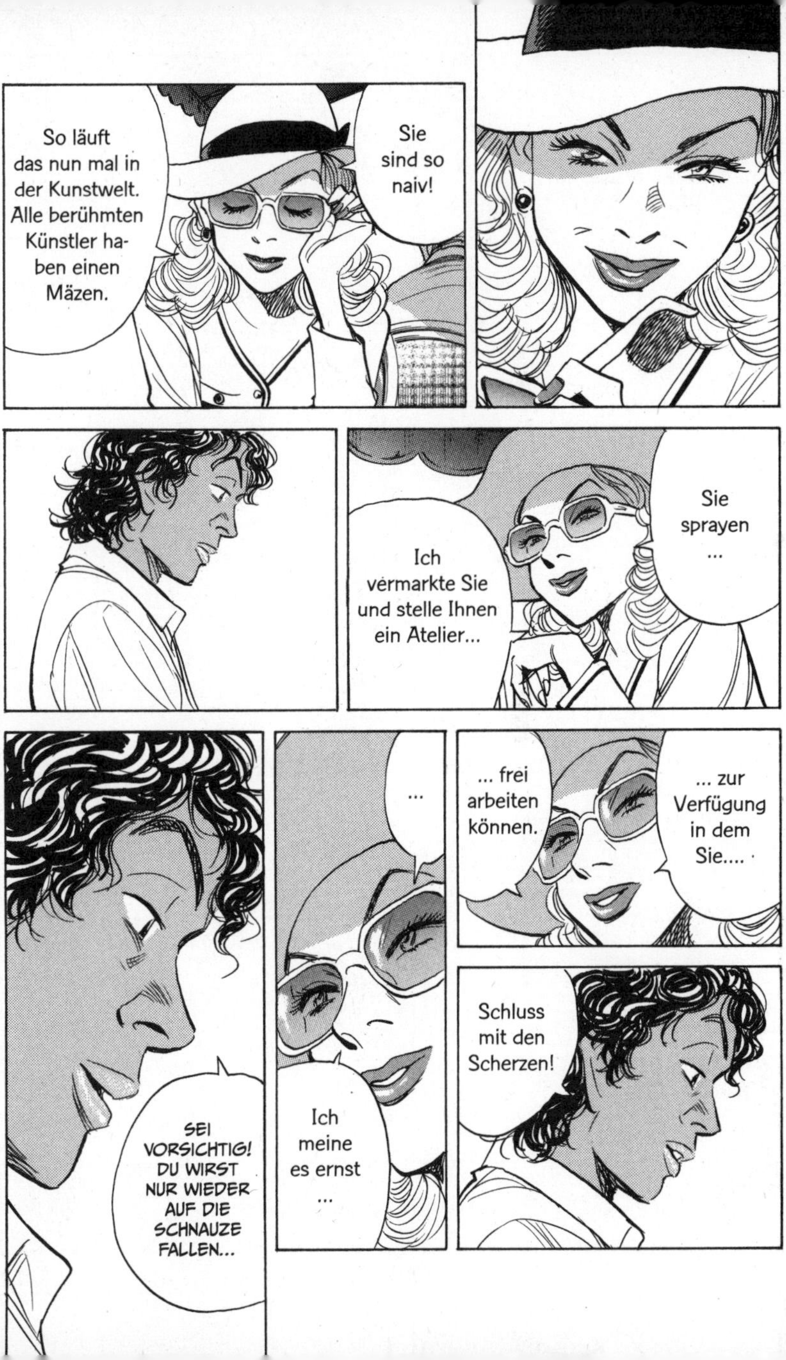
Sie sind so naiv!
So läuft das nun mal in der Kunstwelt. Alle berühmten Künstler haben einen Mäzen.
Sie sprayen ...
Ich vermarkte Sie und stelle Ihnen ein Atelier...
... zur Verfügung in dem Sie....
... frei arbeiten können.
Schluss mit den Scherzen!
...
Ich meine es ernst ...
SEI VORSICHTIG! DU WIRST NUR WIEDER AUF DIE SCHNAUZE FALLEN...

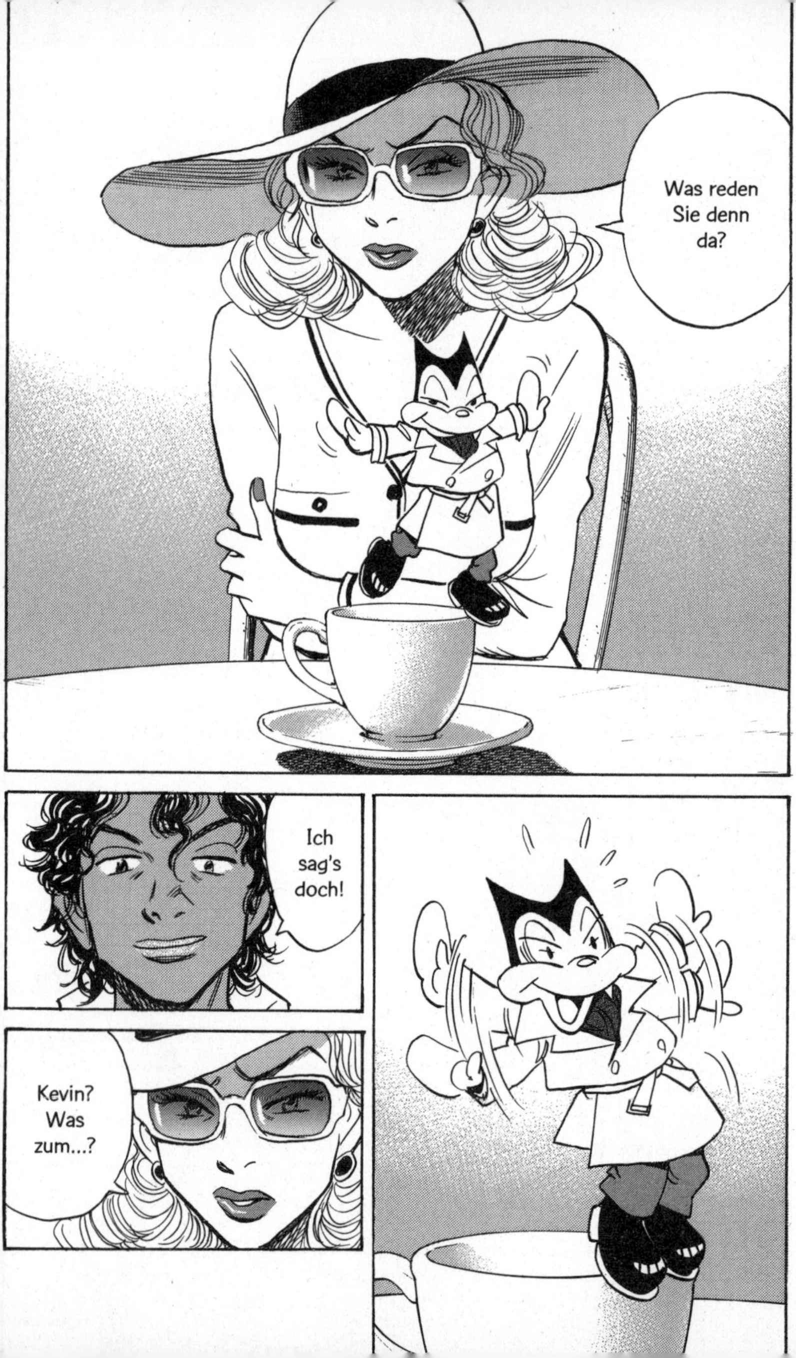
Was reden Sie denn da?
Ich sag's doch!
Kevin? Was zum...?

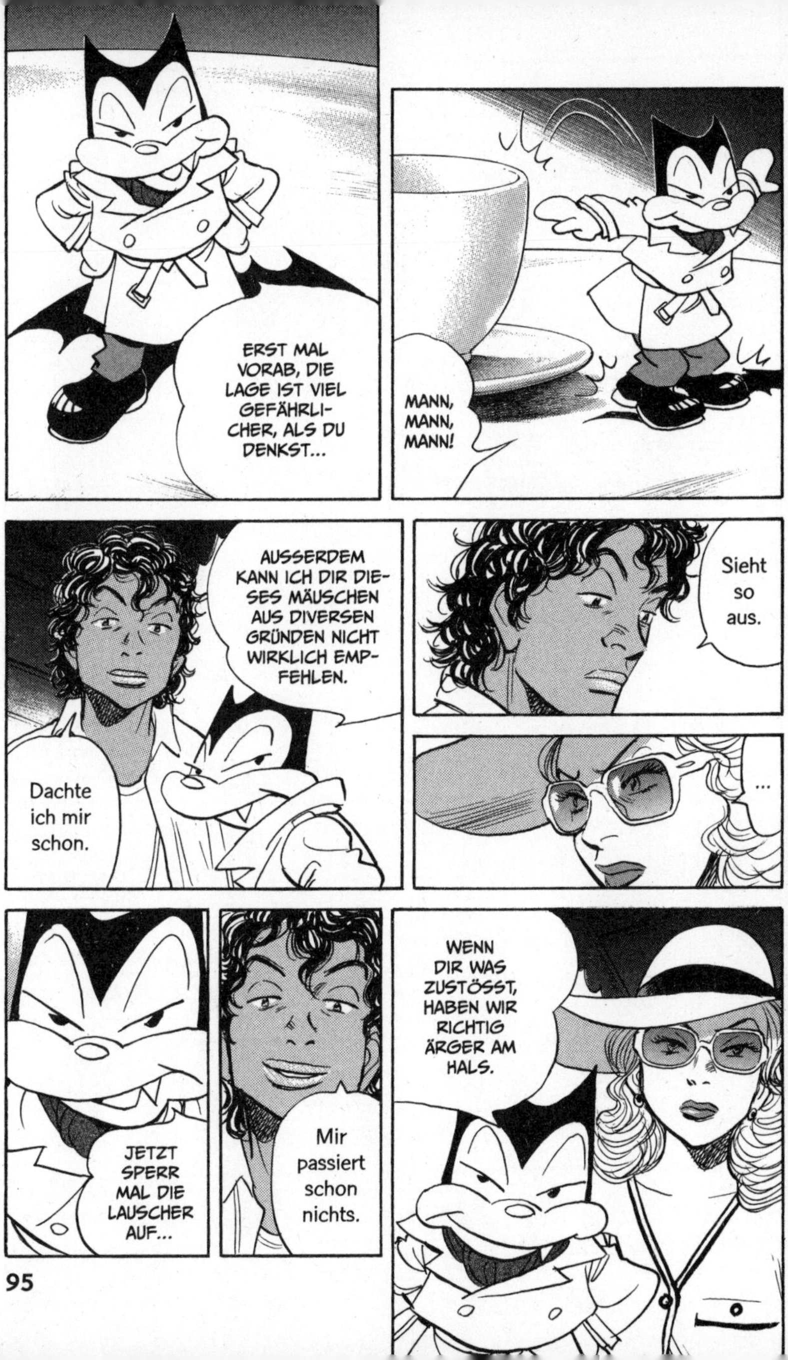
ERST MAL VORAB, DIE LAGE IST VIEL GEFÄHRLICHER, ALS DU DENKST...
MANN, MANN, MANN!
AUSSERDEM KANN ICH DIR DIESES MÄUSCHEN AUS DIVERSEN GRÜNDEN NICHT WIRKLICH EMPFEHLEN.
Dachte ich mir schon.
Sieht so aus.
...
JETZT SPERR MAL DIE LAUSCHER AUF...
Mir passiert schon nichts.
WENN DIR WAS ZUSTÖSST, HABEN WIR RICHTIG ÄRGER AM HALS.

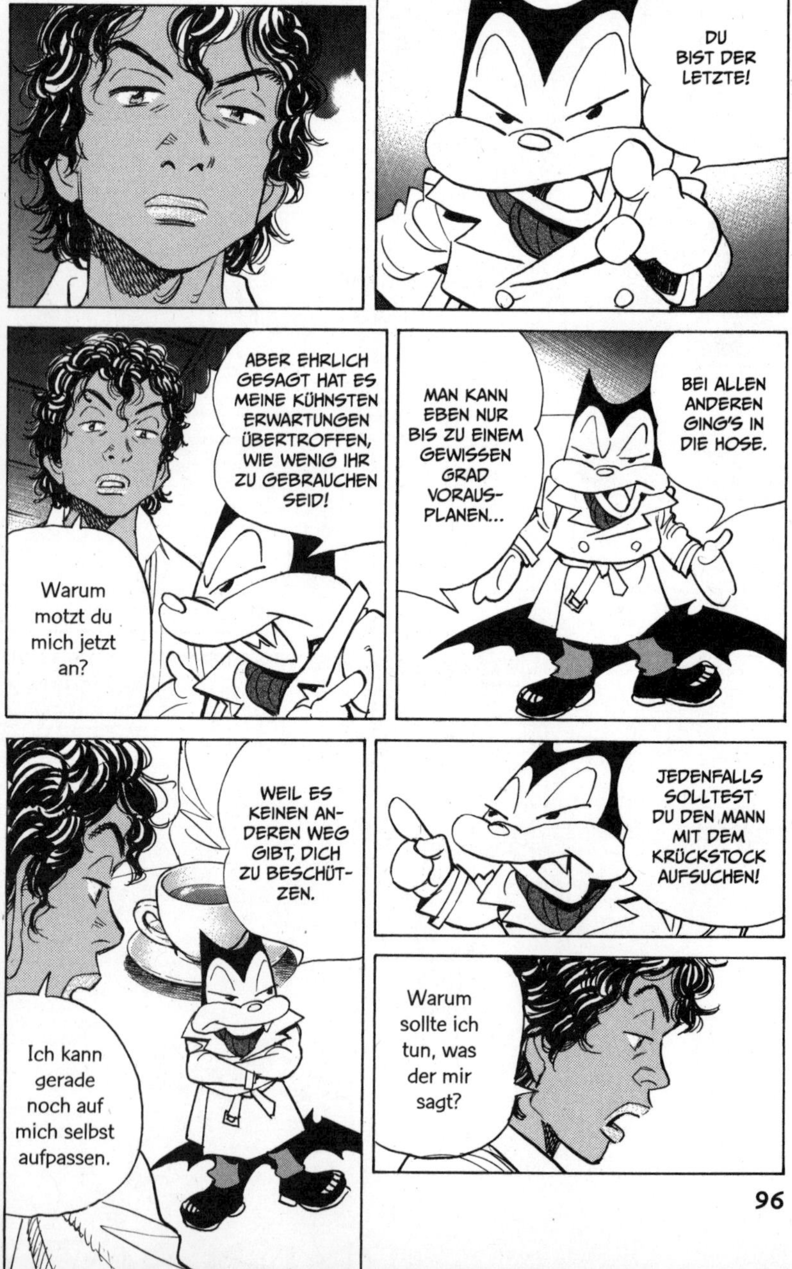
DU BIST DER LETZTE!
BEI ALLEN ANDEREN GING'S IN DIE HOSE.
MAN KANN EBEN NUR BIS ZU EINEM GEWISSEN GRAD VORAUS-PLANEN...
ABER EHRLICH GESAGT HAT ES MEINE KÜHNSTEN ERWARTUNGEN ÜBERTROFFEN, WIE WENIG IHR ZU GEBRAUCHEN SEID!
Warum motzt du mich jetzt an?
JEDENFALLS SOLLTEST DU DEN MANN MIT DEM KRÜCKSTOCK AUFSUCHEN!
Warum sollte ich tun, was der mir sagt?
WEIL ES KEINEN AN-DEREN WEG GIBT, DICH ZU BESCHÜT-ZEN.
Ich kann gerade noch auf mich selbst aufpassen.

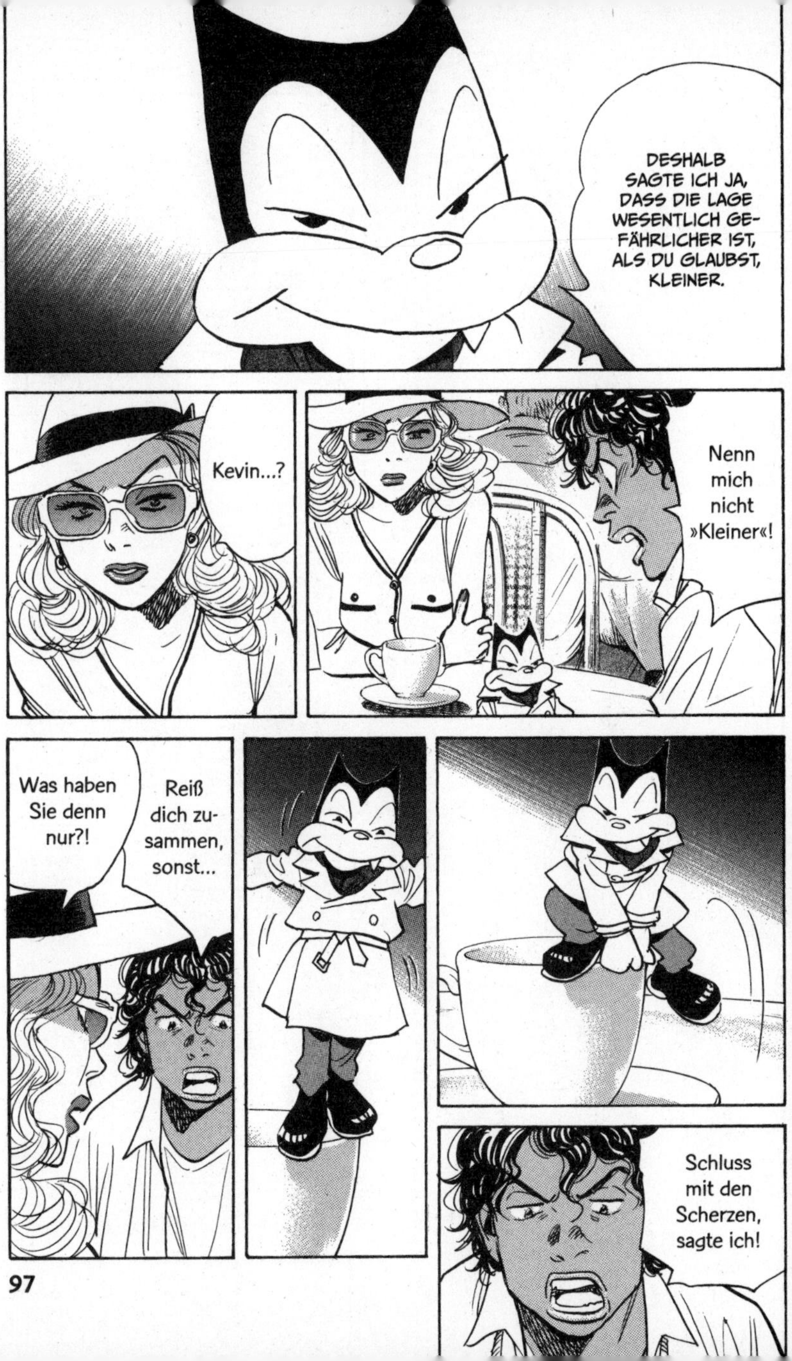
DESHALB SAGTE ICH JA, DASS DIE LAGE WESENTLICH GEFÄHRLICHER IST, ALS DU GLAUBST, KLEINER.
Kevin...?
Nenn mich nicht »Kleiner«!
Was haben Sie denn nur?!
Reiß dich zusammen, sonst...
Schluss mit den Scherzen, sagte ich!

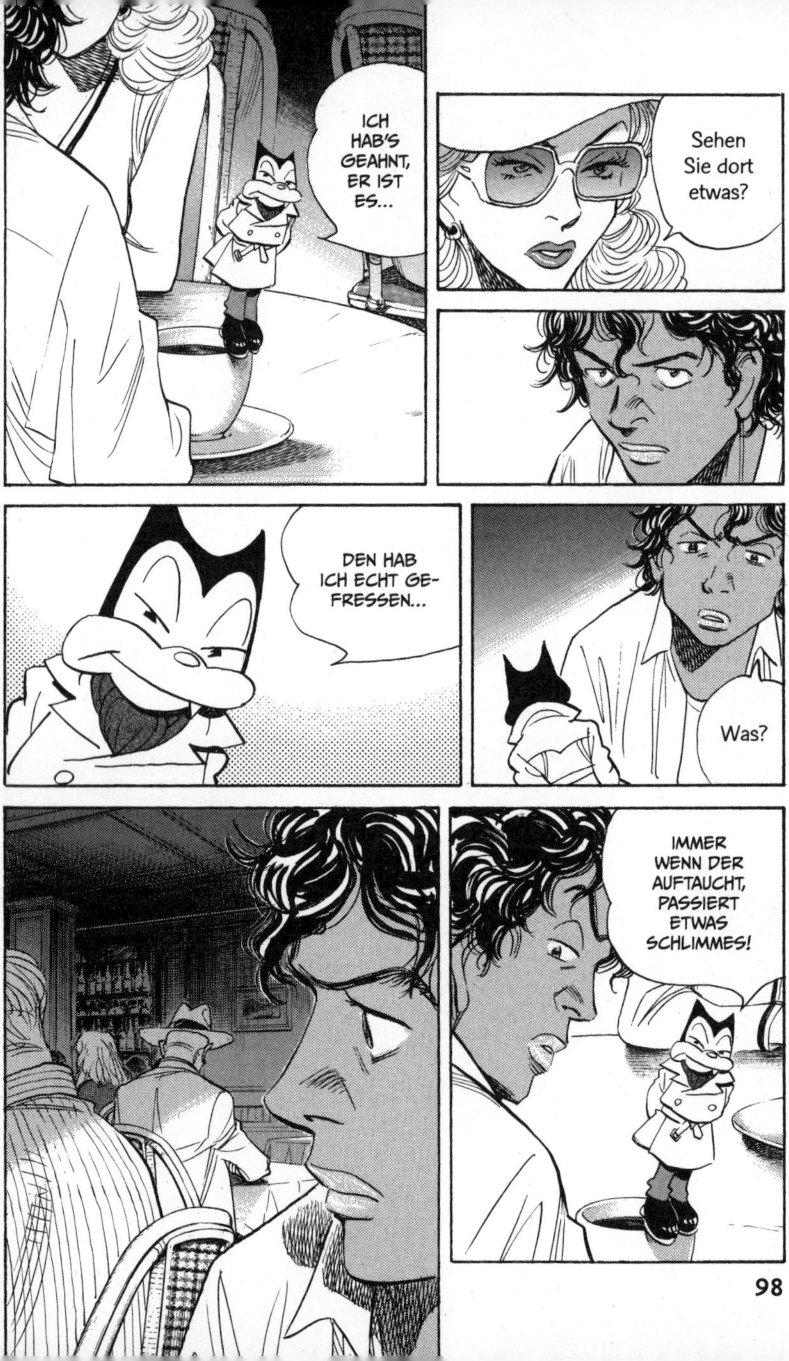
Sehen Sie dort etwas?
ICH HAB'S GEAHNT, ER IST ES...
Was?
DEN HAB ICH ECHT GEFRESSEN...
IMMER WENN DER AUFTAUCHT, PASSIERT ETWAS SCHLIMMES!

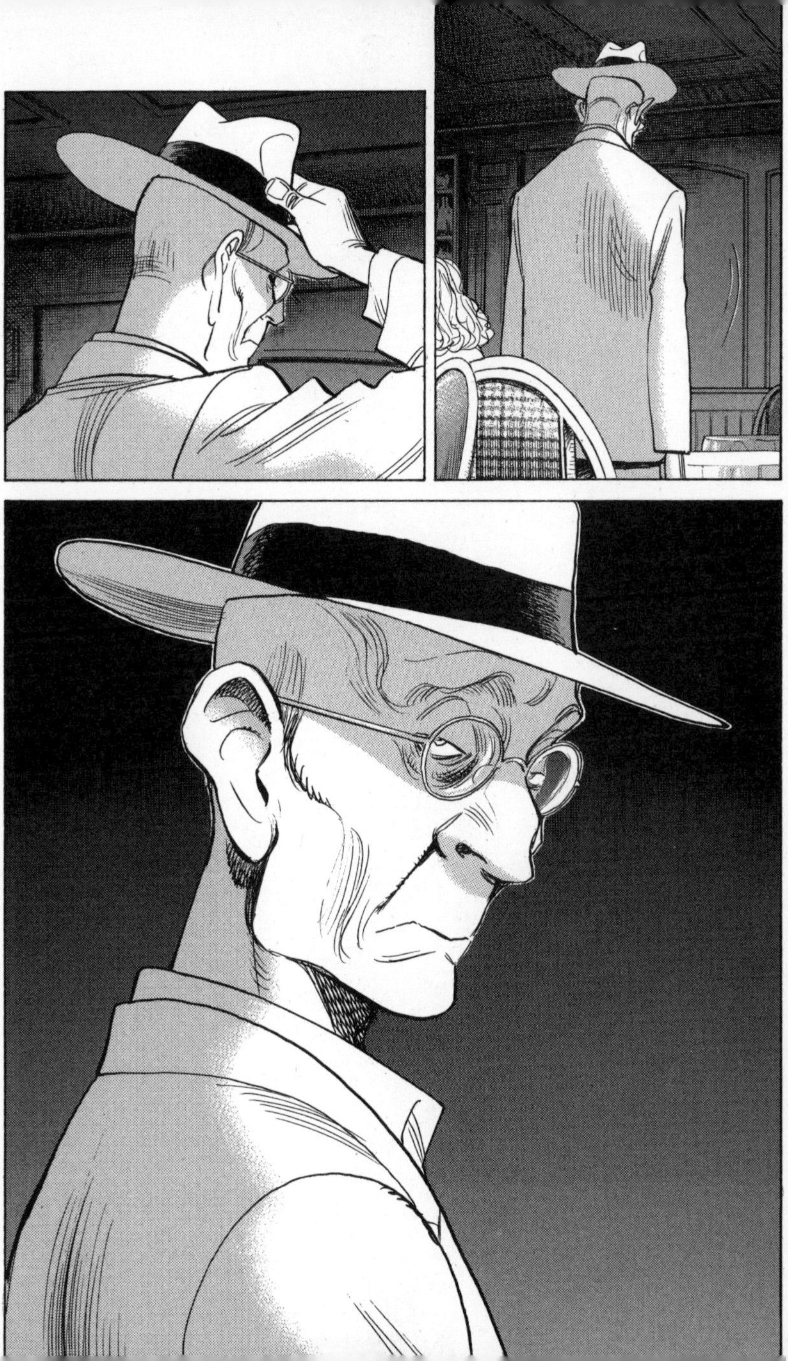

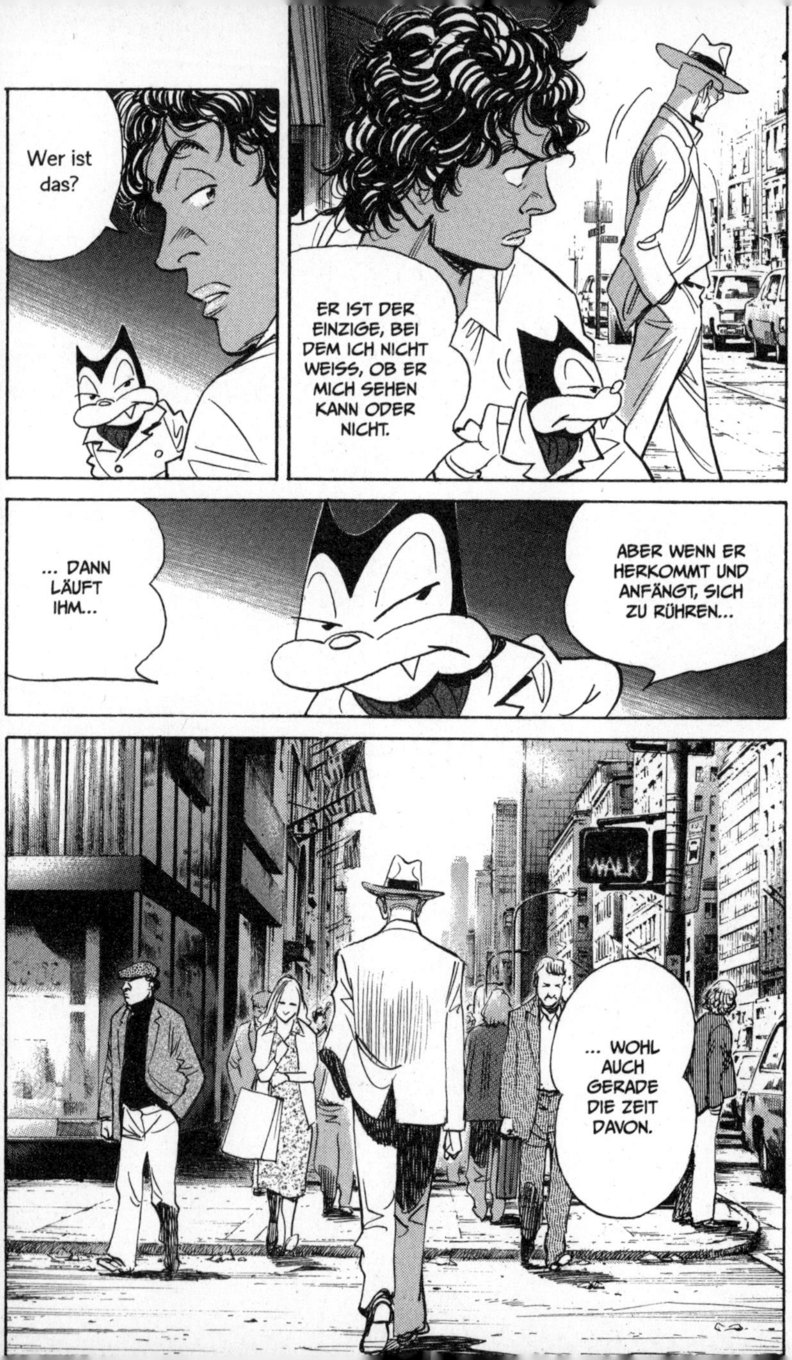
Wer ist das?
ER IST DER EINZIGE, BEI DEM ICH NICHT WEISS, OB ER MICH SEHEN KANN ODER NICHT.
ABER WENN ER HERKOMMT UND ANFÄNGT, SICH ZU RÜHREN...
... DANN LÄUFT IHM...
... WOHL AUCH GERADE DIE ZEIT DAVON.
WALK

KAPITEL 98: GEBRAUCHTWAREN

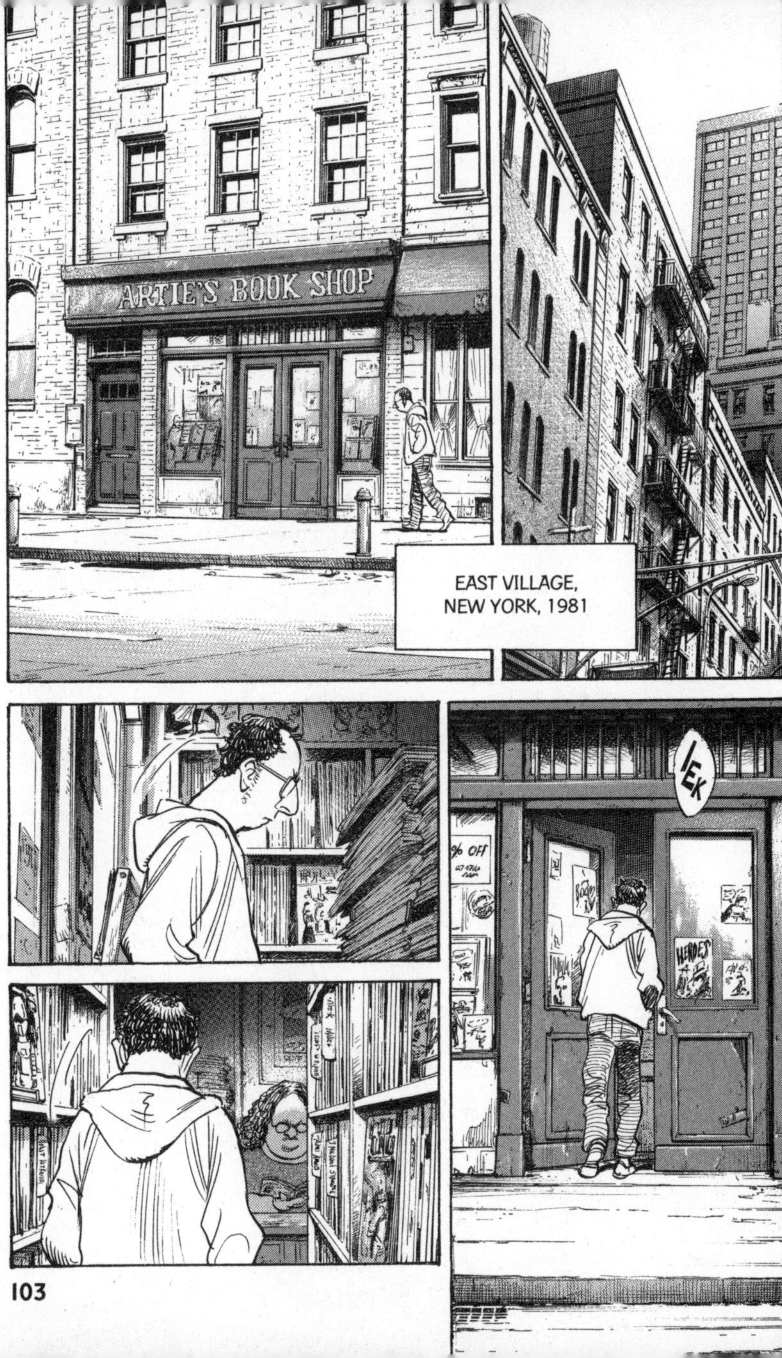

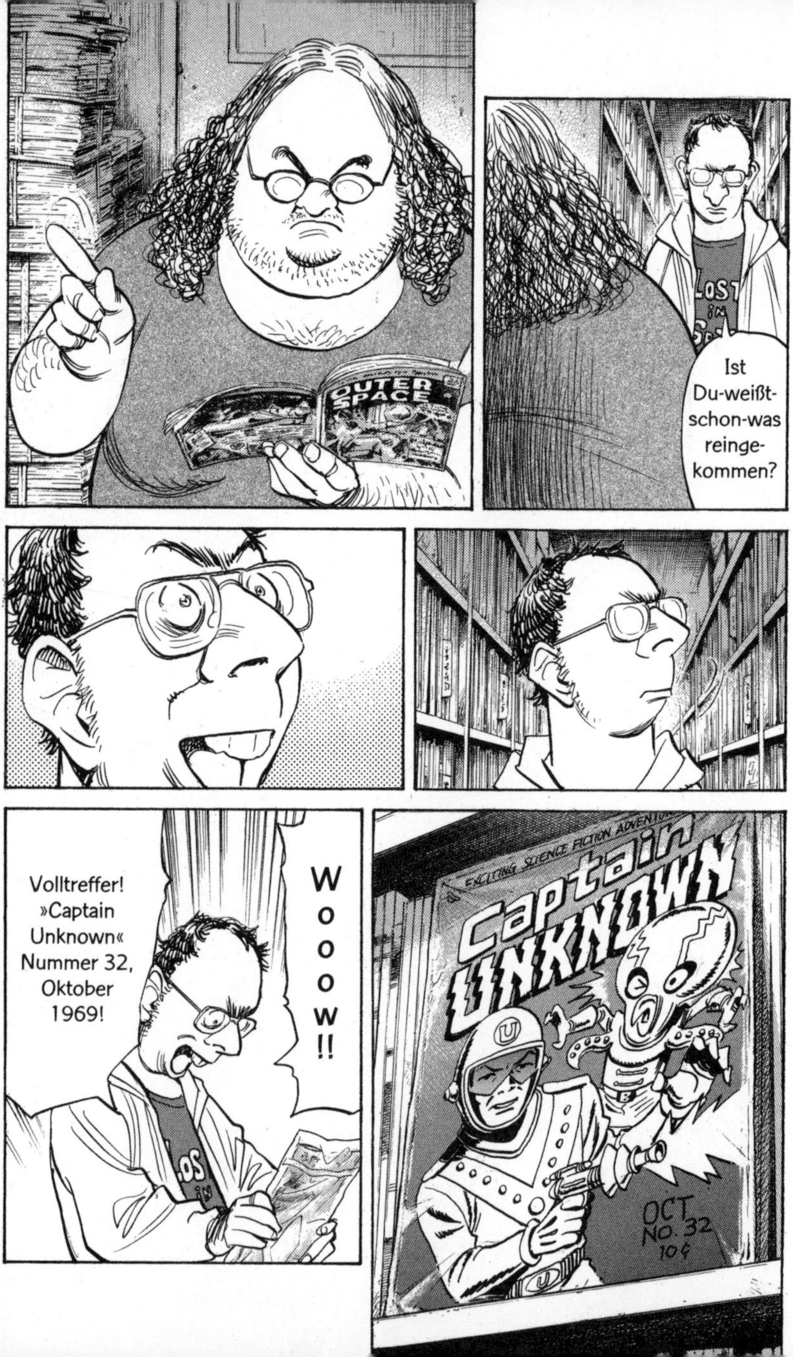

Ist Du-weißt-schon-was reingekommen?
Volltreffer! »Captain Unknown« Nummer 32, Oktober 1969!
Woooow!!
OUTER SPACE
EXCITING SCIENCE FICTION ADVENTURE
Captain UNKNOWN
OCT. NO. 32 10¢

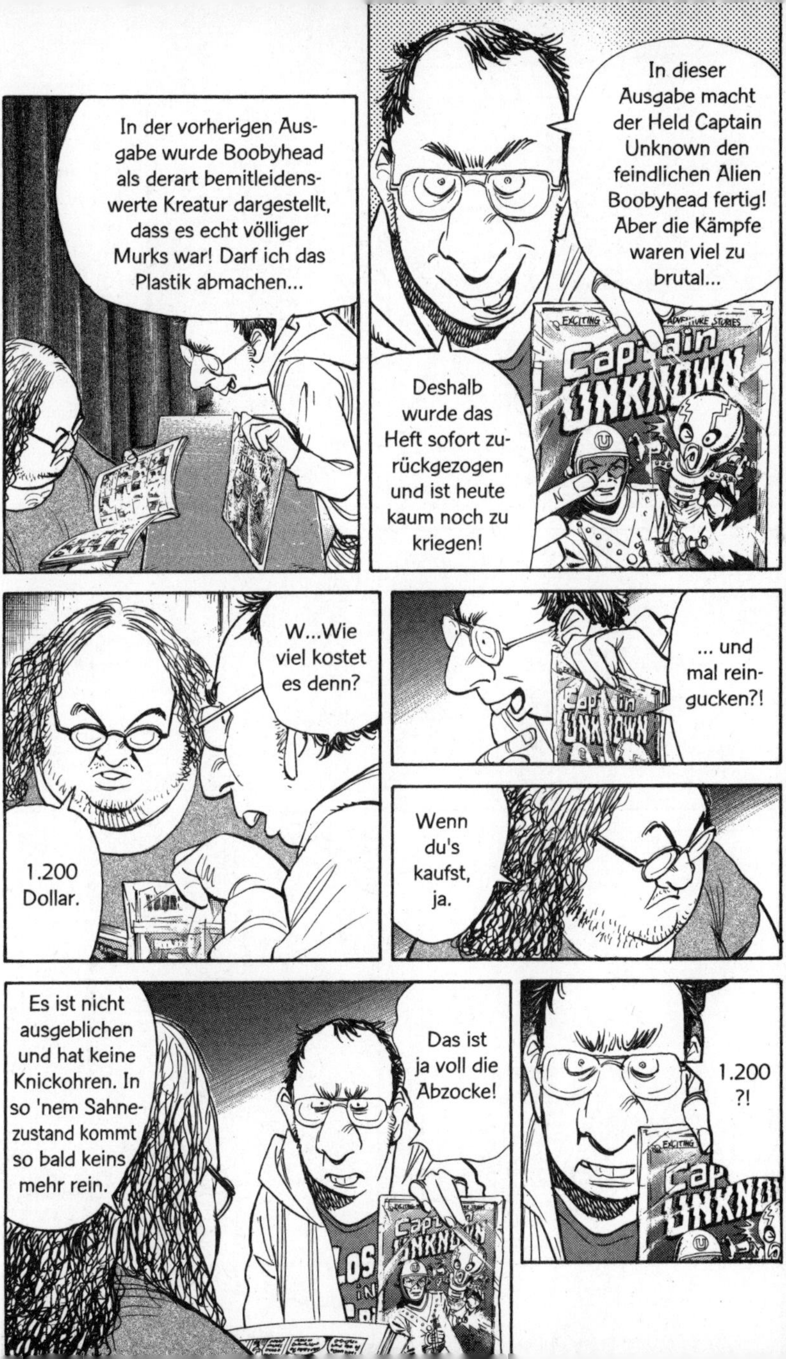
In dieser Ausgabe macht der Held Captain Unknown den feindlichen Alien Boobyhead fertig! Aber die Kämpfe waren viel zu brutal...
EXCITING ADVENTURE STORIES
Captain UNKNOWN
Deshalb wurde das Heft sofort zurückgezogen und ist heute kaum noch zu kriegen!
In der vorherigen Ausgabe wurde Boobyhead als derart bemitleidenswerte Kreatur dargestellt, dass es echt völliger Murks war! Darf ich das Plastik abmachen...
... und mal reingucken?!
Wenn du's kaufst, ja.
W...Wie viel kostet es denn?
1.200 Dollar.
1.200 ?!
Das ist ja voll die Abzocke!
Es ist nicht ausgeblichen und hat keine Knickohren. In so 'nem Sahnezustand kommt so bald keins mehr rein.

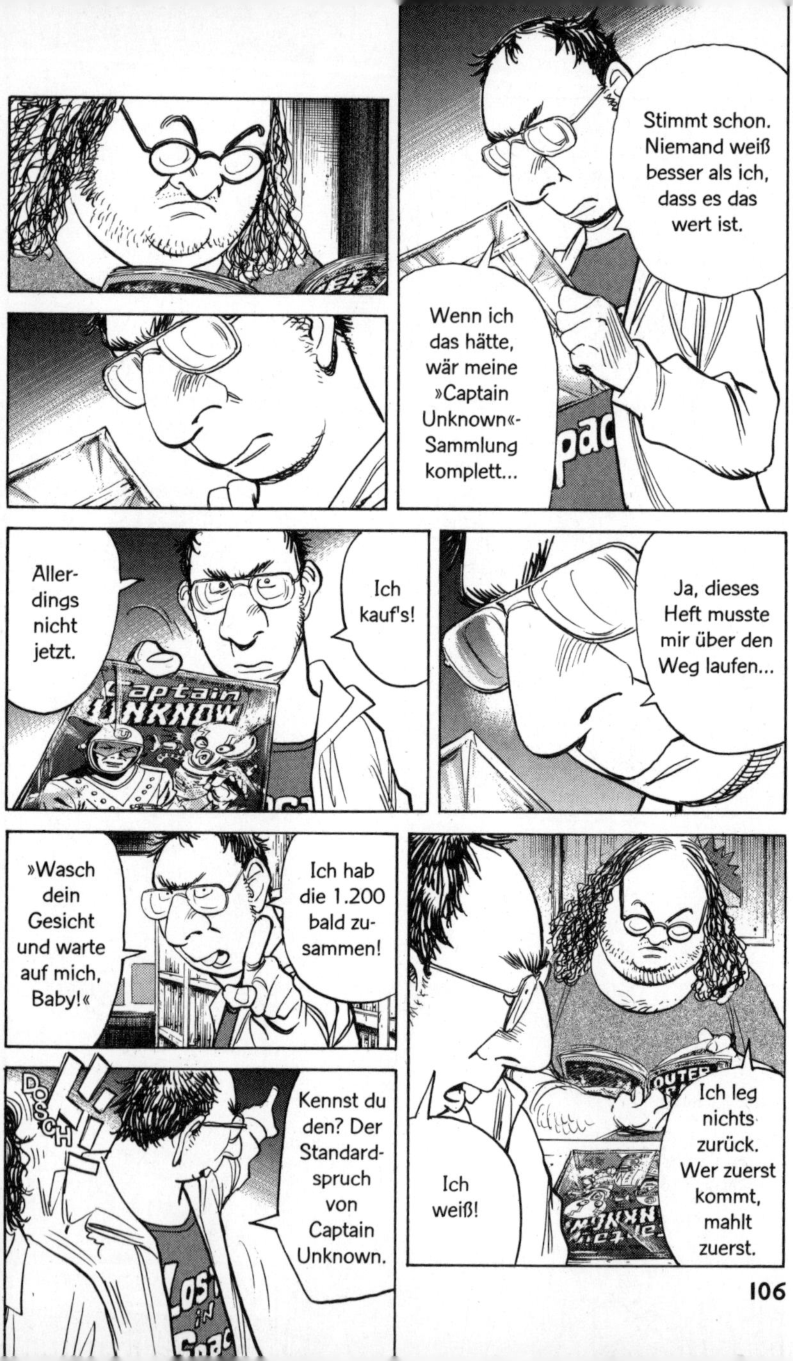
Stimmt schon. Niemand weiß besser als ich, dass es das wert ist.
Wenn ich das hätte, wär meine »Captain Unknown«-Sammlung komplett...
Ja, dieses Heft musste mir über den Weg laufen...
Ich kauf's!
Aller-dings nicht jetzt.
Captain UNKNOW
Ich leg nichts zurück. Wer zuerst kommt, mahlt zuerst.
Ich weiß!
Ich hab die 1.200 bald zu-sammen!
»Wasch dein Gesicht und warte auf mich, Baby!«
Kennst du den? Der Standard-spruch von Captain Unknown.
DOSCH

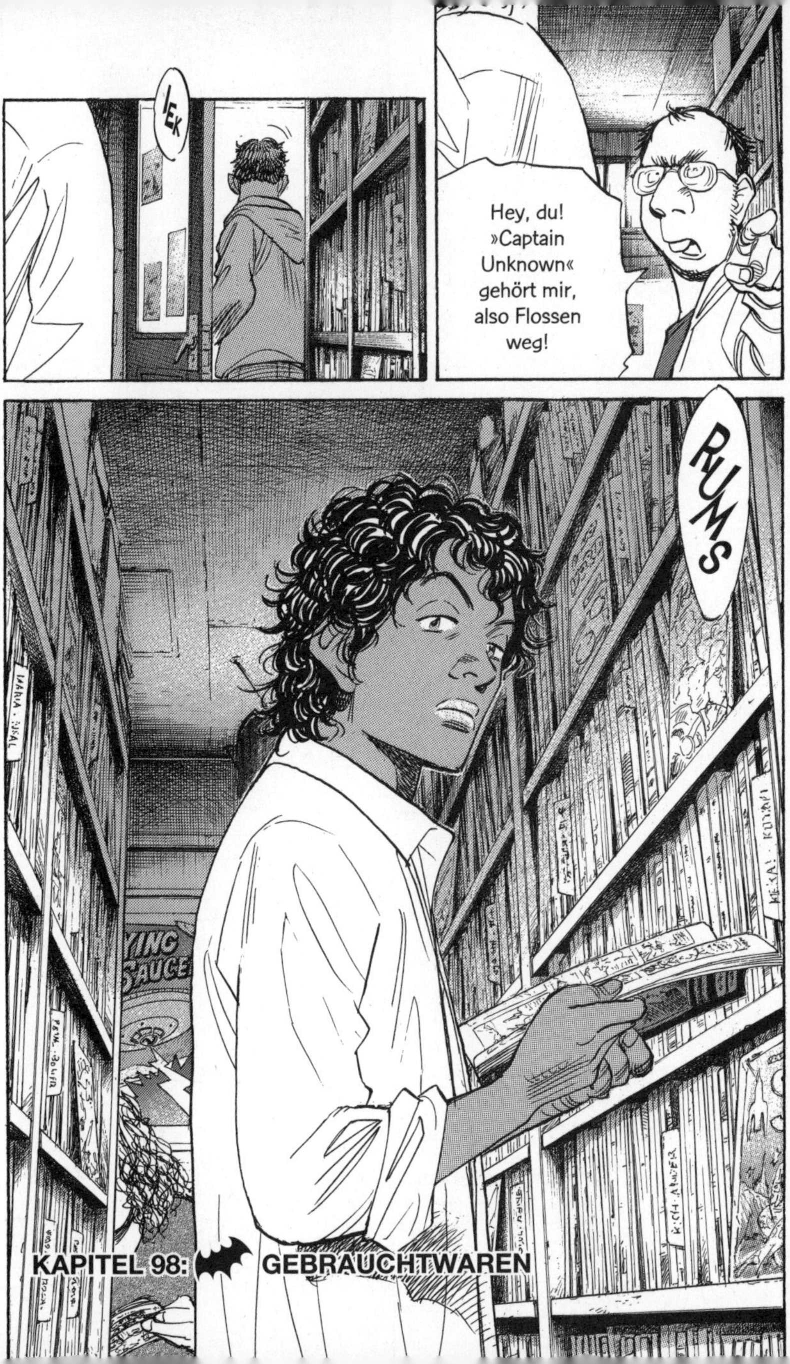

KAPITEL 98: GEBRAUCHTWAREN

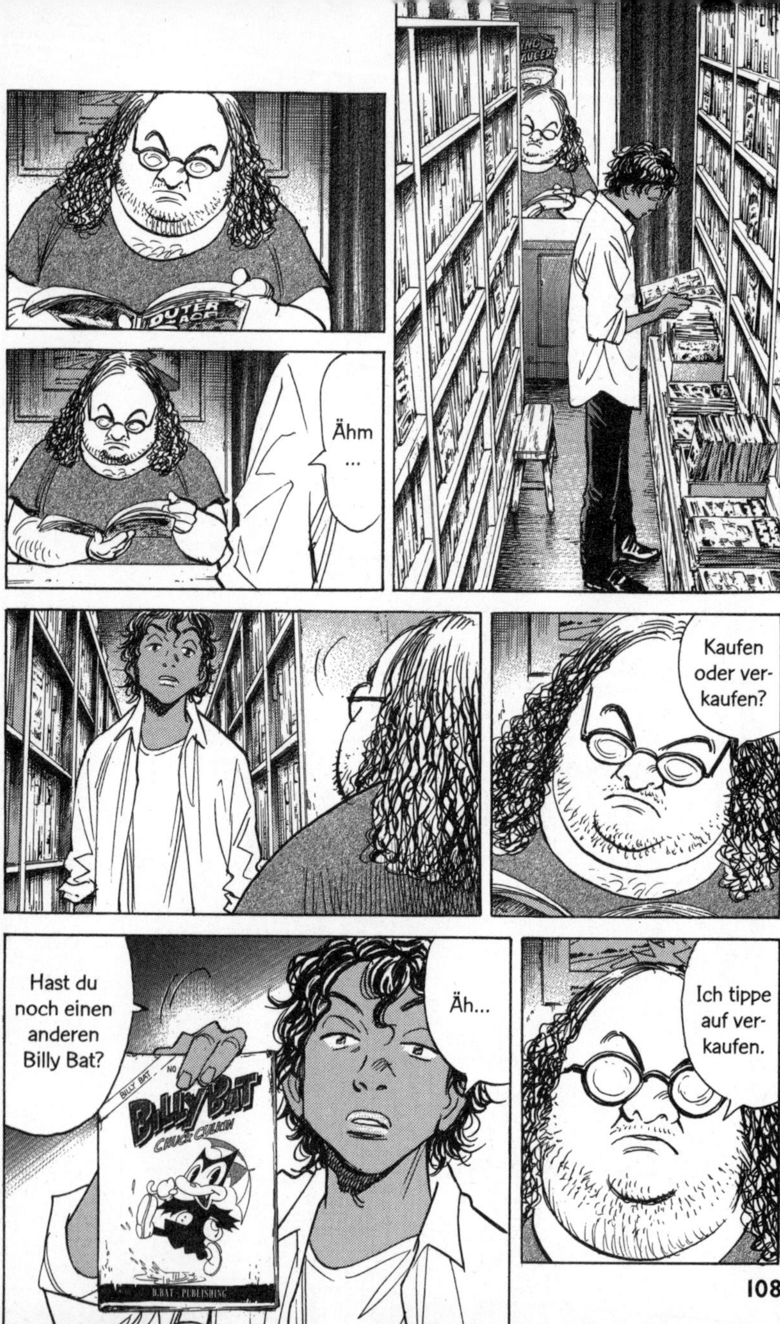
Ähm ...
Kaufen oder verkaufen?
Ich tippe auf verkaufen.
Äh...
Hast du noch einen anderen Billy Bat?
BILLY BAT

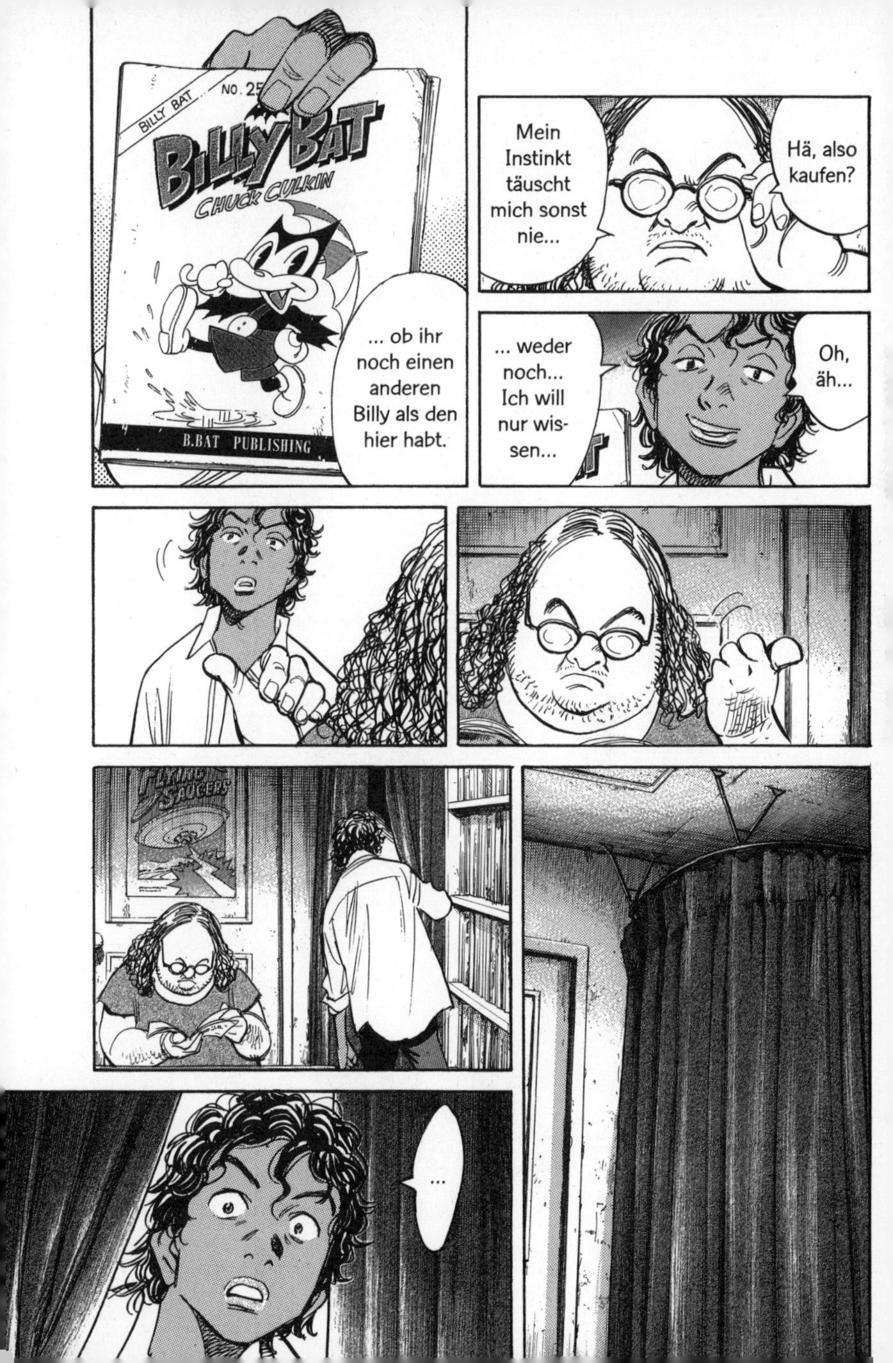

Hä, also kaufen?
Mein Instinkt täuscht mich sonst nie...
Oh, äh...
... weder noch... Ich will nur wissen...
... ob ihr noch einen anderen Billy als den hier habt.
BILLY BAT
NO. 25
BILLY BAT
CHUCK CULKIN
B.BAT PUBLISHING
...

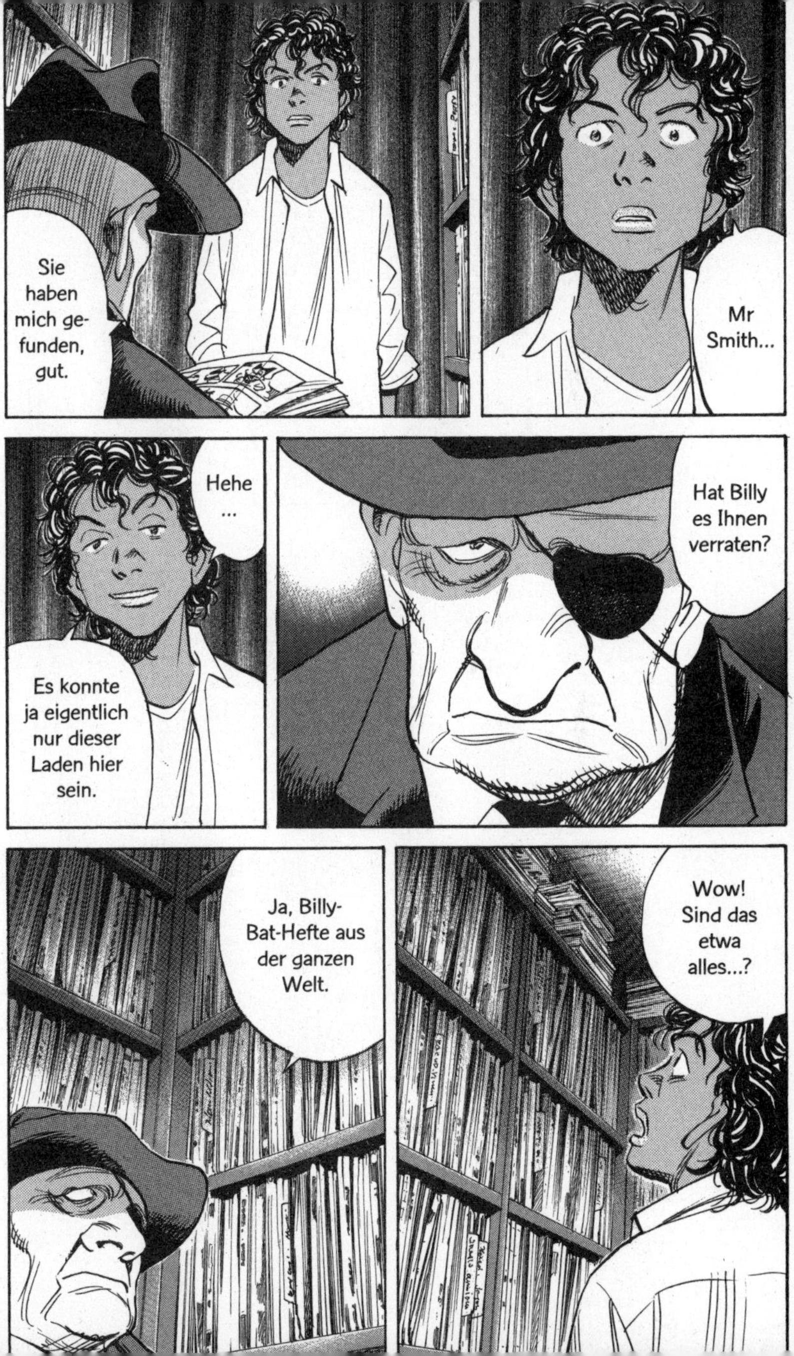
Mr Smith...
Sie haben mich gefunden, gut.
Hat Billy es Ihnen verraten?
Hehe ...
Es konnte ja eigentlich nur dieser Laden hier sein.
Wow! Sind das etwa alles...?
Ja, Billy-Bat-Hefte aus der ganzen Welt.

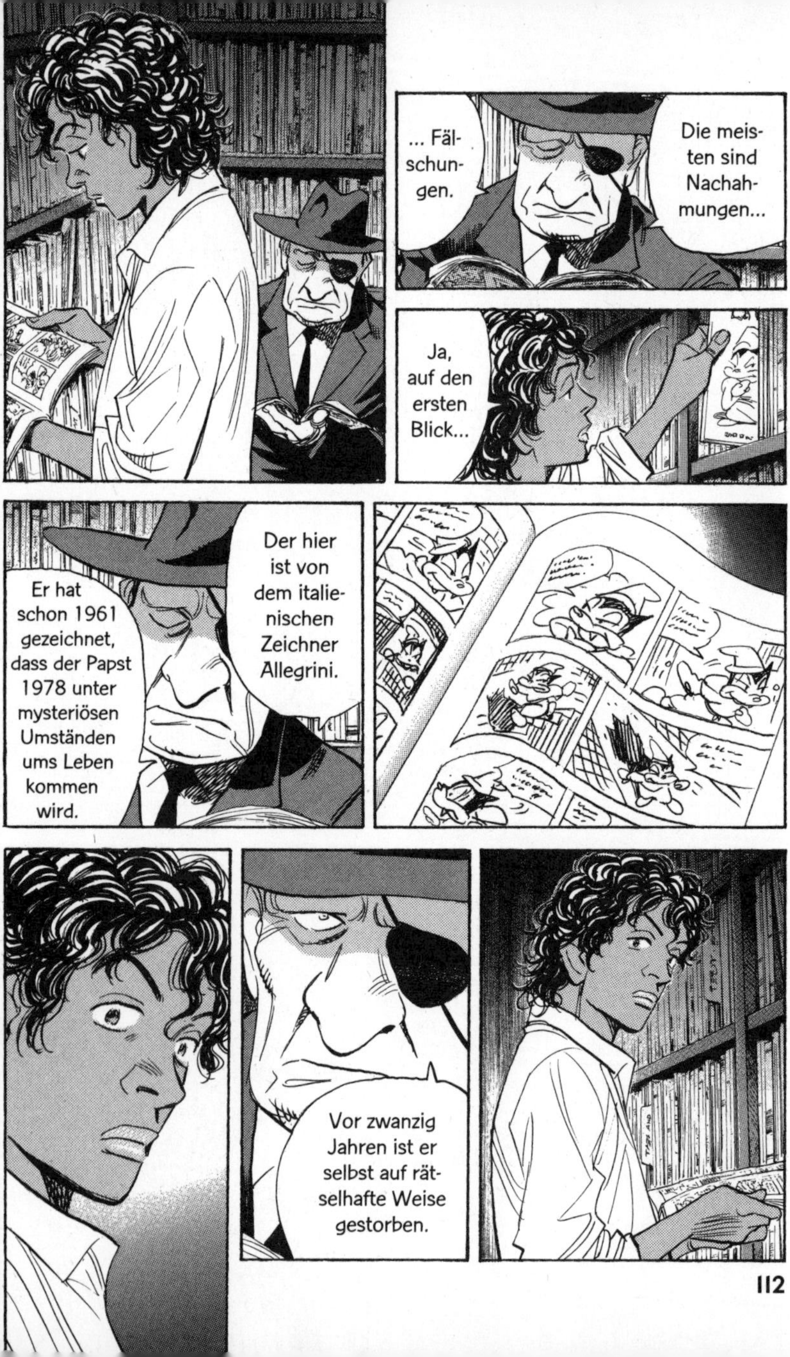

Die meisten sind Nachahmungen...
... Fälschungen.
Ja, auf den ersten Blick...
Der hier ist von dem italienischen Zeichner Allegrini.
Er hat schon 1961 gezeichnet, dass der Papst 1978 unter mysteriösen Umständen ums Leben kommen wird.
Vor zwanzig Jahren ist er selbst auf rätselhafte Weise gestorben.

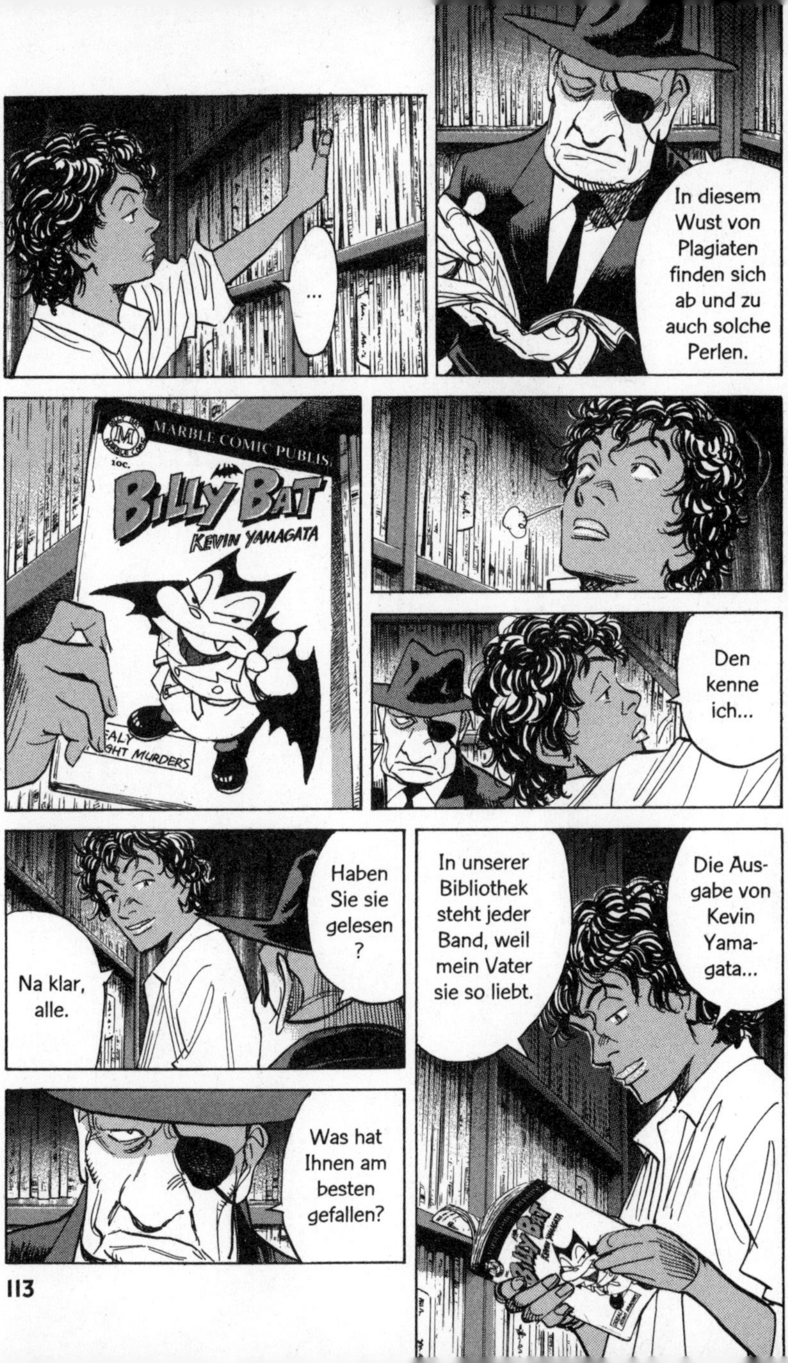

...
In diesem Wust von Plagiaten finden sich ab und zu auch solche Perlen.
MARBLE COMIC PUBLIS
10c.
BILLY BAT
KEVIN YAMAGATA
Den kenne ich...
Haben Sie sie gelesen?
Na klar, alle.
In unserer Bibliothek steht jeder Band, weil mein Vater sie so liebt.
Was hat Ihnen am besten gefallen?
Die Ausgabe von Kevin Yamagata...

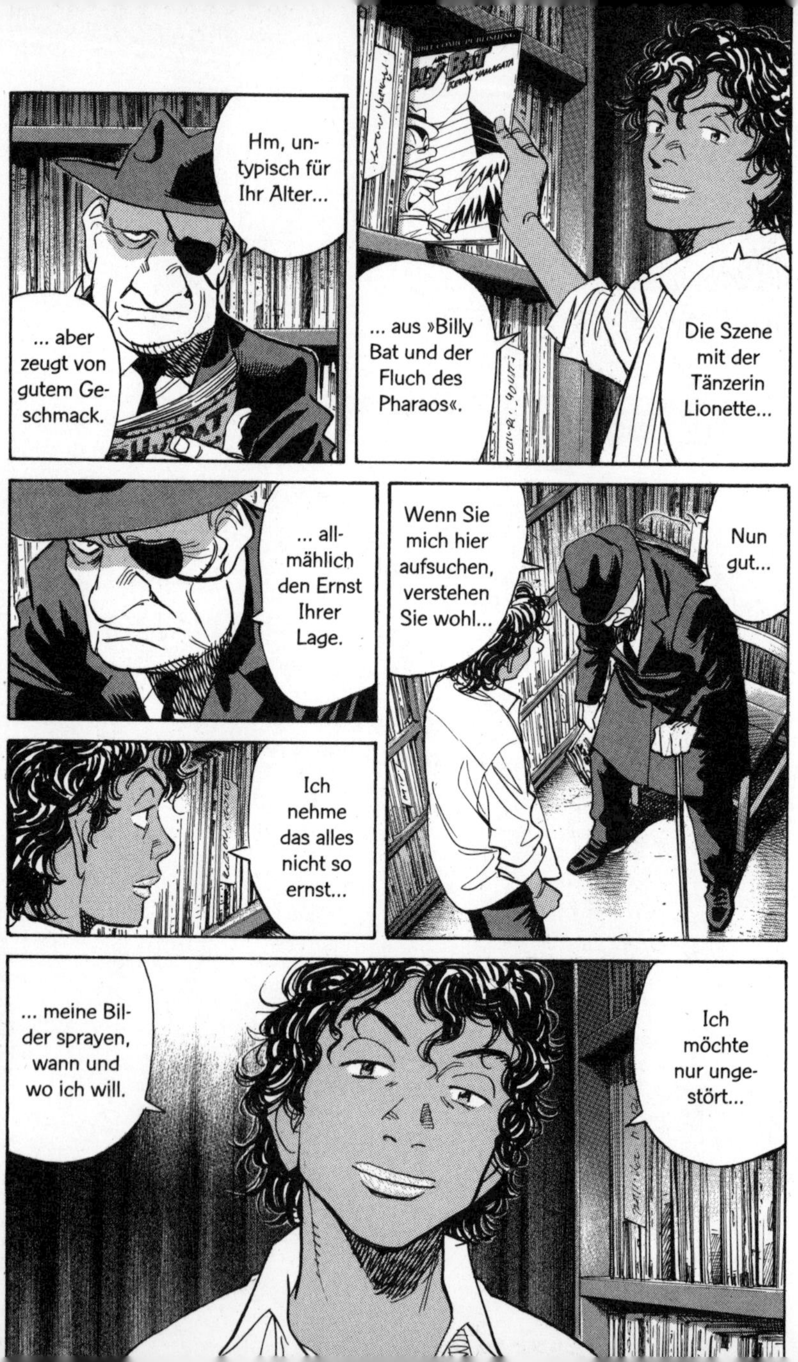
Die Szene mit der Tänzerin Lionette...
... aus »Billy Bat und der Fluch des Pharaos«.
Hm, un-typisch für Ihr Alter...
... aber zeugt von gutem Ge-schmack.
Nun gut...
Wenn Sie mich hier aufsuchen, verstehen Sie wohl...
... all-mählich den Ernst Ihrer Lage.
Ich nehme das alles nicht so ernst...
Ich möchte nur unge-stört...
... meine Bil-der sprayen, wann und wo ich will.

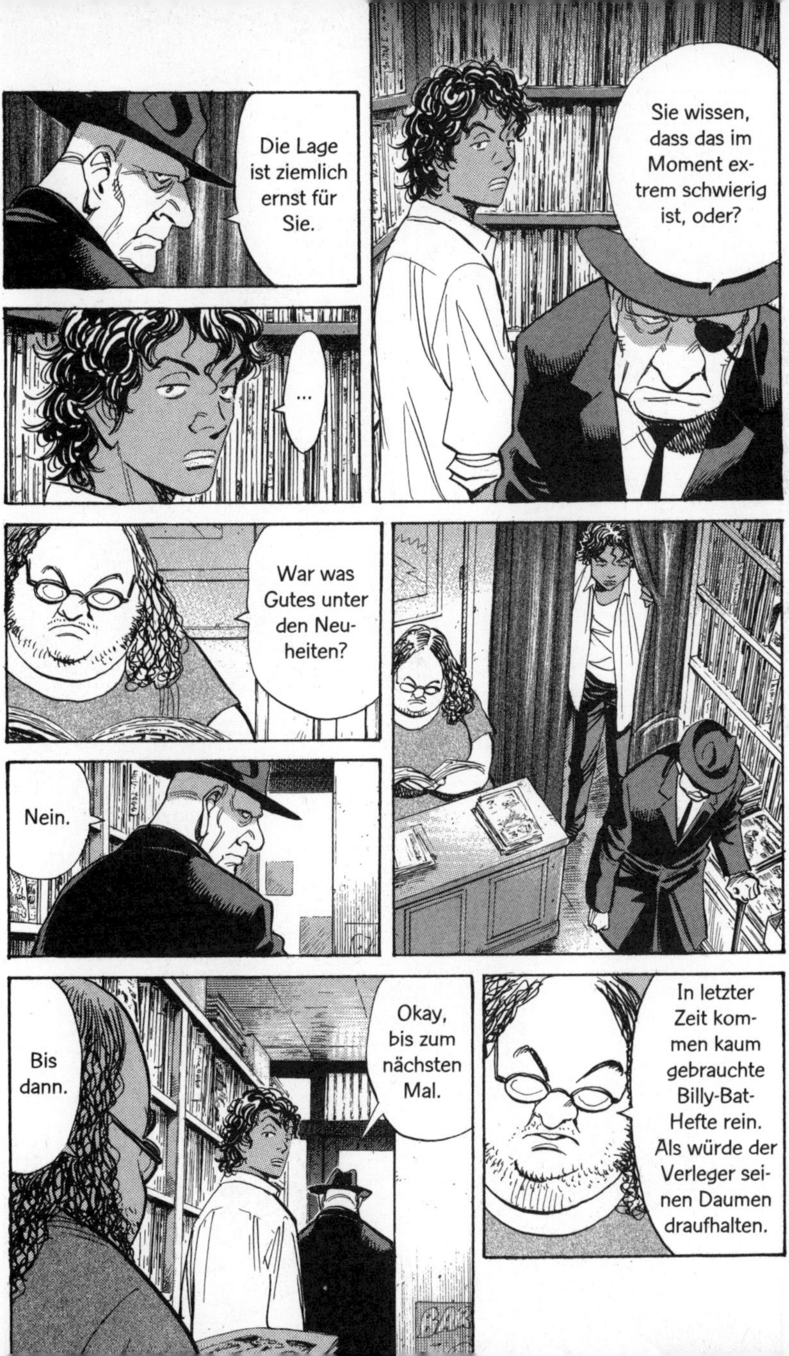
Sie wissen, dass das im Moment extrem schwierig ist, oder?
Die Lage ist ziemlich ernst für Sie.
…
War was Gutes unter den Neuheiten?
Nein.
In letzter Zeit kommen kaum gebrauchte Billy-Bat-Hefte rein. Als würde der Verleger seinen Daumen draufhalten.
Okay, bis zum nächsten Mal.
Bis dann.

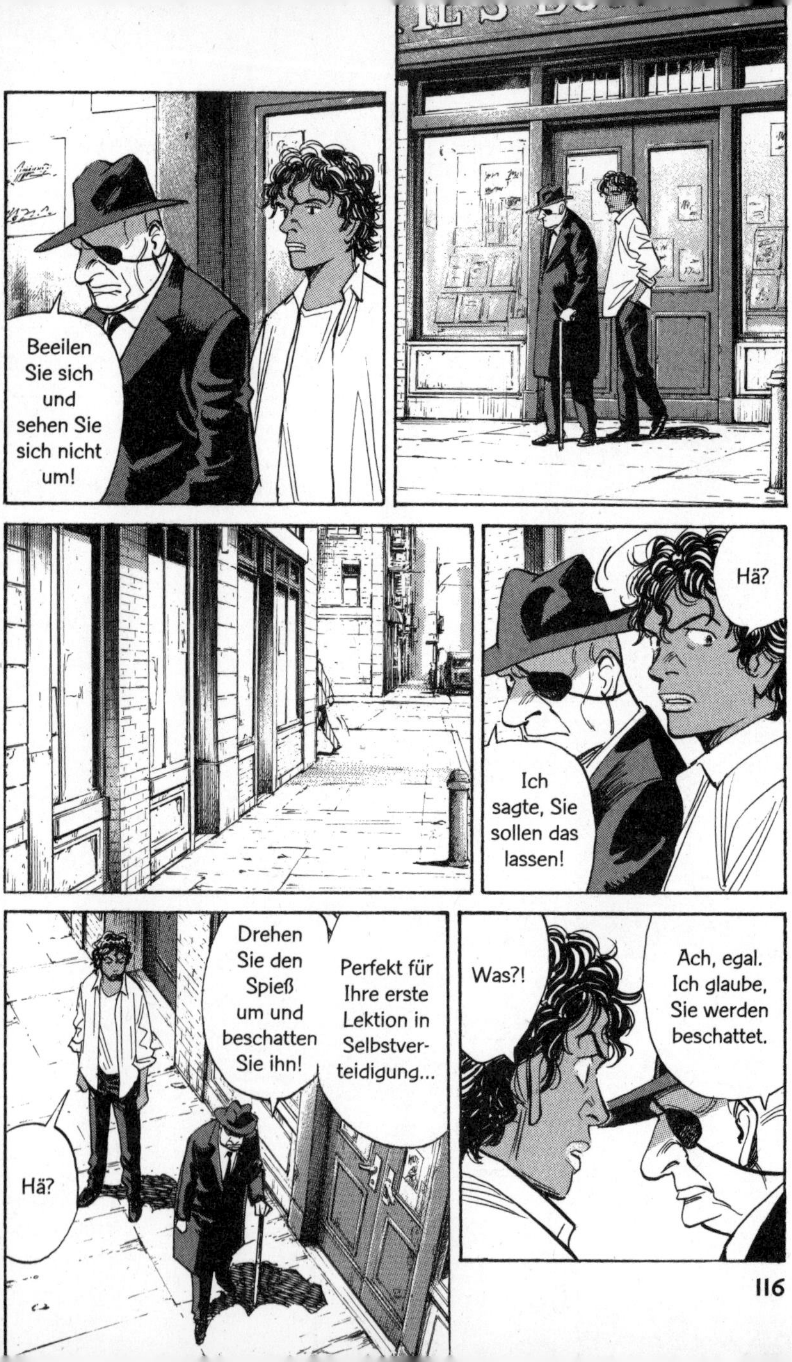
Beeilen Sie sich und sehen Sie sich nicht um!
Hä?
Ich sagte, Sie sollen das lassen!
Ach, egal. Ich glaube, Sie werden beschattet.
Was?!
Perfekt für Ihre erste Lektion in Selbstverteidigung...
Drehen Sie den Spieß um und beschatten Sie ihn!
Hä?

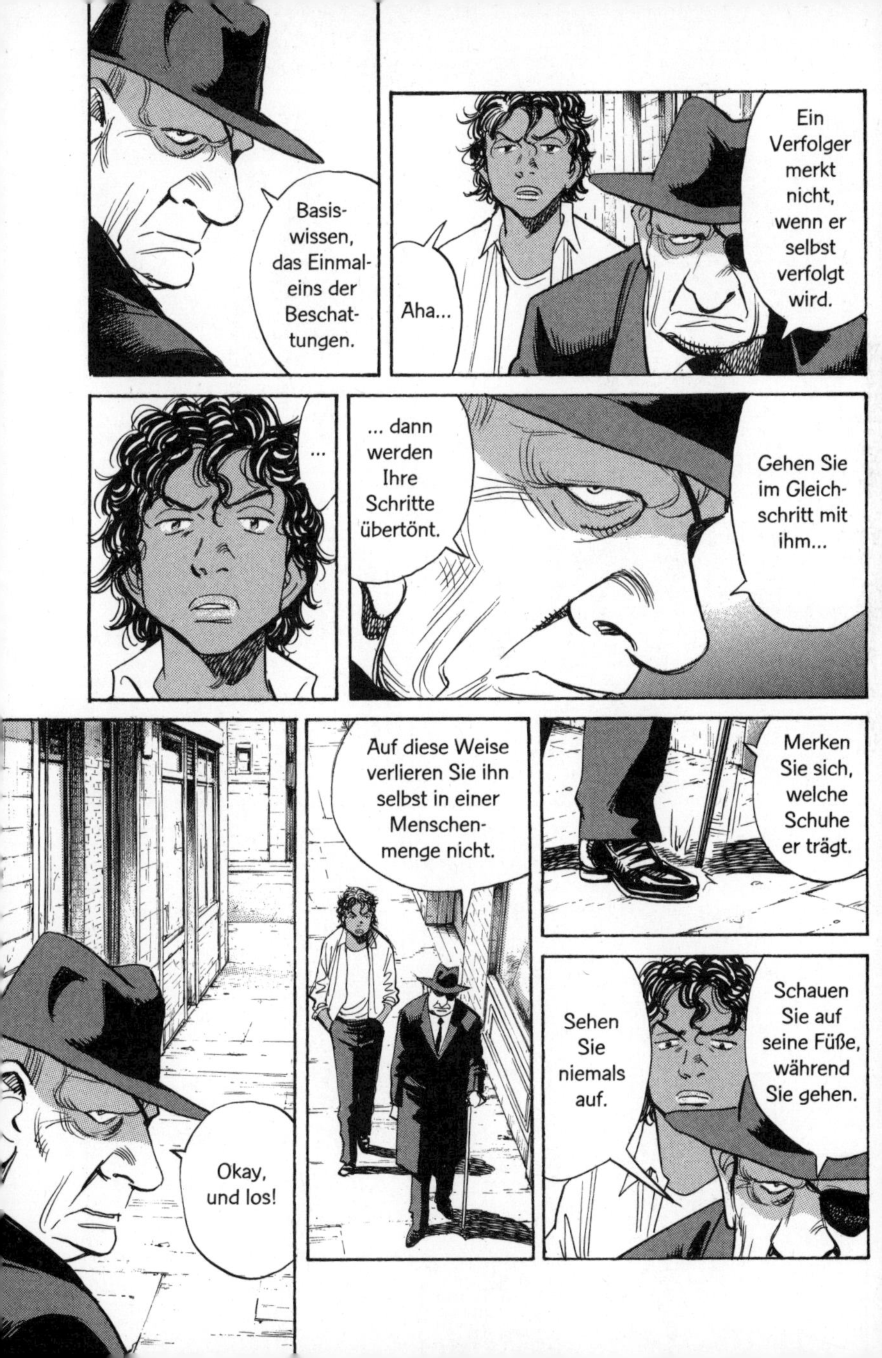
Ein Verfolger merkt nicht, wenn er selbst verfolgt wird.
Aha...
Basiswissen, das Einmaleins der Beschattungen.
Gehen Sie im Gleichschritt mit ihm...
... dann werden Ihre Schritte übertönt.
...
Merken Sie sich, welche Schuhe er trägt.
Schauen Sie auf seine Füße, während Sie gehen.
Sehen Sie niemals auf.
Auf diese Weise verlieren Sie ihn selbst in einer Menschenmenge nicht.
Okay, und los!

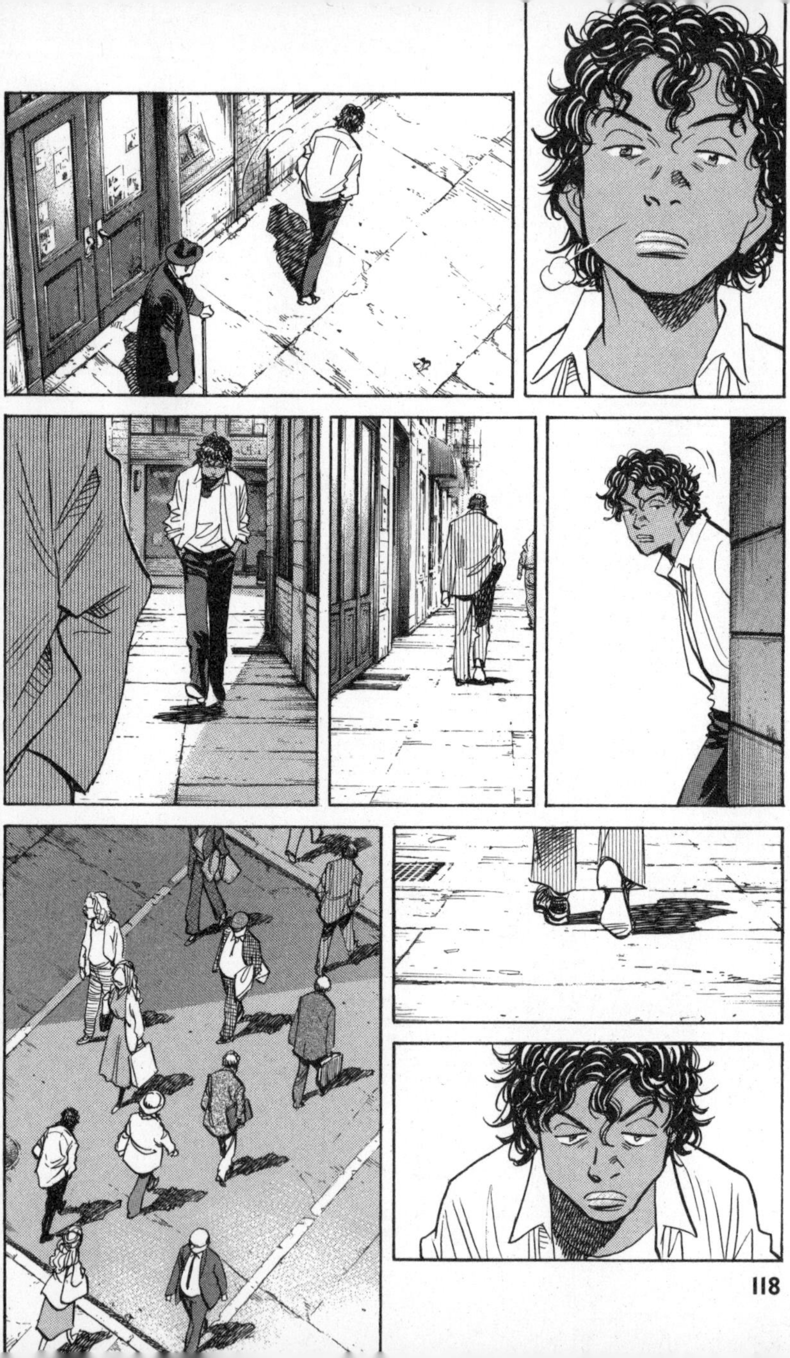

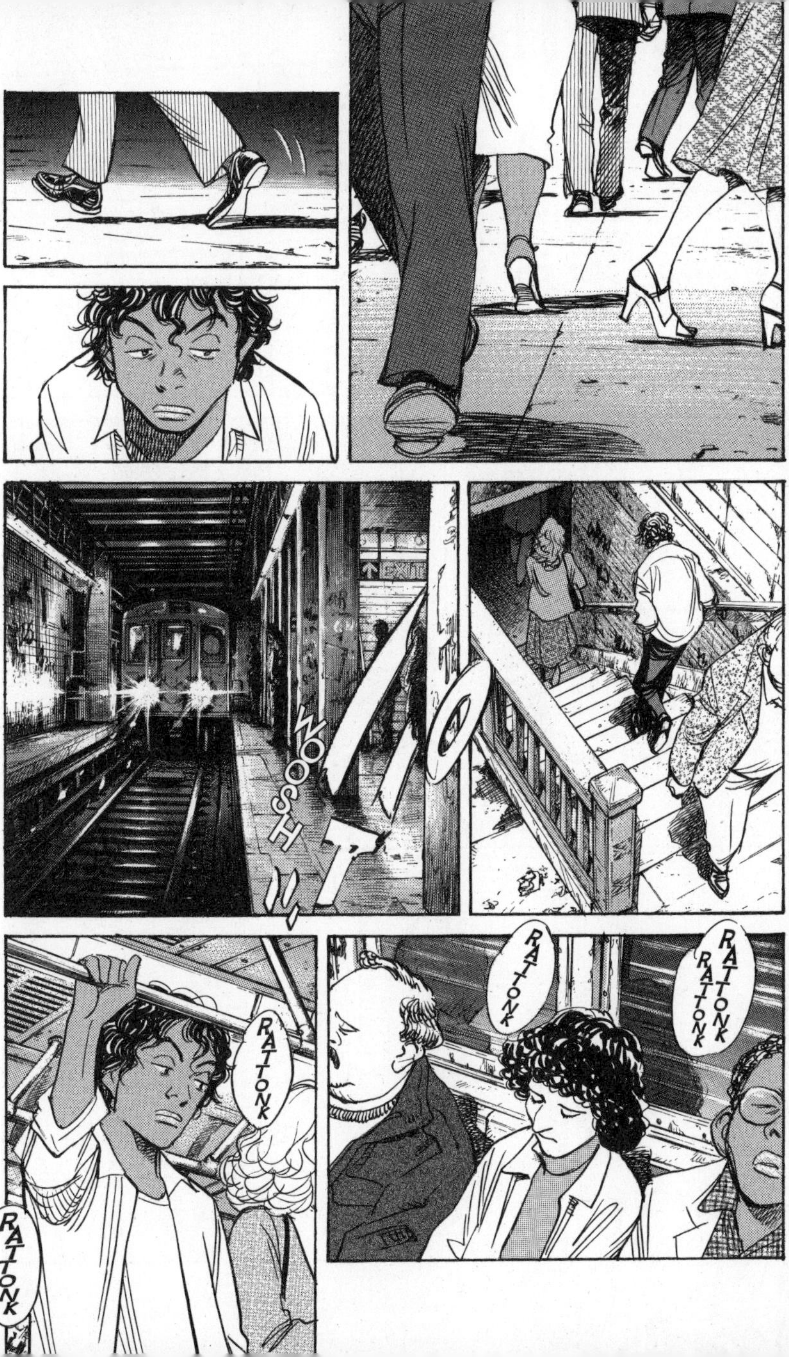

EXIT
WOOSH
RATTONK
RATTONK RATTONK
RATTONK
RATTONK

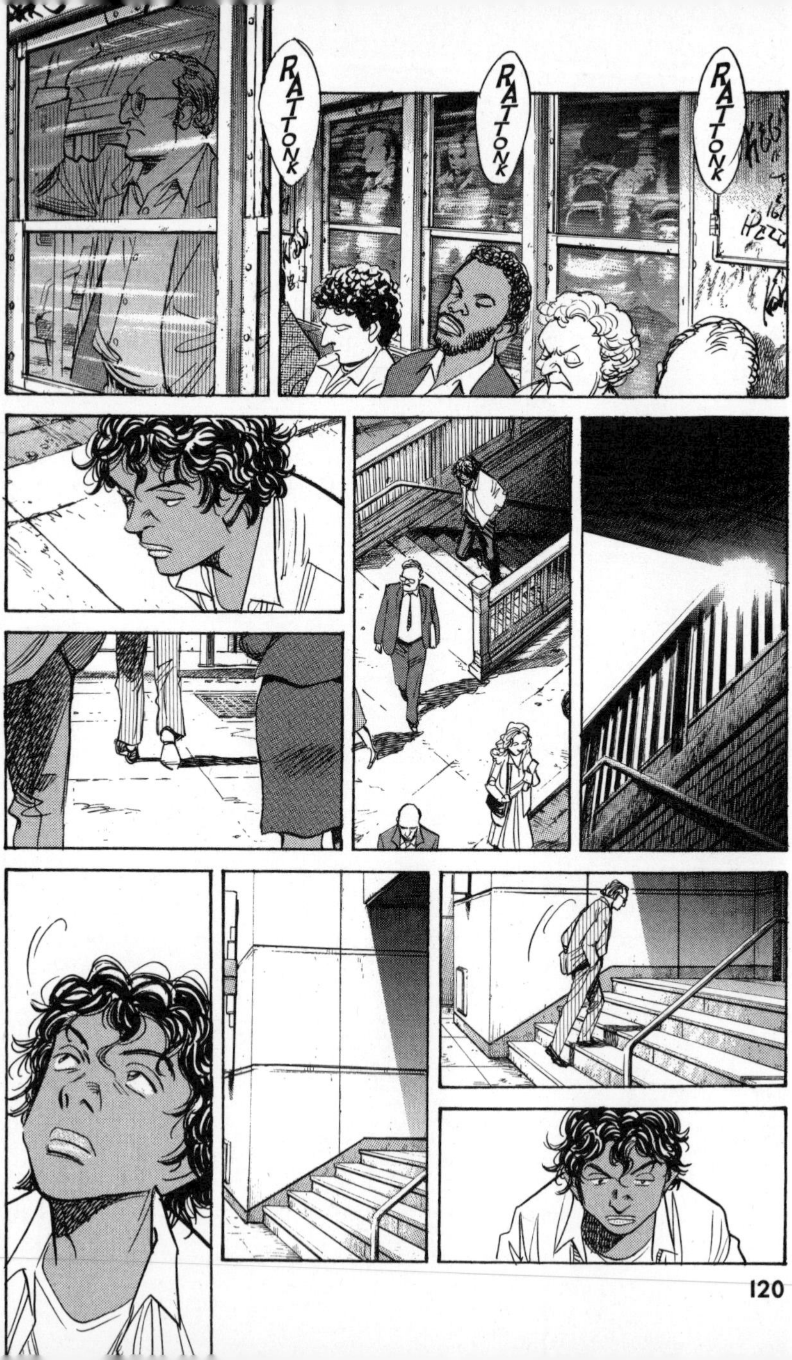
RATTONK
RATTONK
RATTONK

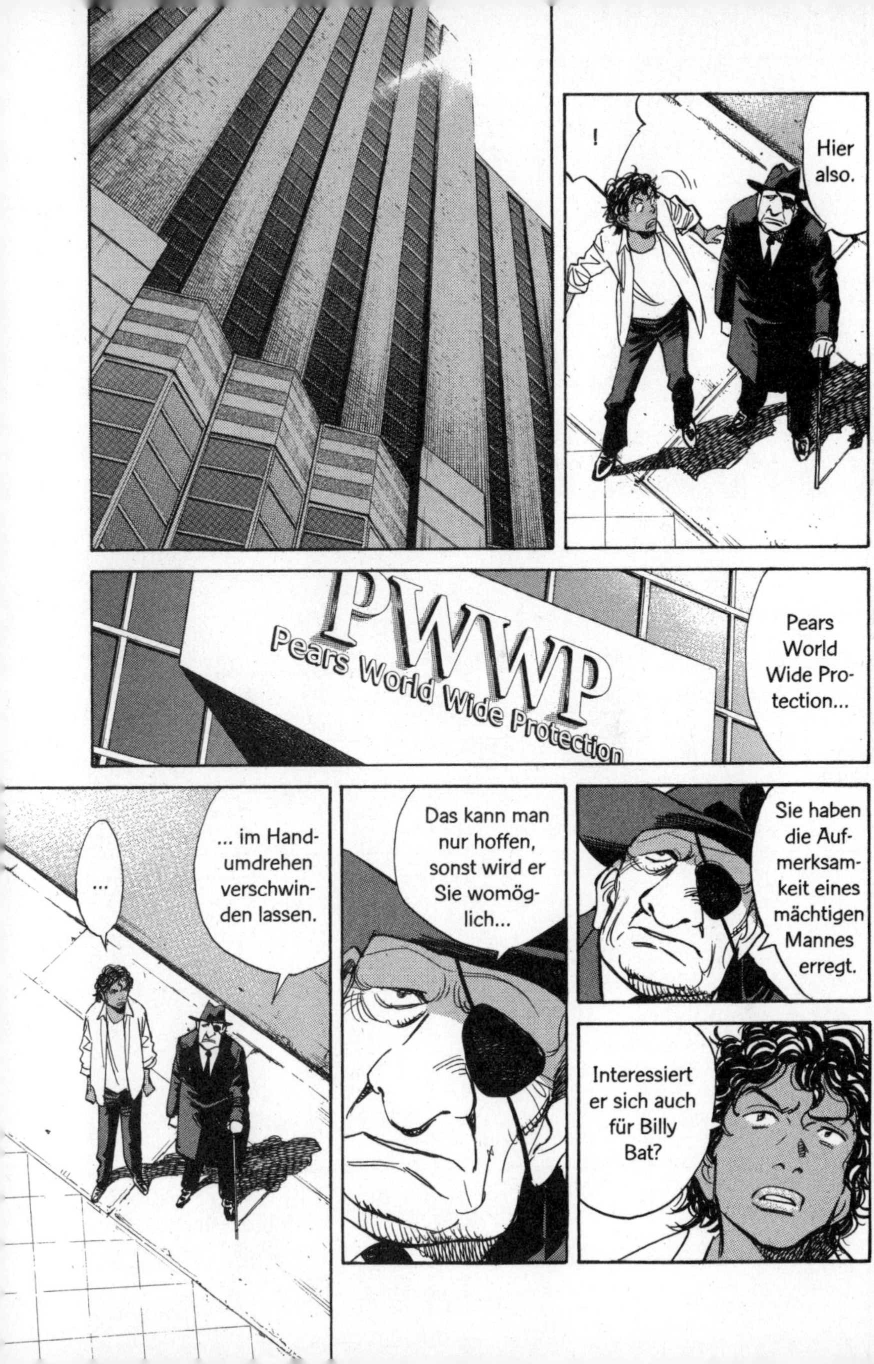
Hier also.
!
Pears World Wide Protection
PWWP
Pears World Wide Protection...
Sie haben die Aufmerksamkeit eines mächtigen Mannes erregt.
Interessiert er sich auch für Billy Bat?
Das kann man nur hoffen, sonst wird er Sie womöglich...
... im Handumdrehen verschwinden lassen.
...

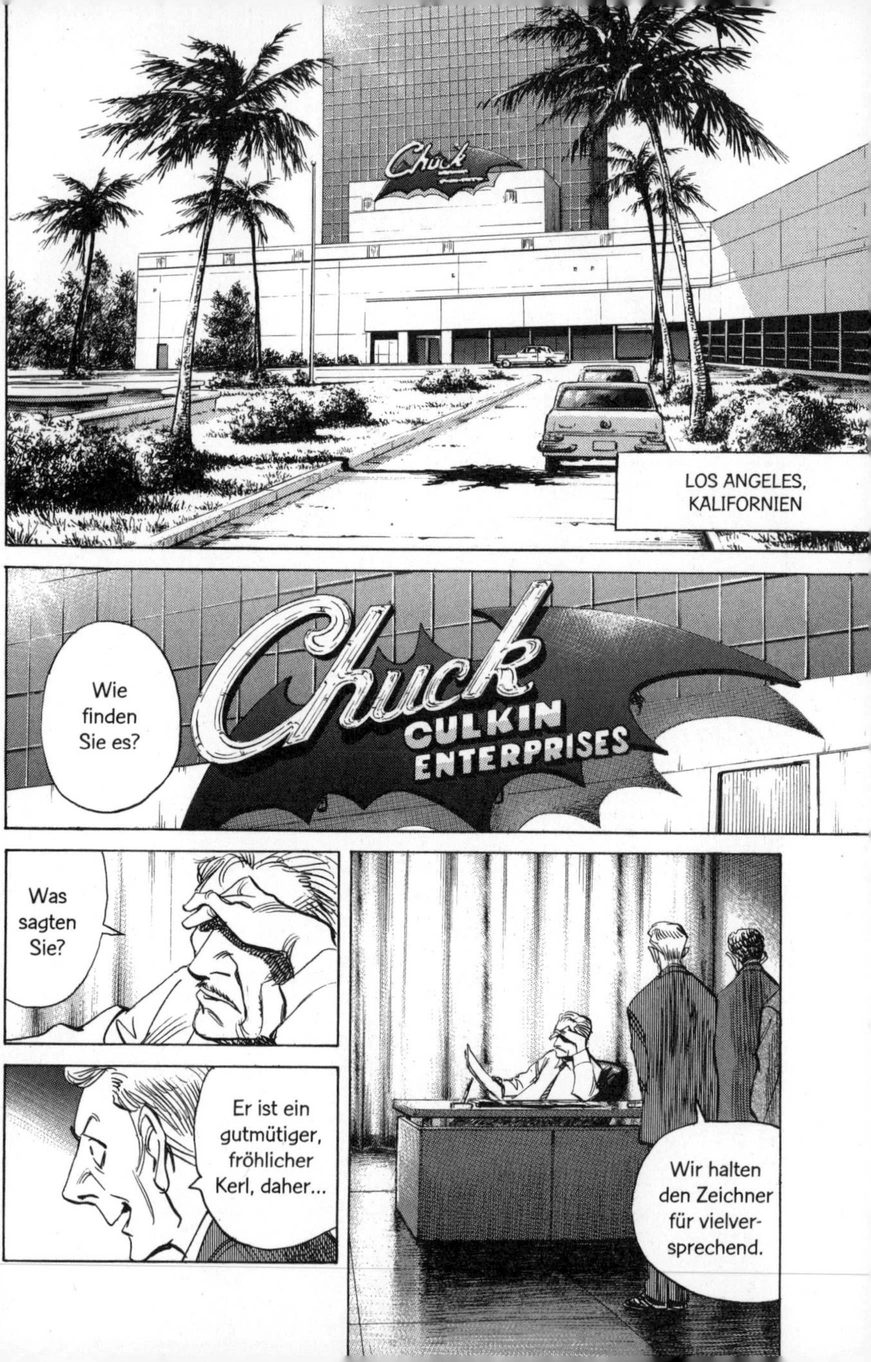
LOS ANGELES, KALIFORNIEN
Chuck CULKIN ENTERPRISES
Wie finden Sie es?
Was sagten Sie?
Wir halten den Zeichner für vielversprechend.
Er ist ein gutmütiger, fröhlicher Kerl, daher...

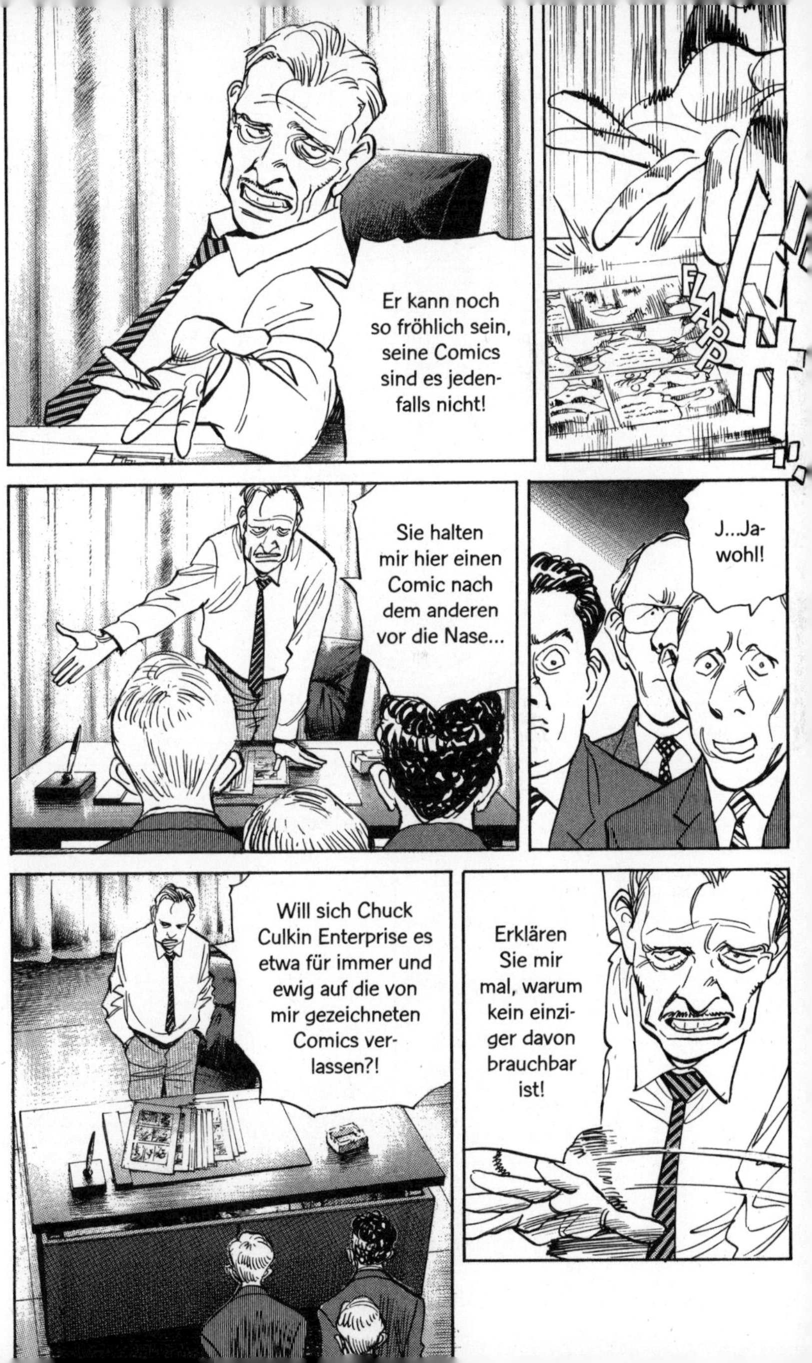
FLAPP
Er kann noch so fröhlich sein, seine Comics sind es jeden-falls nicht!
J...Ja-wohl!
Sie halten mir hier einen Comic nach dem anderen vor die Nase...
Erklären Sie mir mal, warum kein einzi-ger davon brauchbar ist!
Will sich Chuck Culkin Enterprise es etwa für immer und ewig auf die von mir gezeichneten Comics ver-lassen?!

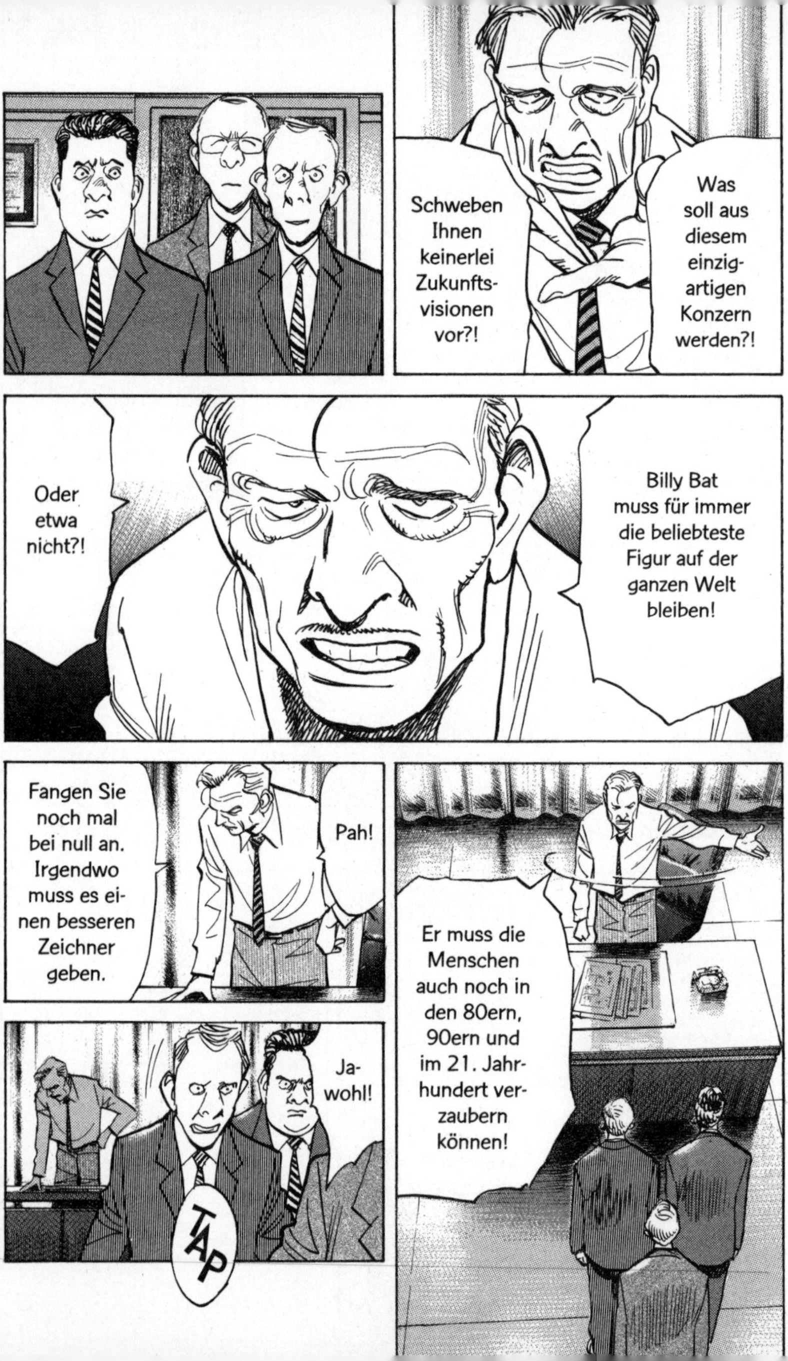

Was soll aus diesem einzig-artigen Konzern werden?!
Schweben Ihnen keinerlei Zukunfts-visionen vor?!
Billy Bat muss für immer die beliebteste Figur auf der ganzen Welt bleiben!
Oder etwa nicht?!
Er muss die Menschen auch noch in den 80ern, 90ern und im 21. Jahr-hundert ver-zaubern können!
Pah!
Fangen Sie noch mal bei null an. Irgendwo muss es ei-nen besseren Zeichner geben.
Ja-wohl!
TAP

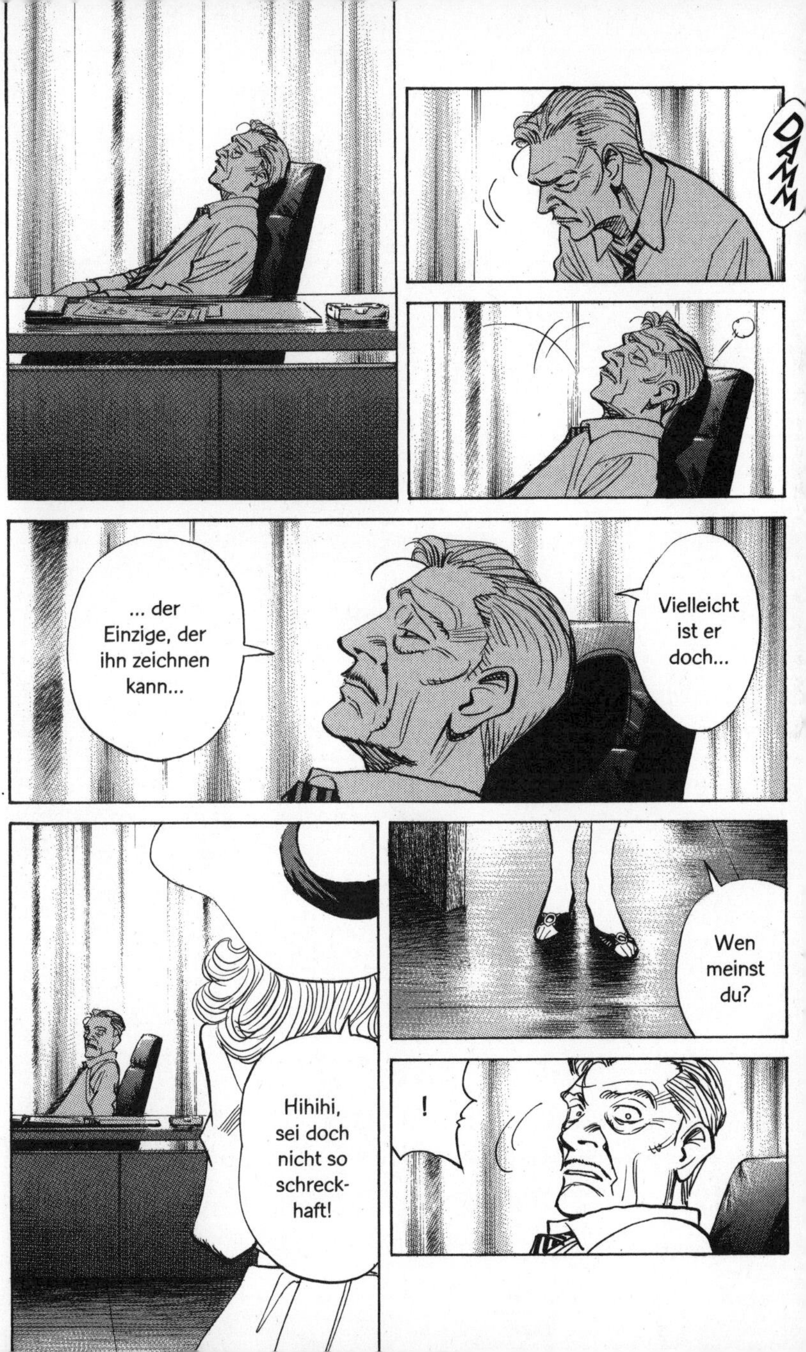
DAMM
Vielleicht ist er doch...
... der Einzige, der ihn zeichnen kann...
Wen meinst du?
!
Hihihi, sei doch nicht so schreckhaft!

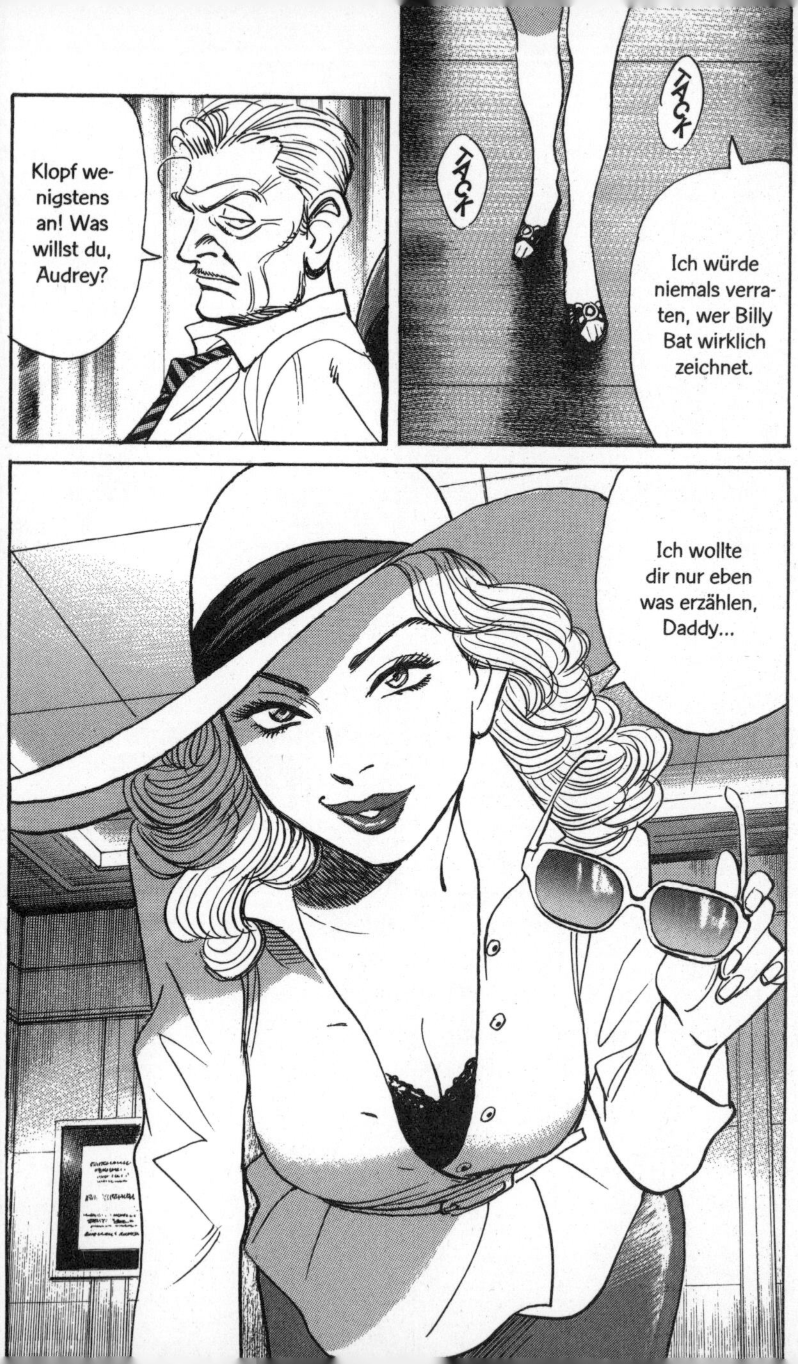
TACK
TACK
Ich würde niemals verraten, wer Billy Bat wirklich zeichnet.
Klopf wenigstens an! Was willst du, Audrey?
Ich wollte dir nur eben was erzählen, Daddy...

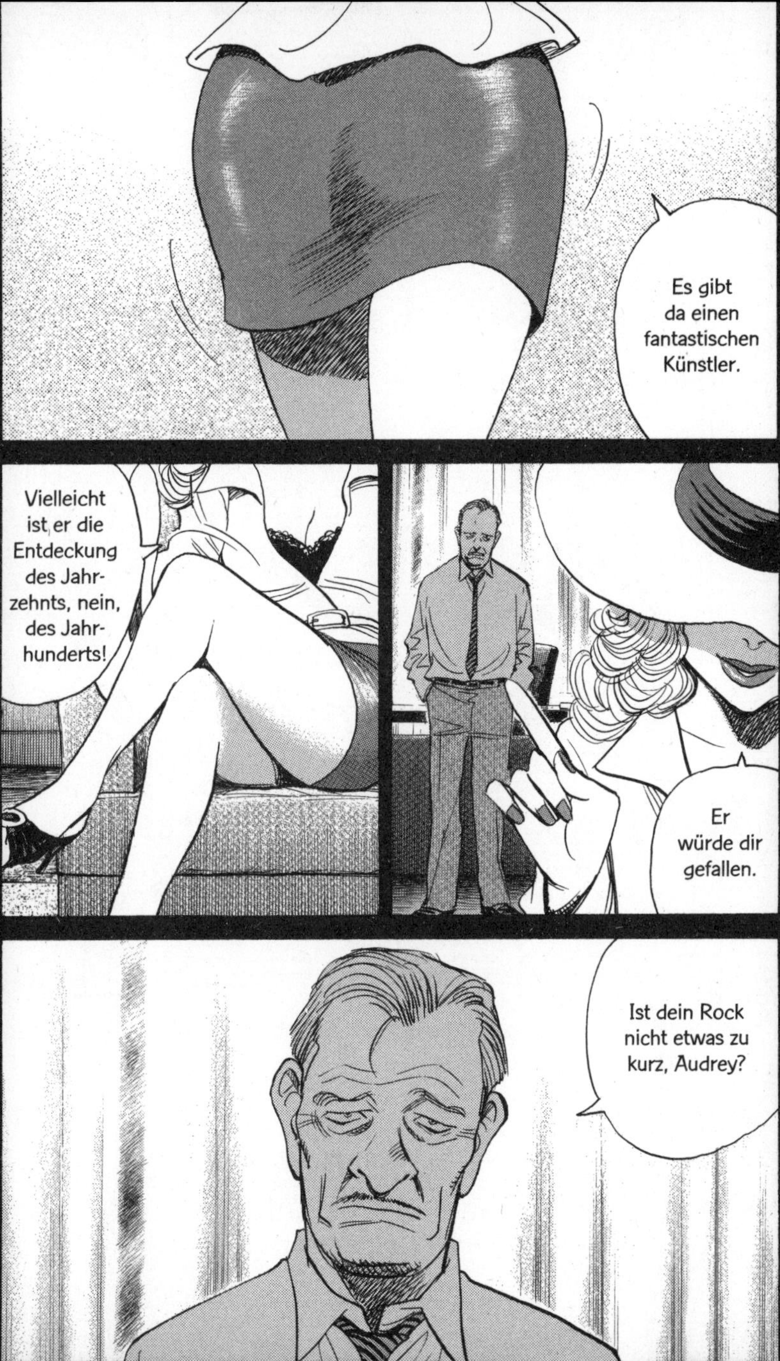
Es gibt da einen fantastischen Künstler.
Vielleicht ist er die Entdeckung des Jahrzehnts, nein, des Jahrhunderts!
Er würde dir gefallen.
Ist dein Rock nicht etwas zu kurz, Audrey?

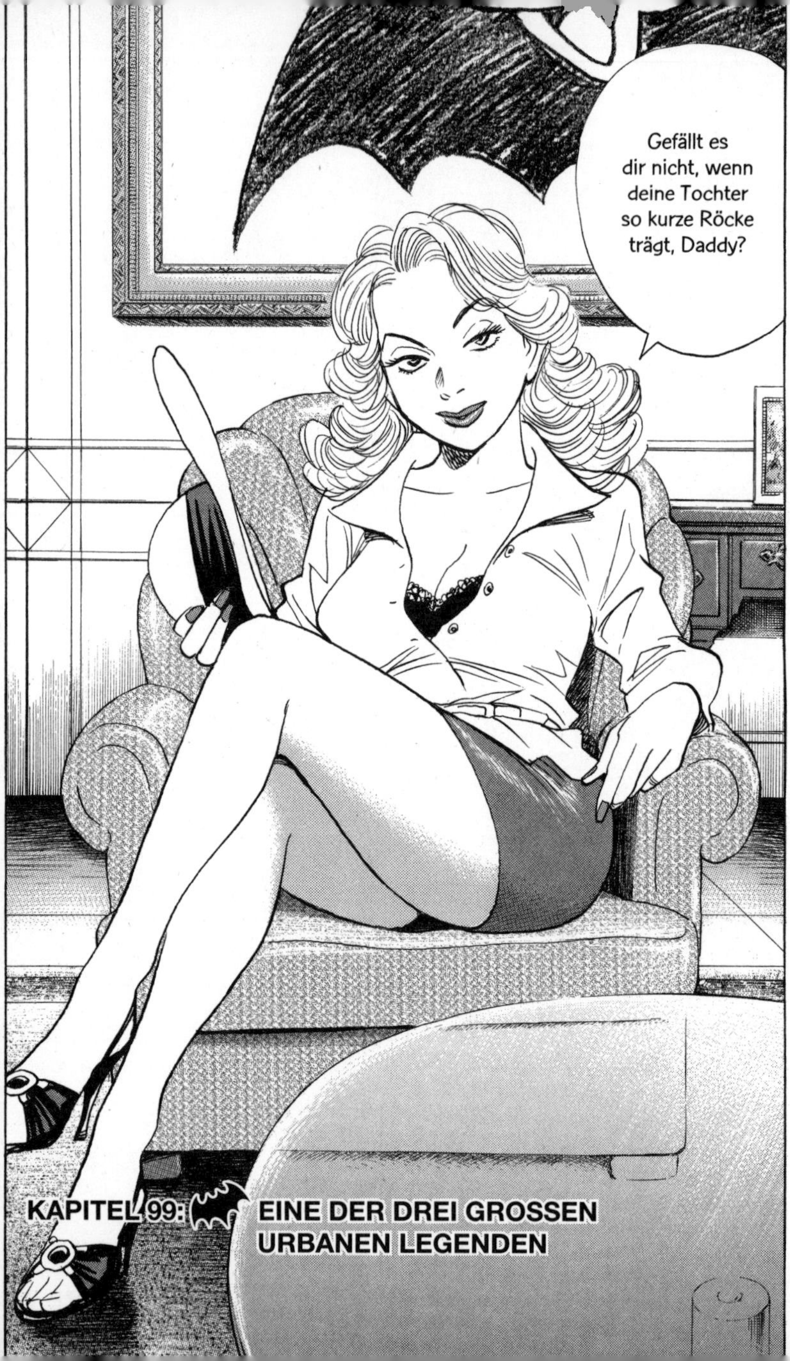
Gefällt es dir nicht, wenn deine Tochter so kurze Röcke trägt, Daddy?
KAPITEL 99: EINE DER DREI GROSSEN URBANEN LEGENDEN

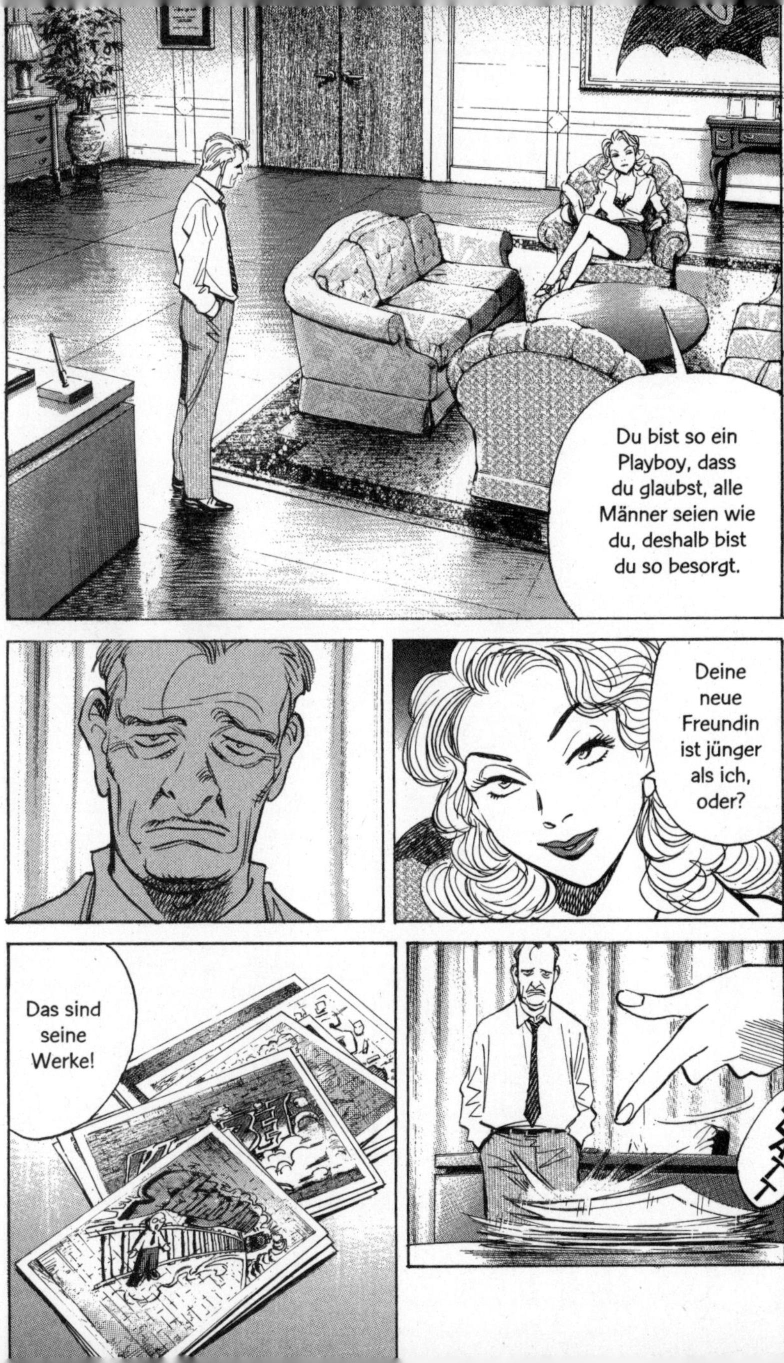

Du bist so ein Playboy, dass du glaubst, alle Männer seien wie du, deshalb bist du so besorgt.
Deine neue Freundin ist jünger als ich, oder?
Das sind seine Werke!
FLATT

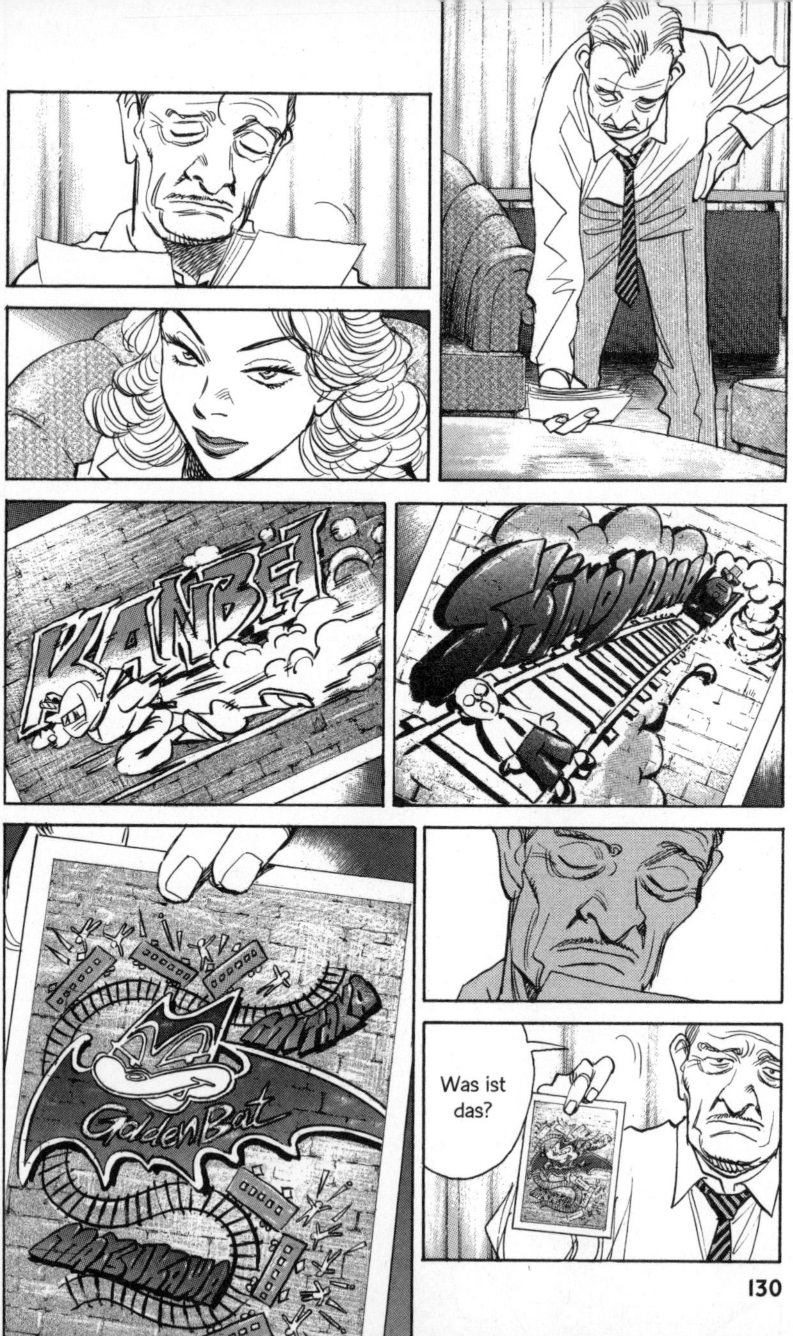
Was ist das?
Golden Bat

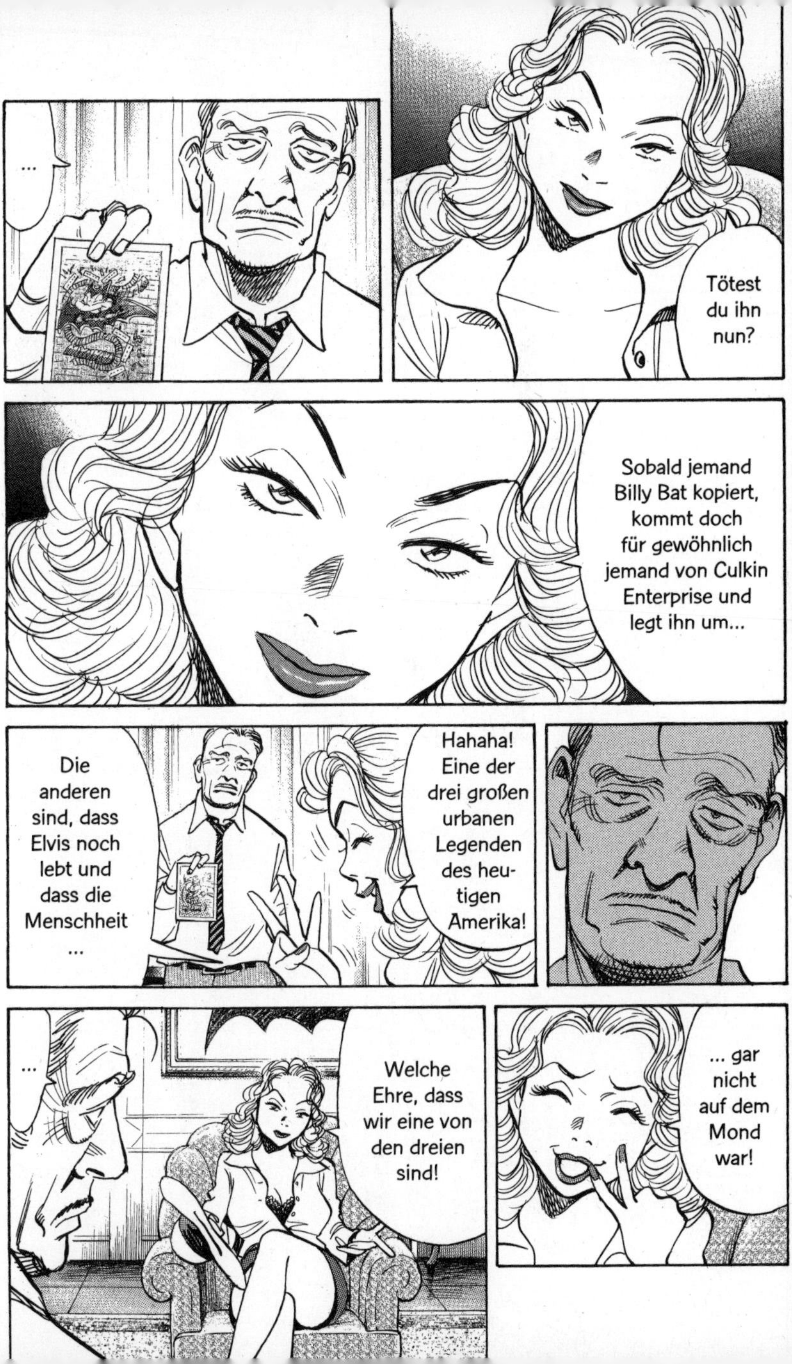
Tötest du ihn nun?
...
Sobald jemand Billy Bat kopiert, kommt doch für gewöhnlich jemand von Culkin Enterprise und legt ihn um...
Hahaha! Eine der drei großen urbanen Legenden des heutigen Amerika!
Die anderen sind, dass Elvis noch lebt und dass die Menschheit ...
... gar nicht auf dem Mond war!
Welche Ehre, dass wir eine von den dreien sind!
...

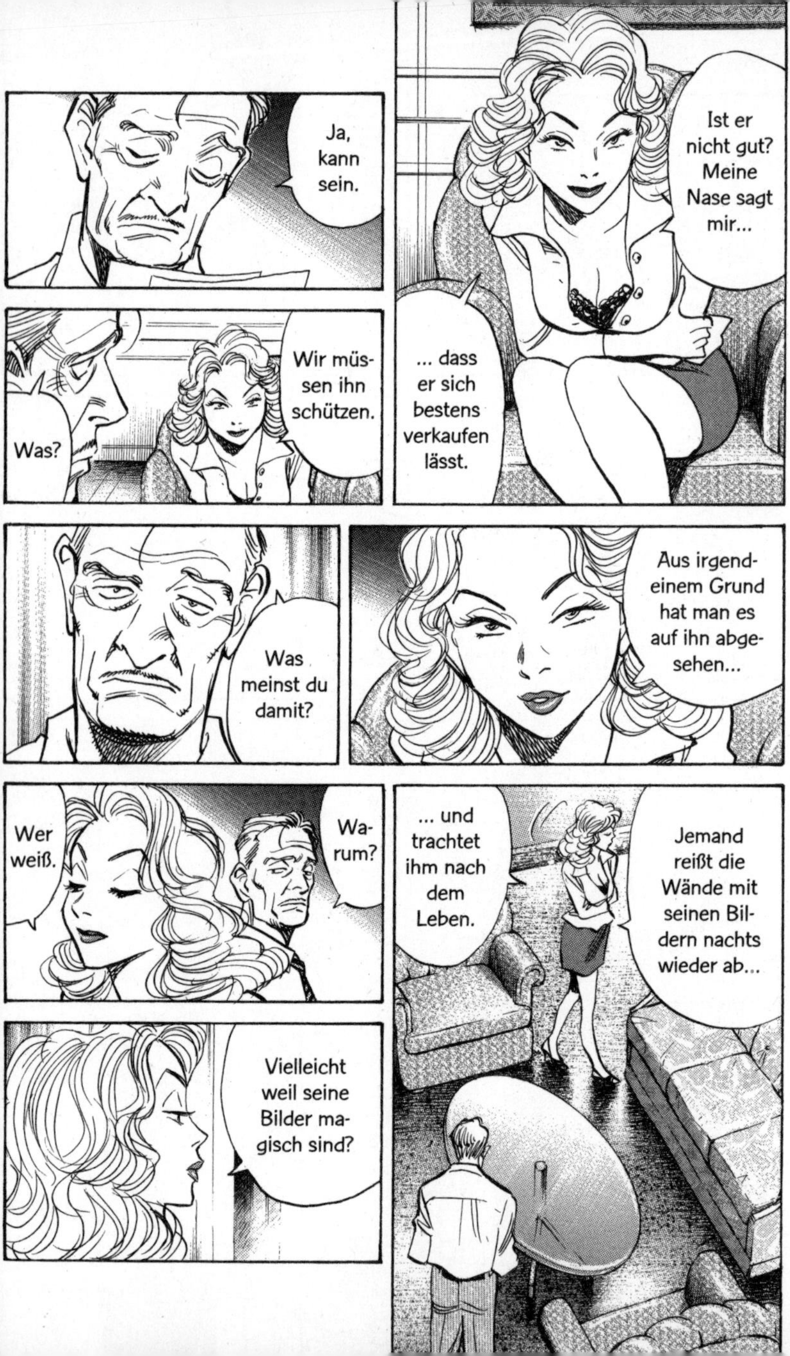

Ist er nicht gut? Meine Nase sagt mir...
... dass er sich bestens verkaufen lässt.
Ja, kann sein.
Wir müssen ihn schützen.
Was?
Aus irgendeinem Grund hat man es auf ihn abgesehen...
Was meinst du damit?
Jemand reißt die Wände mit seinen Bildern nachts wieder ab...
... und trachtet ihm nach dem Leben.
Warum?
Wer weiß.
Vielleicht weil seine Bilder magisch sind?

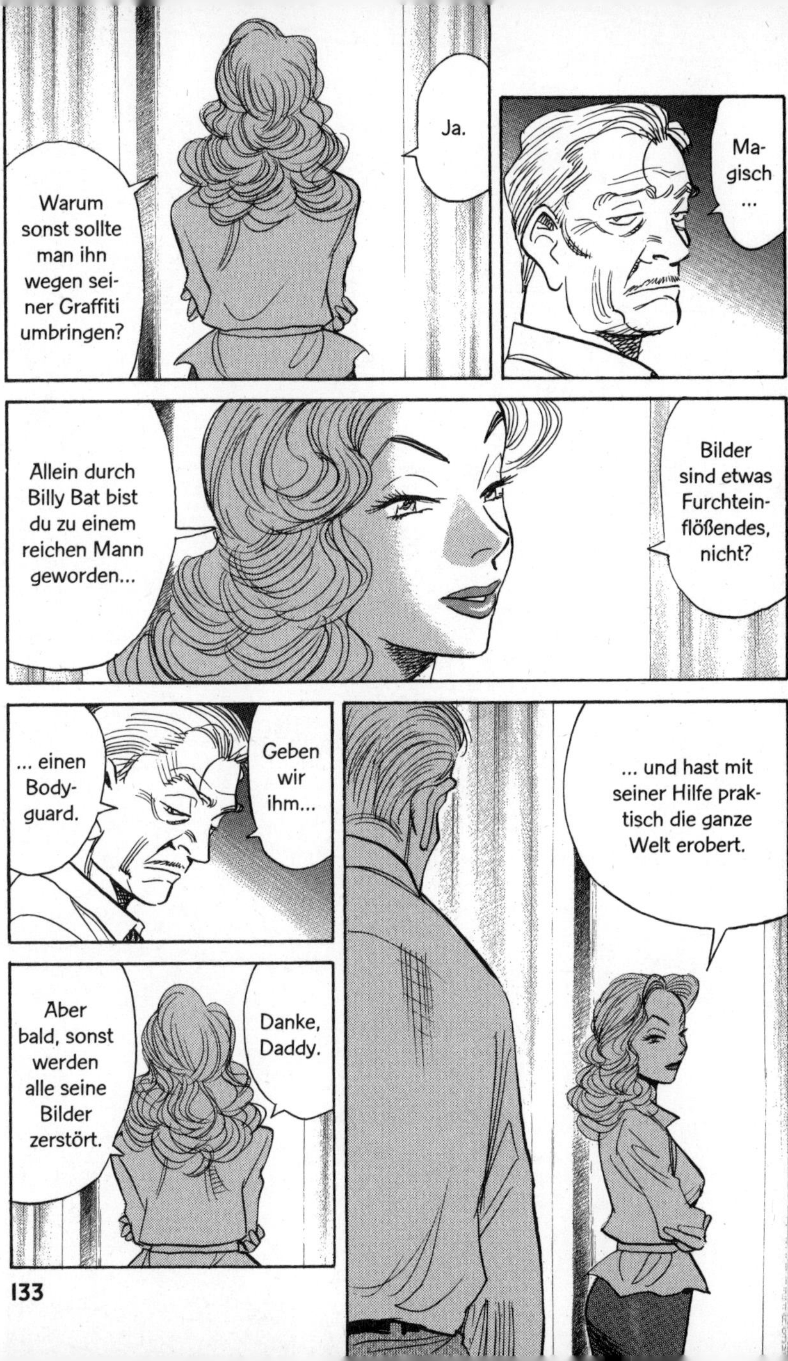
Magisch ...
Ja.
Warum sonst sollte man ihn wegen seiner Graffiti umbringen?
Bilder sind etwas Furchteinflößendes, nicht?
Allein durch Billy Bat bist du zu einem reichen Mann geworden...
... und hast mit seiner Hilfe praktisch die ganze Welt erobert.
Geben wir ihm...
... einen Bodyguard.
Danke, Daddy.
Aber bald, sonst werden alle seine Bilder zerstört.

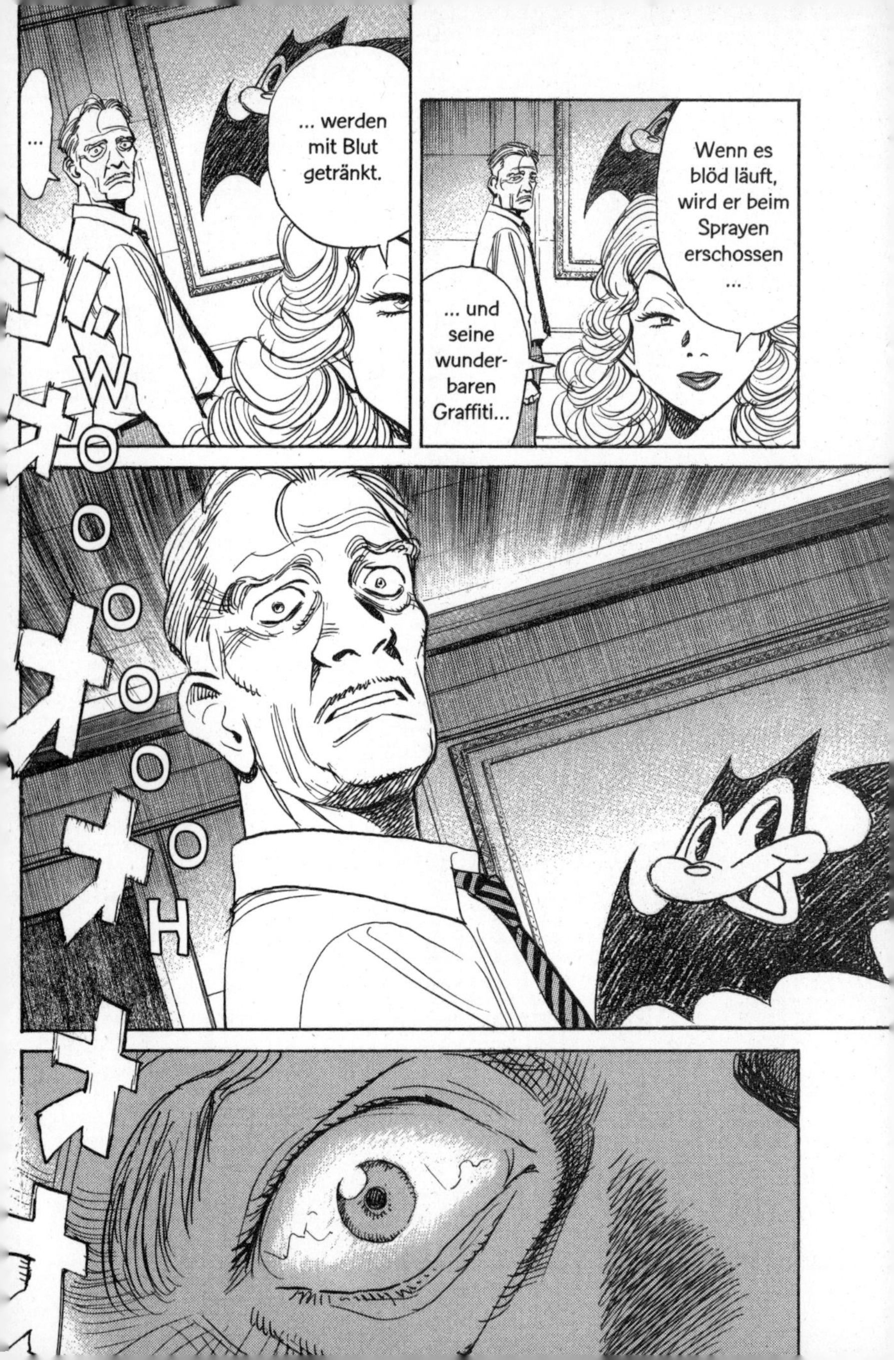
Wenn es blöd läuft, wird er beim Sprayen erschossen ...
... und seine wunderbaren Graffiti...
... werden mit Blut getränkt.
...
WOOOOOOH

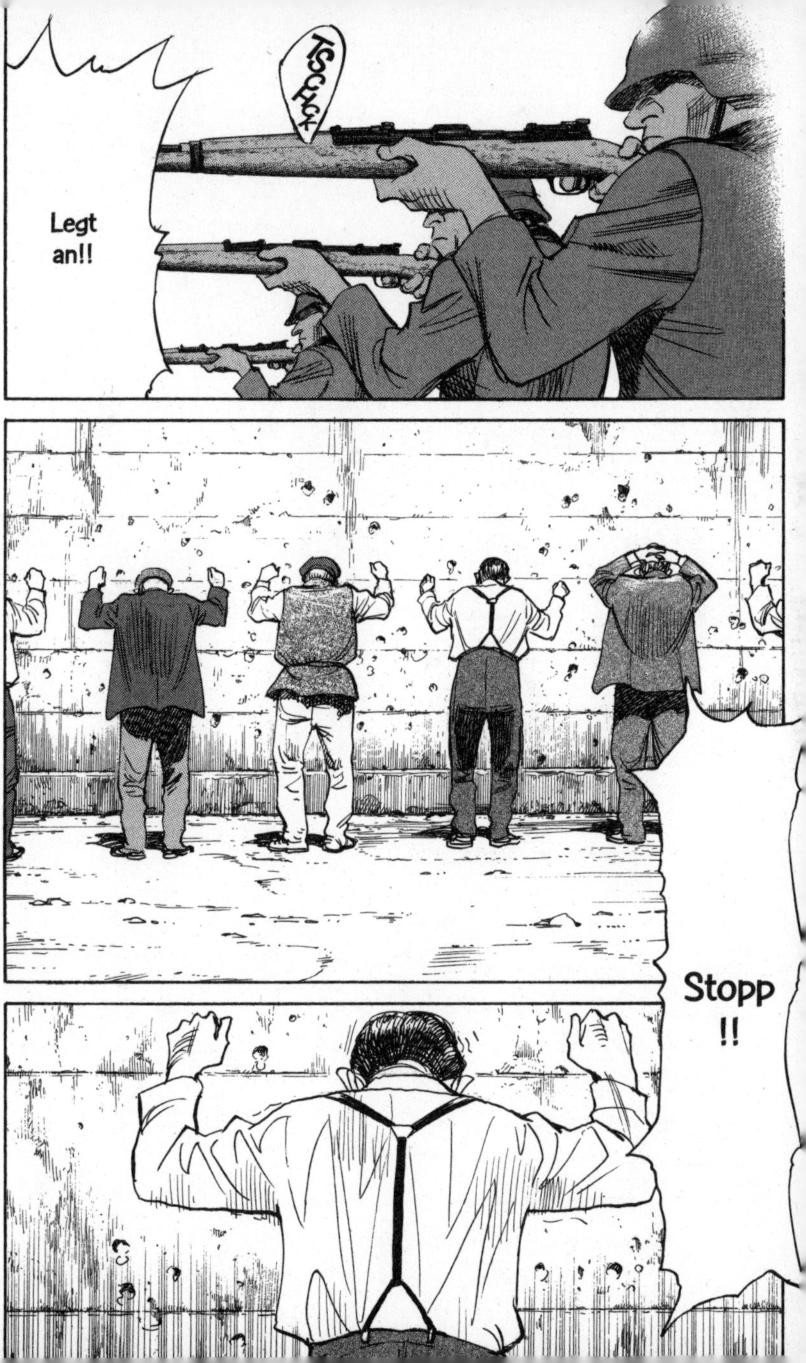

TSCHICK
Legt an!!
Stopp !!

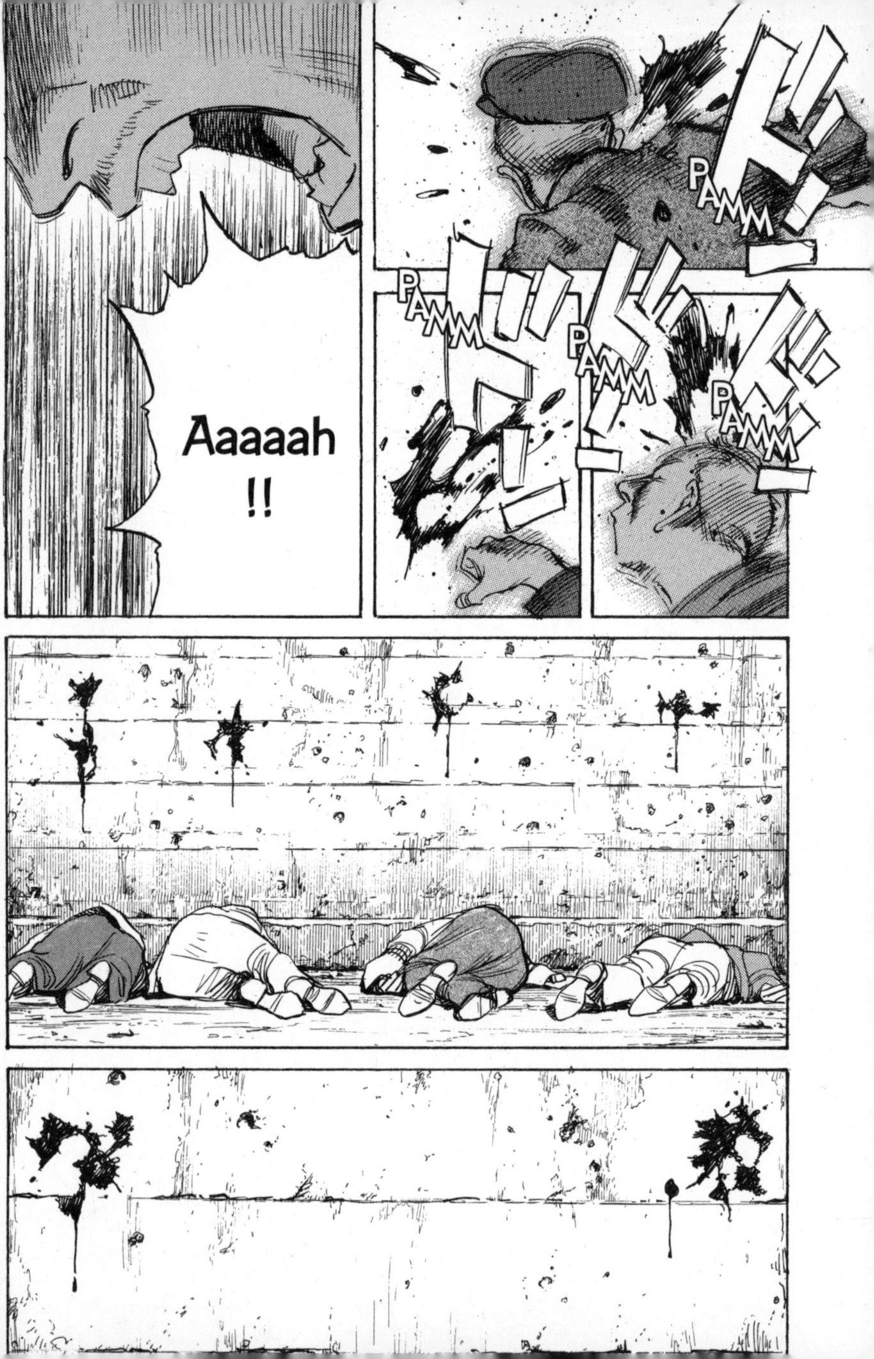
PAMM
PAMM
PAMM
PAMM
Aaaaah !!

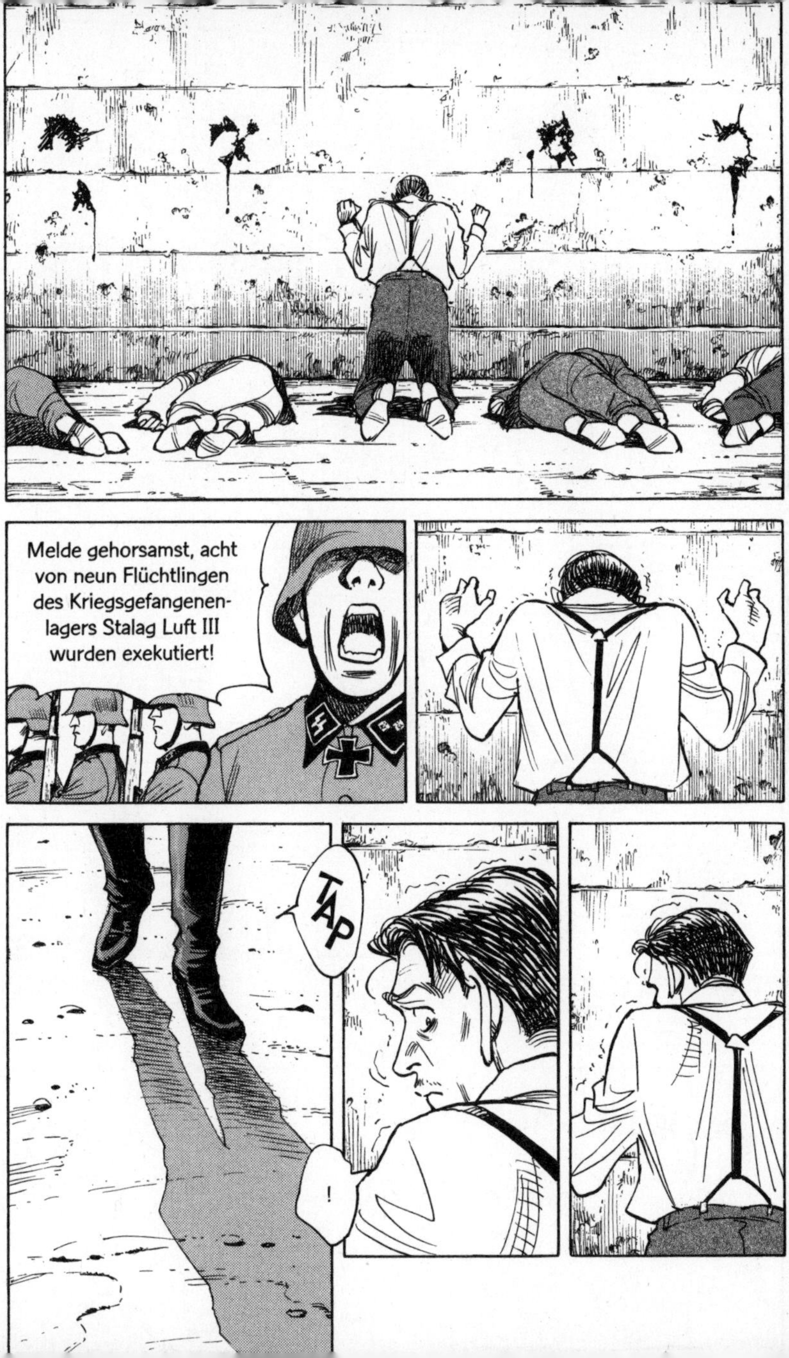
Melde gehorsamst, acht von neun Flüchtlingen des Kriegsgefangenenlagers Stalag Luft III wurden exekutiert!
TAP
!

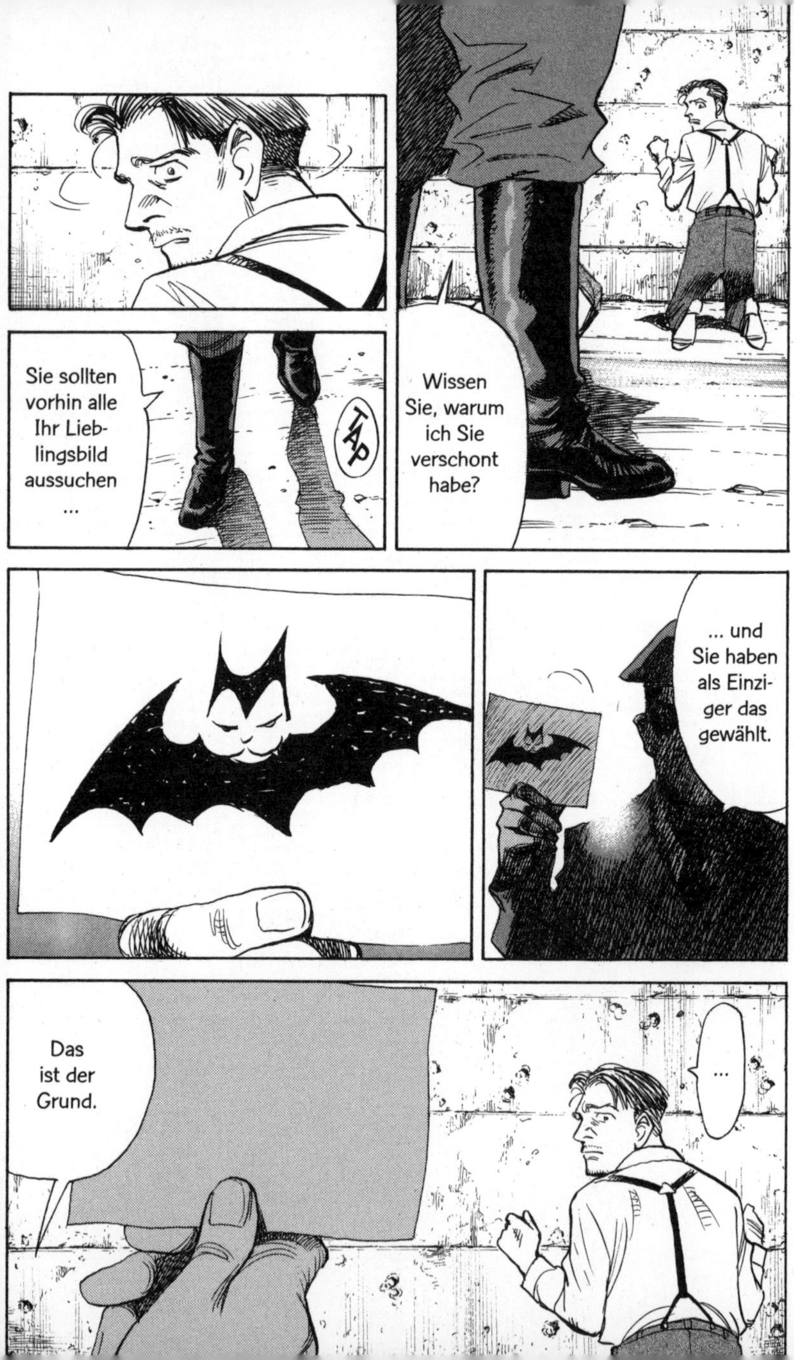
Wissen Sie, warum ich Sie verschont habe?
TAP
Sie sollten vorhin alle Ihr Lieblingsbild aussuchen ...
... und Sie haben als Einziger das gewählt.
Das ist der Grund.
...

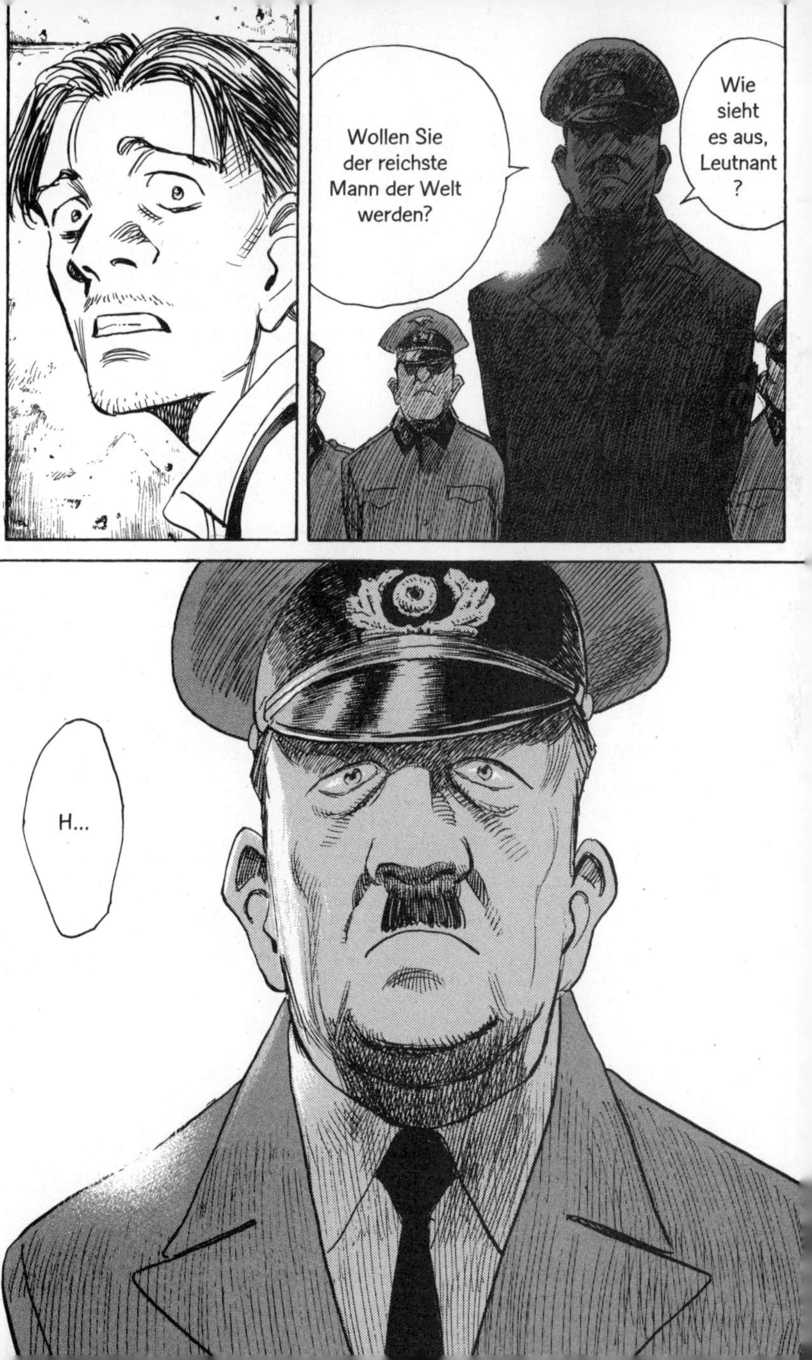
Wie sieht es aus, Leutnant?
Wollen Sie der reichste Mann der Welt werden?
H...

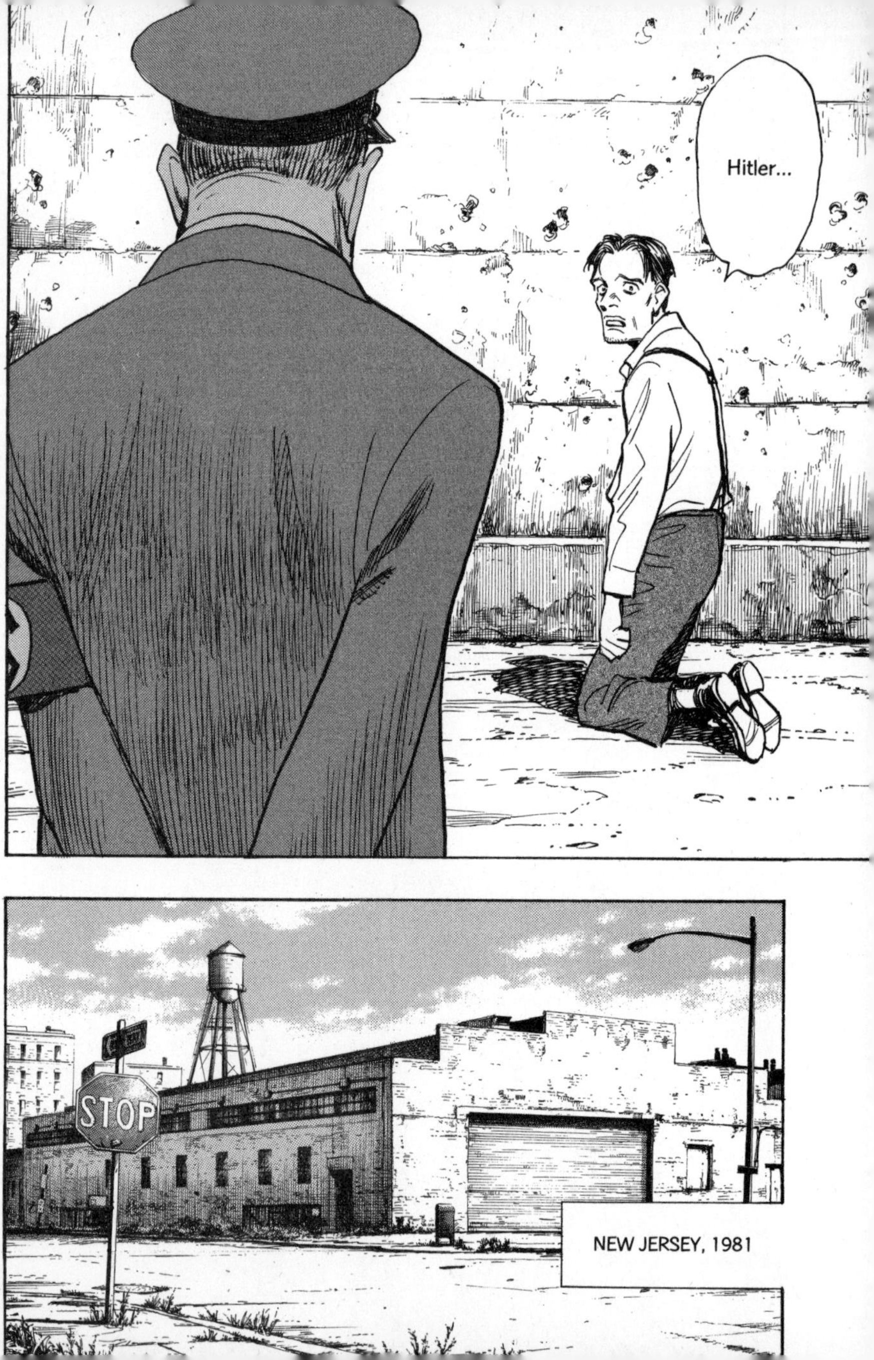
Hitler...
STOP
NEW JERSEY, 1981

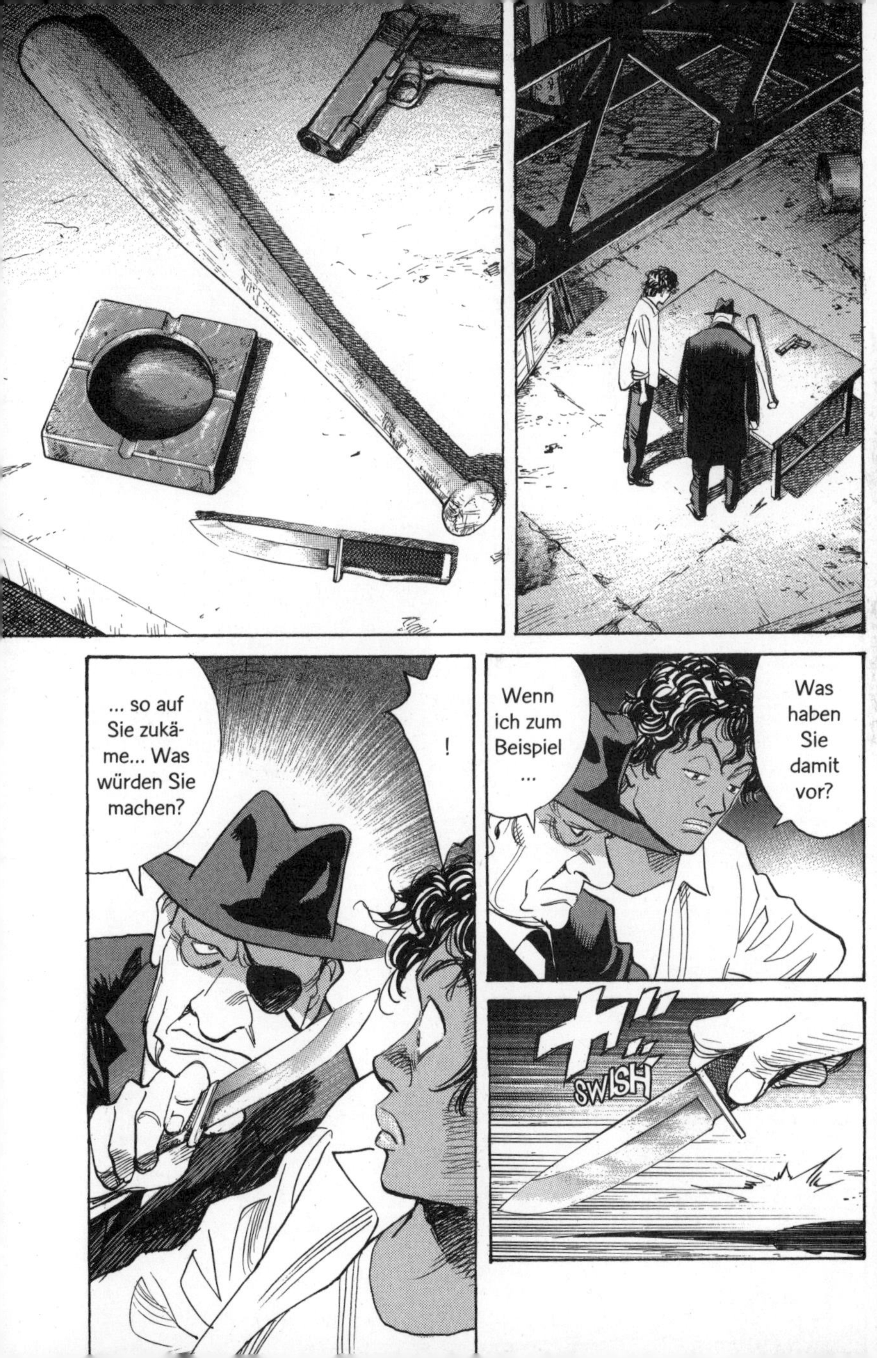
Was haben Sie damit vor?
Wenn ich zum Beispiel ...
SWISH
!
... so auf Sie zukäme... Was würden Sie machen?

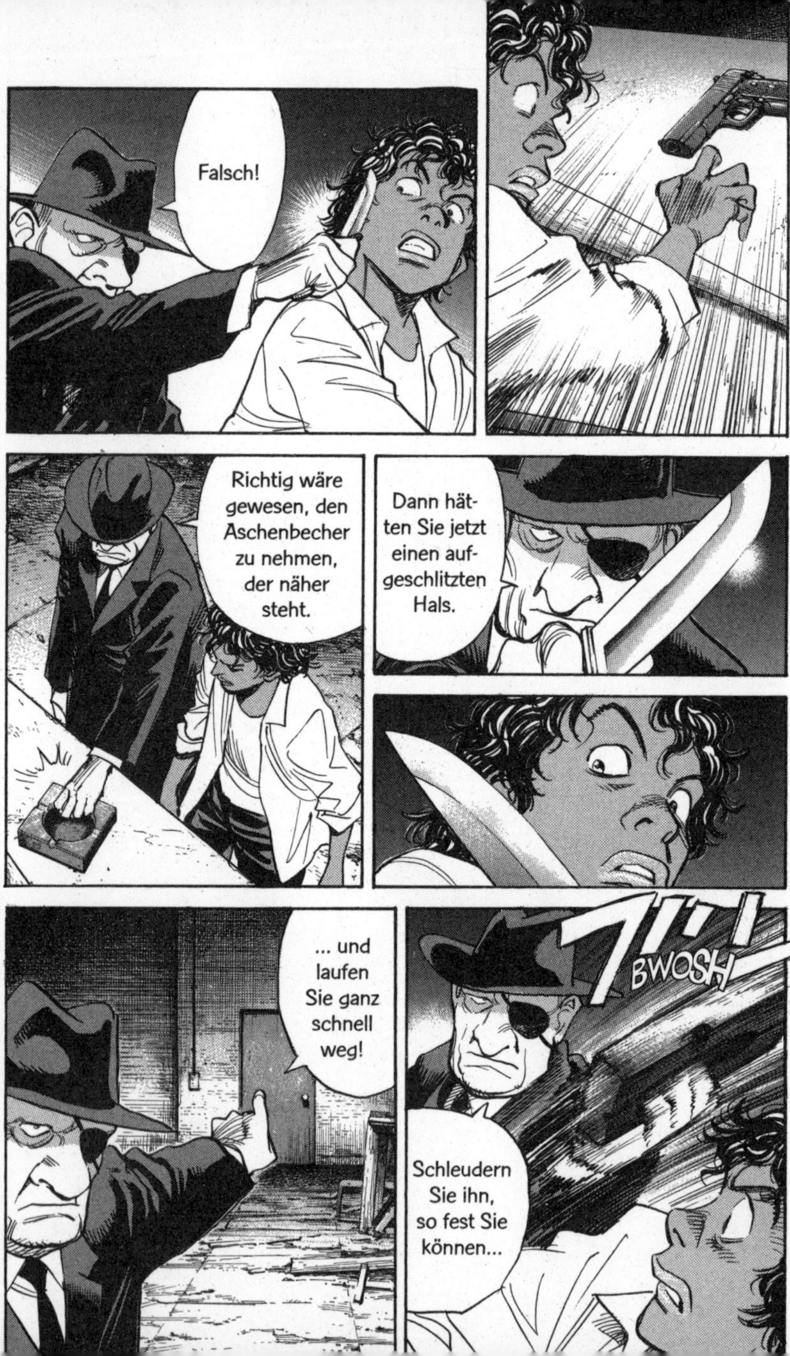
Falsch!
Dann hätten Sie jetzt einen aufgeschlitzten Hals.
Richtig wäre gewesen, den Aschenbecher zu nehmen, der näher steht.
BWOSH
Schleudern Sie ihn, so fest Sie können...
... und laufen Sie ganz schnell weg!

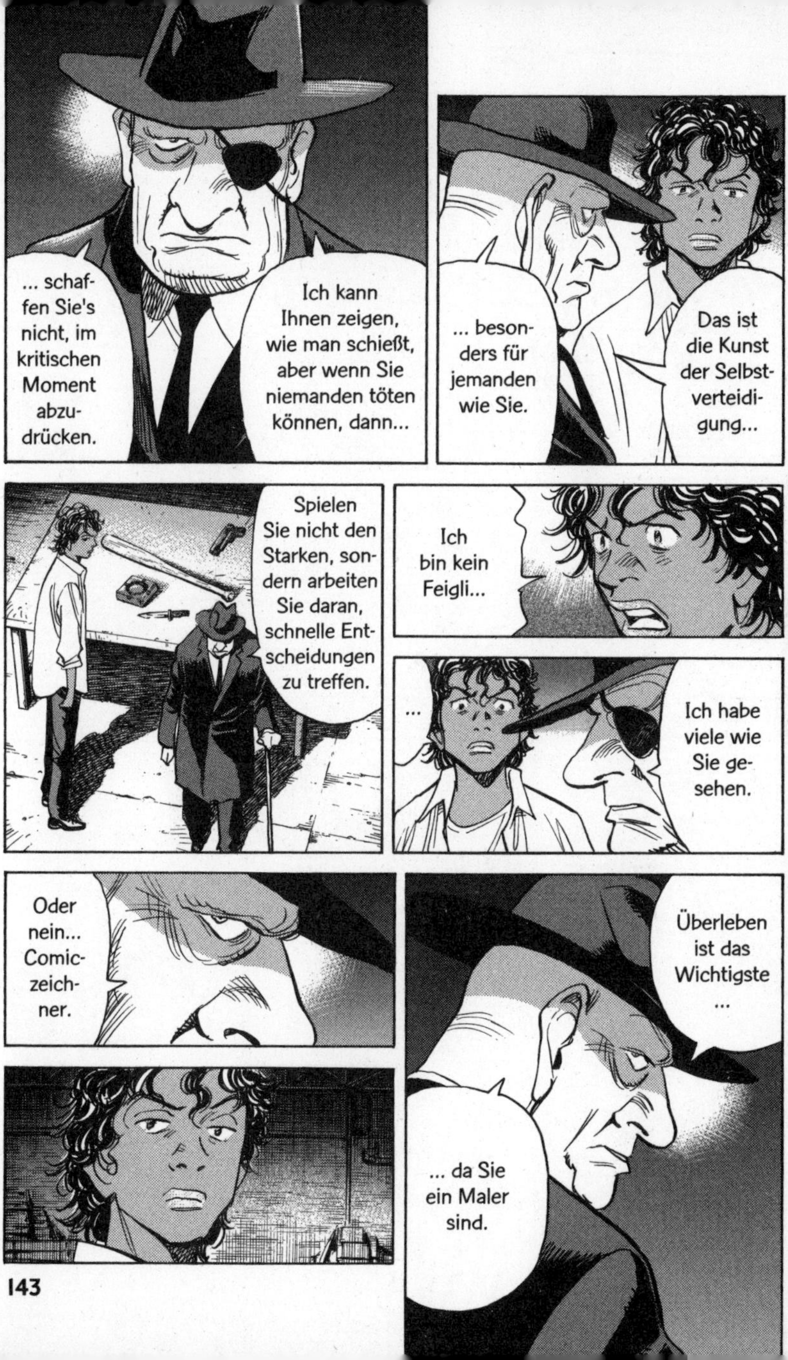
Das ist die Kunst der Selbstverteidigung...
... besonders für jemanden wie Sie.
Ich kann Ihnen zeigen, wie man schießt, aber wenn Sie niemanden töten können, dann...
... schaffen Sie's nicht, im kritischen Moment abzudrücken.
Ich bin kein Feigli...
Ich habe viele wie Sie gesehen.
...
Spielen Sie nicht den Starken, sondern arbeiten Sie daran, schnelle Entscheidungen zu treffen.
Überleben ist das Wichtigste ...
... da Sie ein Maler sind.
Oder nein... Comiczeichner.

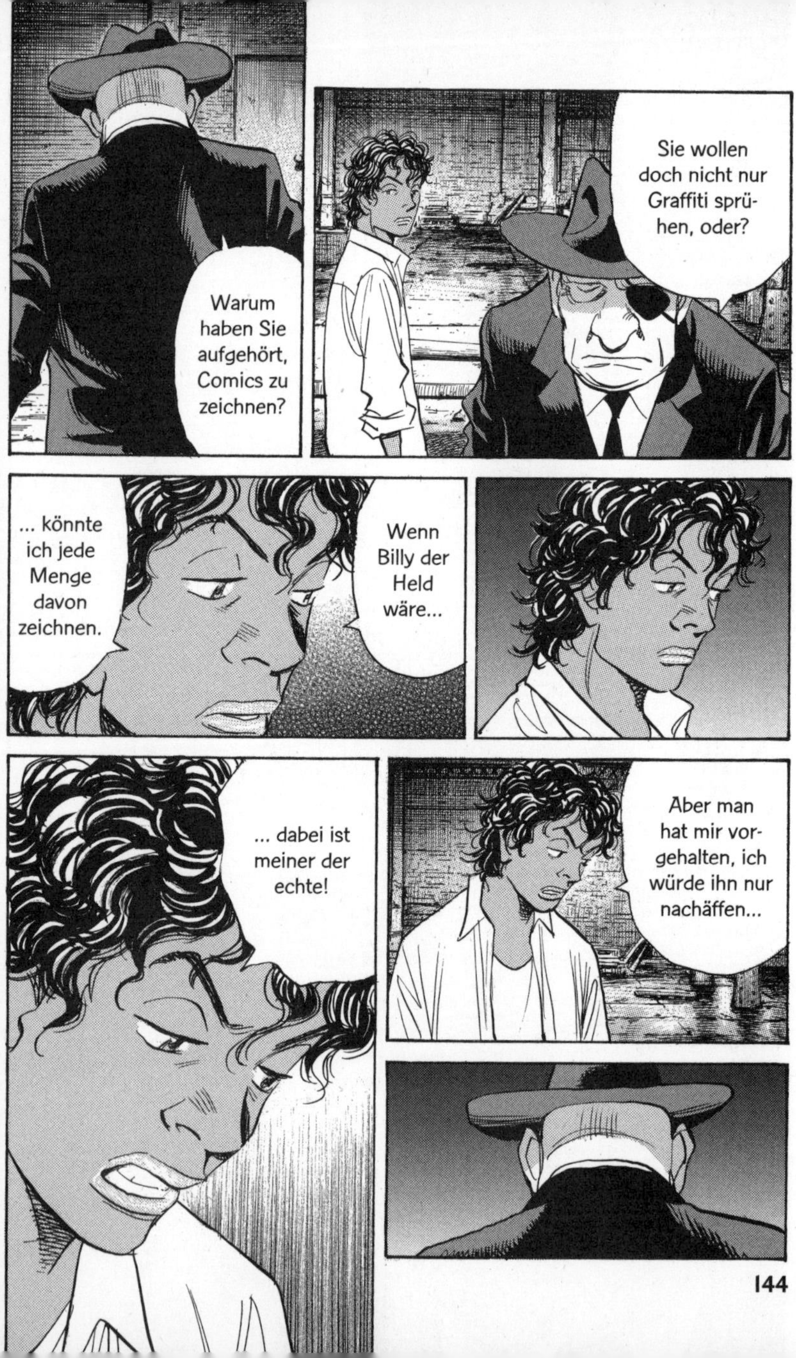
Sie wollen doch nicht nur Graffiti sprühen, oder?
Warum haben Sie aufgehört, Comics zu zeichnen?
Wenn Billy der Held wäre...
... könnte ich jede Menge davon zeichnen.
Aber man hat mir vorgehalten, ich würde ihn nur nachäffen...
... dabei ist meiner der echte!

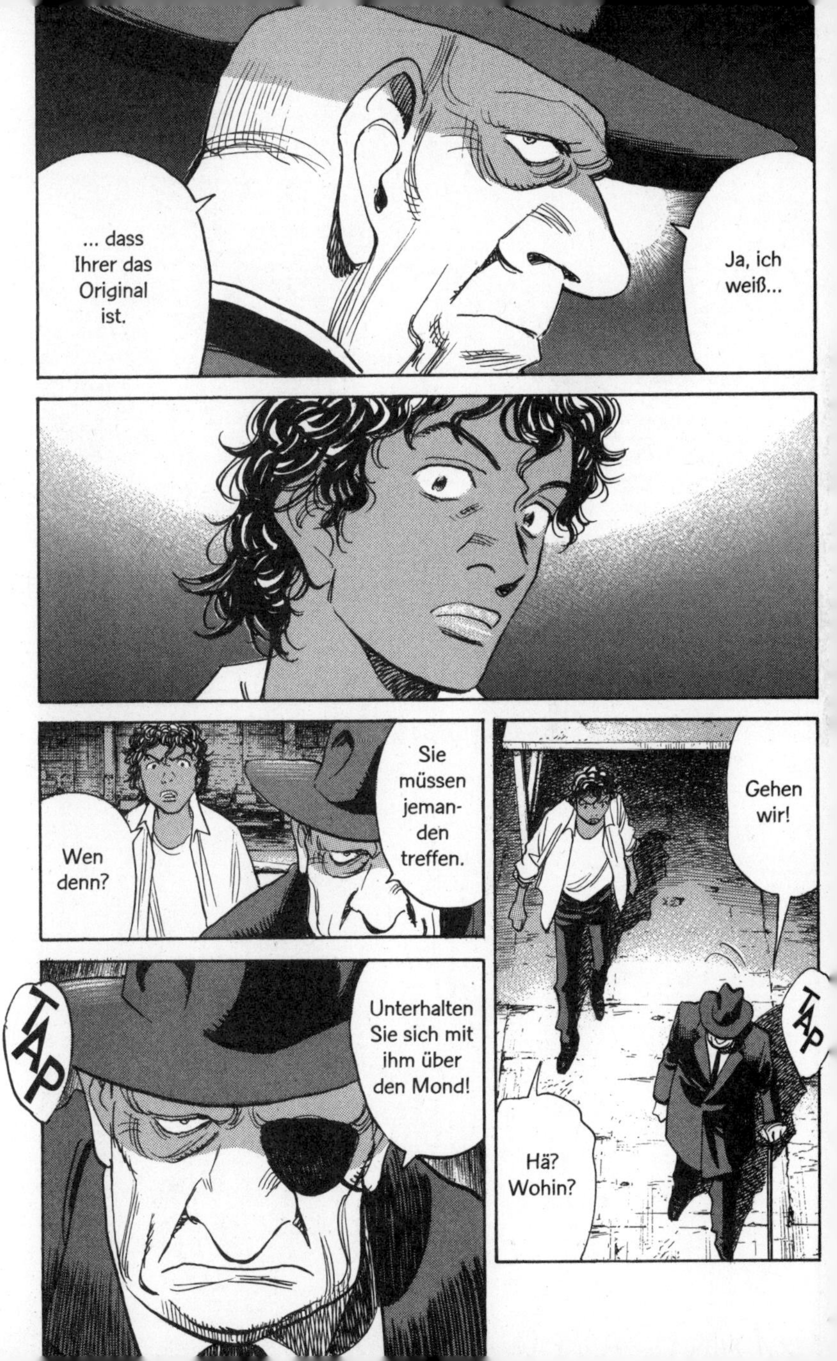
Ja, ich weiß...
... dass Ihrer das Original ist.
Gehen wir!
Hä? Wohin?
TAP
Sie müssen jeman-den treffen.
Wen denn?
Unterhalten Sie sich mit ihm über den Mond!
TAP

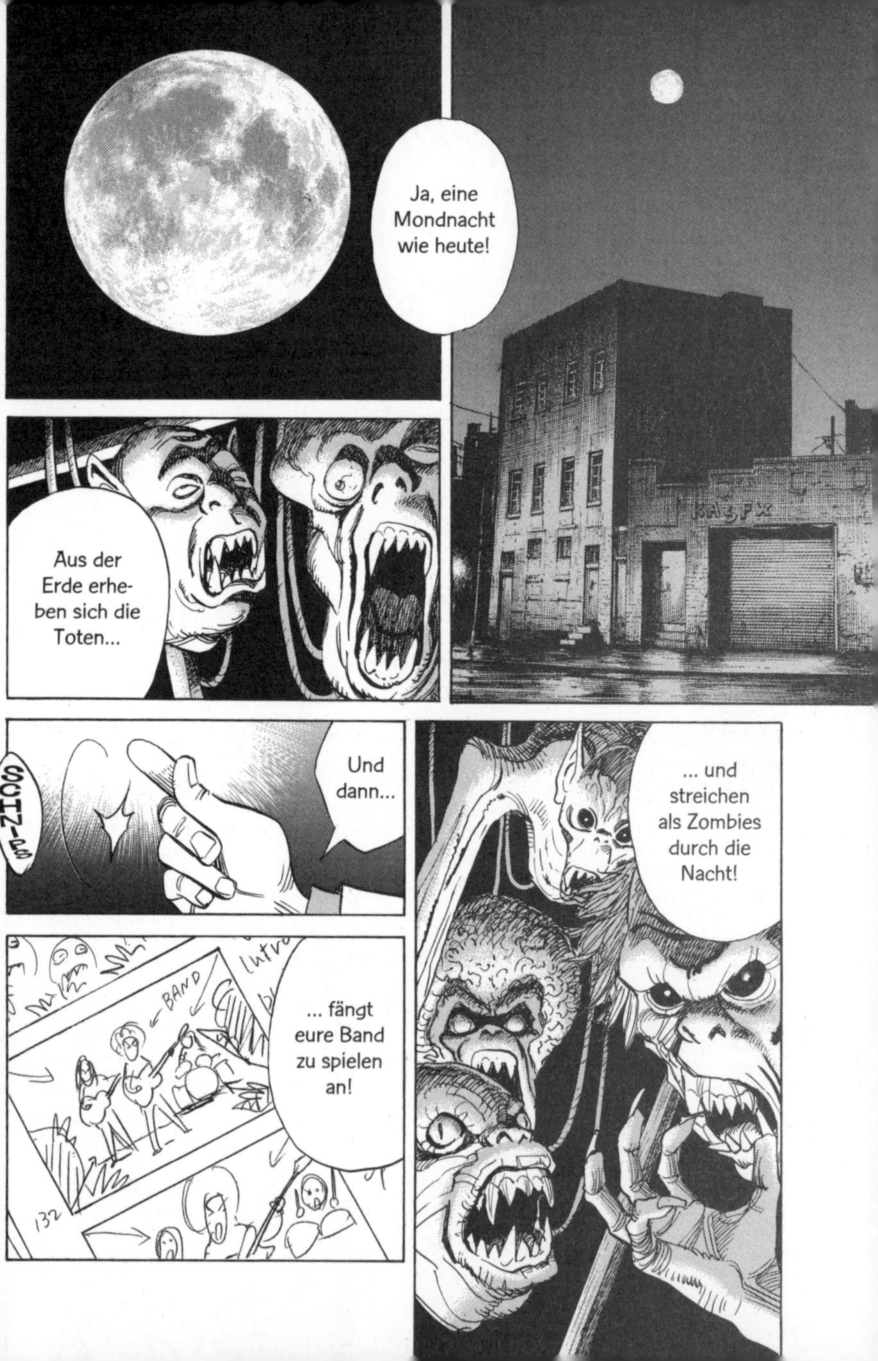
Ja, eine Mondnacht wie heute!
Aus der Erde erheben sich die Toten...
... und streichen als Zombies durch die Nacht!
SCHNIPS
Und dann...
... fängt eure Band zu spielen an!
BAND

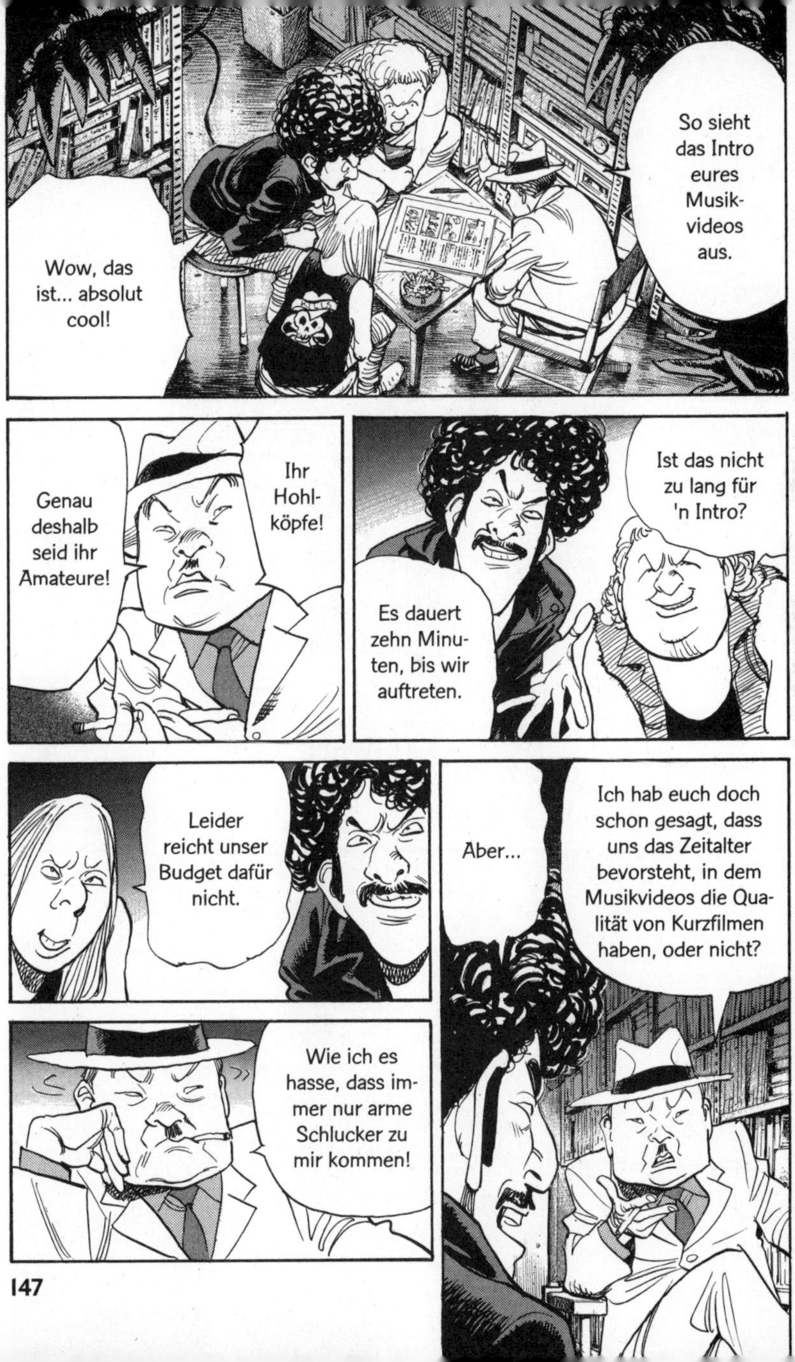
So sieht das Intro eures Musikvideos aus.
Wow, das ist... absolut cool!
Ist das nicht zu lang für 'n Intro?
Es dauert zehn Minuten, bis wir auftreten.
Ihr Hohlköpfe!
Genau deshalb seid ihr Amateure!
Ich hab euch doch schon gesagt, dass uns das Zeitalter bevorsteht, in dem Musikvideos die Qualität von Kurzfilmen haben, oder nicht?
Aber...
Leider reicht unser Budget dafür nicht.
Wie ich es hasse, dass immer nur arme Schlucker zu mir kommen!

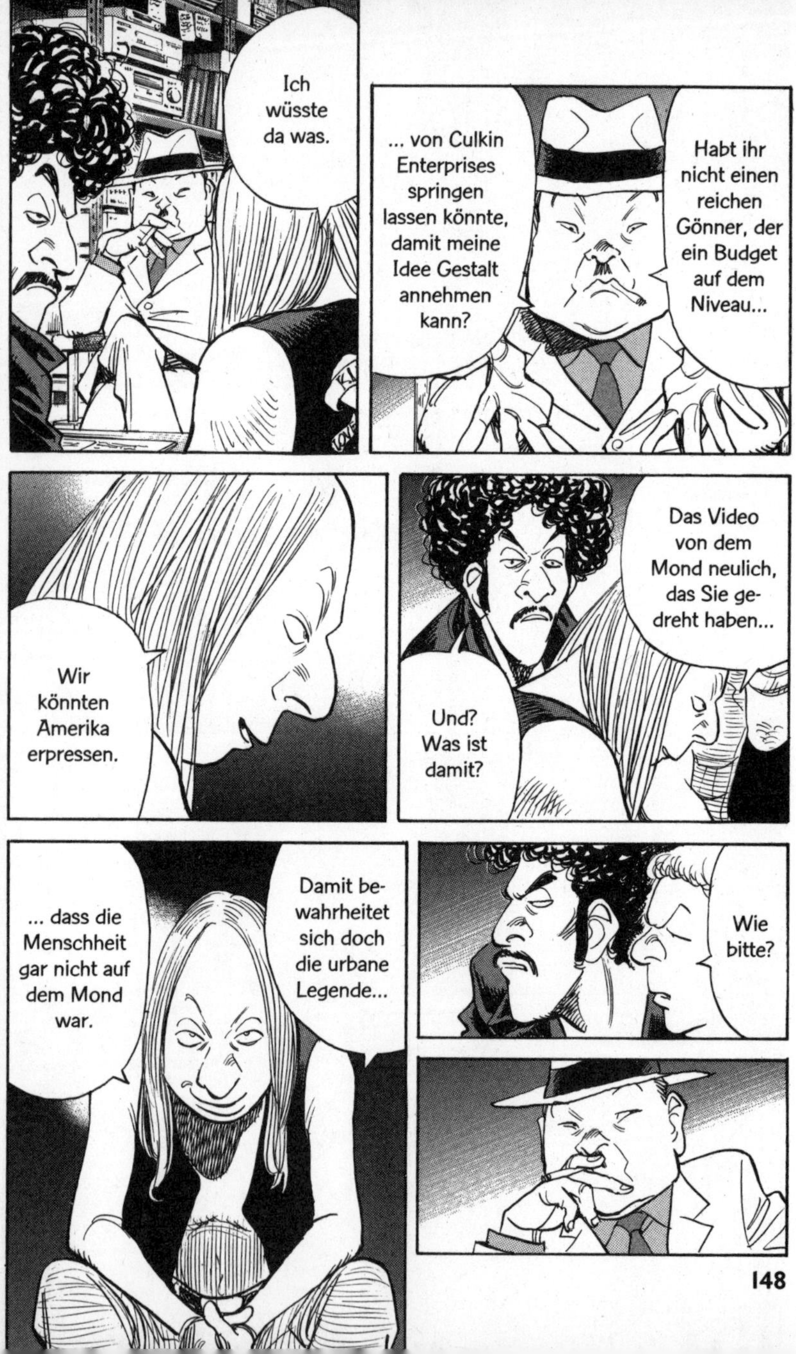
Habt ihr nicht einen reichen Gönner, der ein Budget auf dem Niveau...
... von Culkin Enterprises springen lassen könnte, damit meine Idee Gestalt annehmen kann?
Ich wüsste da was.
Das Video von dem Mond neulich, das Sie gedreht haben...
Und? Was ist damit?
Wir könnten Amerika erpressen.
Wie bitte?
Damit bewahrheitet sich doch die urbane Legende...
... dass die Menschheit gar nicht auf dem Mond war.

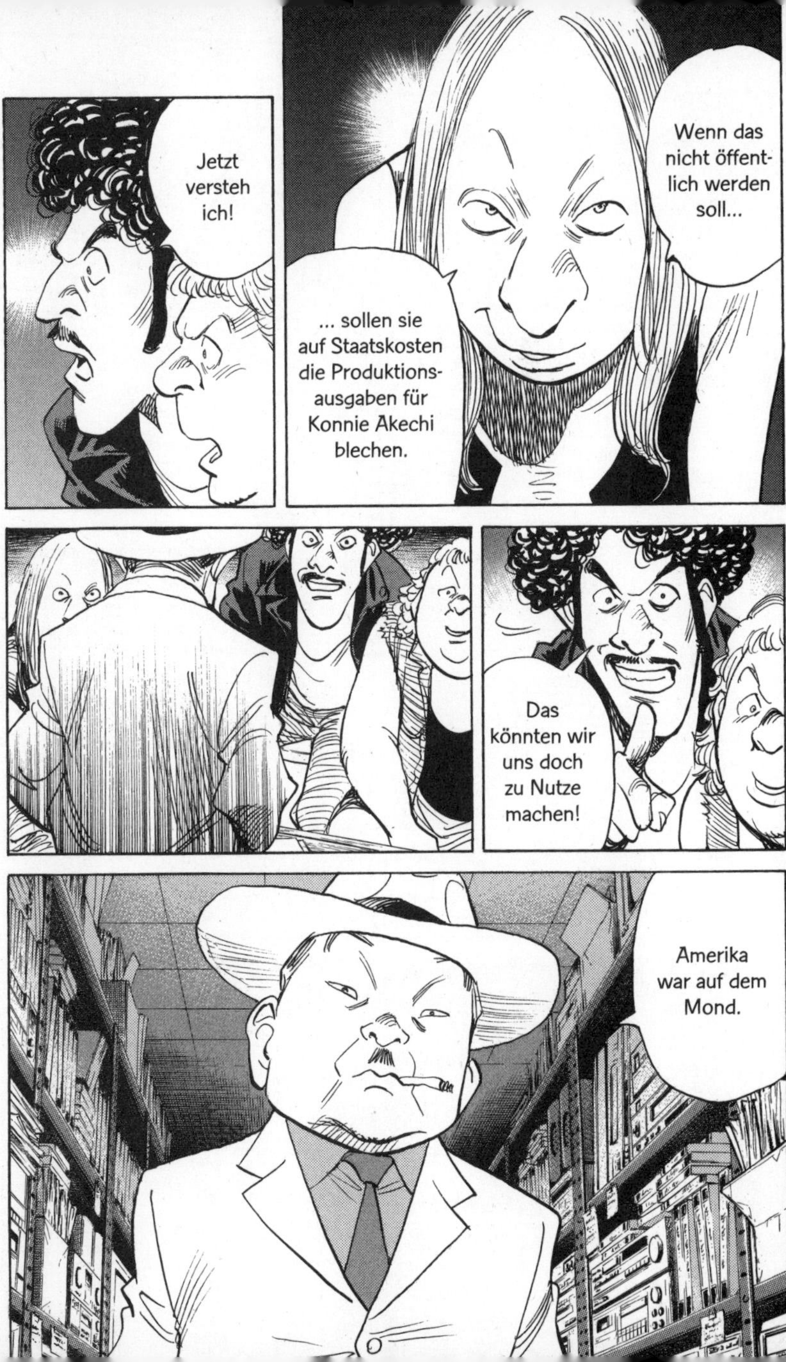
Wenn das nicht öffentlich werden soll...
... sollen sie auf Staatskosten die Produktionsausgaben für Konnie Akechi blechen.
Jetzt versteh ich!
Das könnten wir uns doch zu Nutze machen!
Amerika war auf dem Mond.

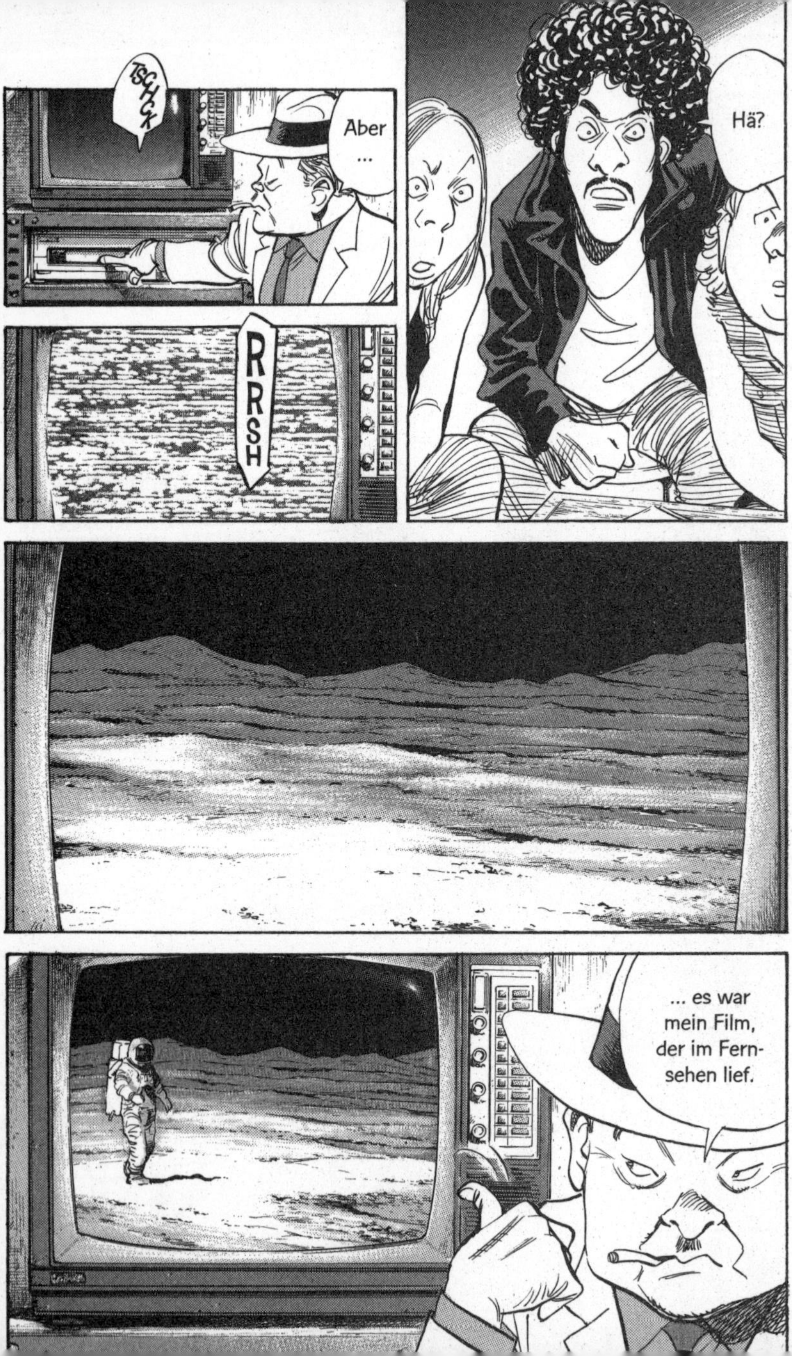
Hä?
Aber ...
TSCHCK
RRRSH
... es war mein Film, der im Fernsehen lief.

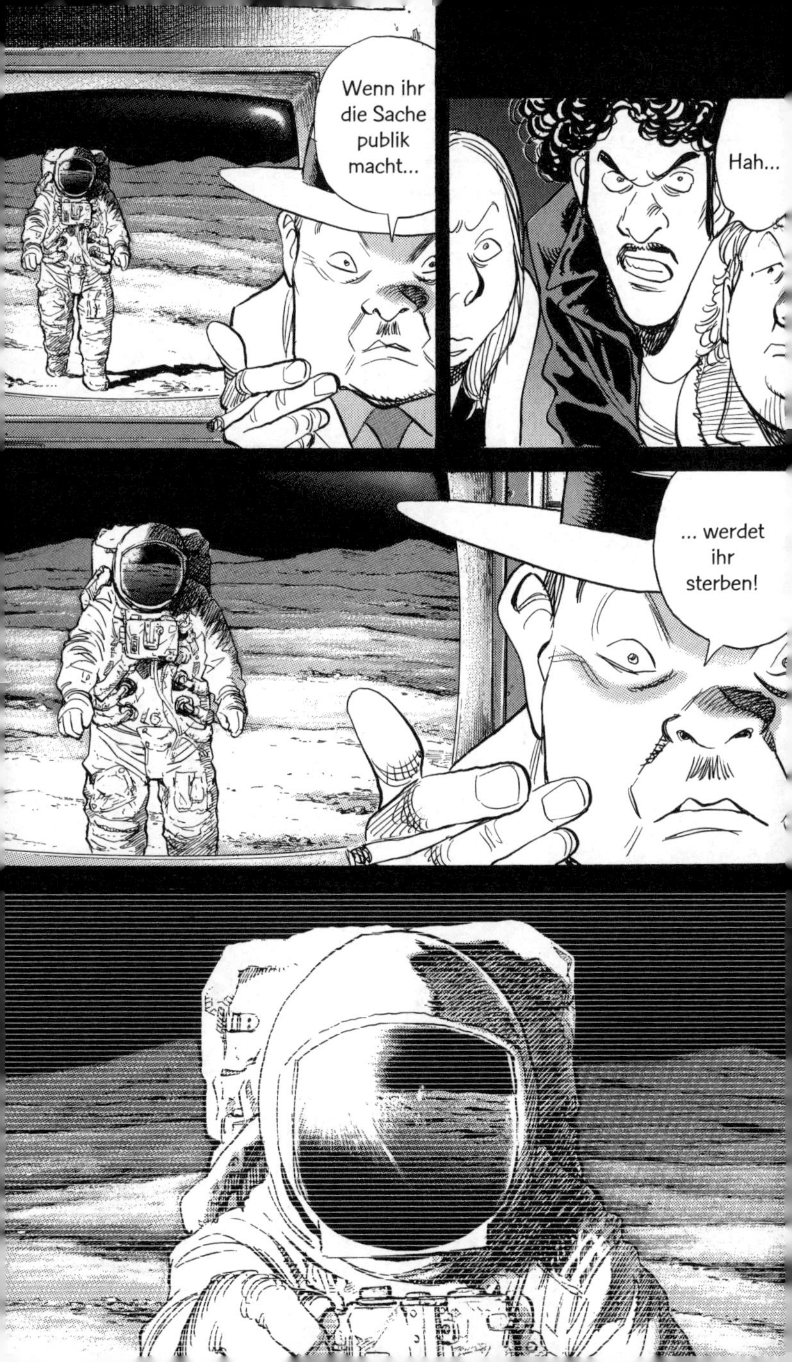
Wenn ihr die Sache publik macht...
Hah...
... werdet ihr sterben!

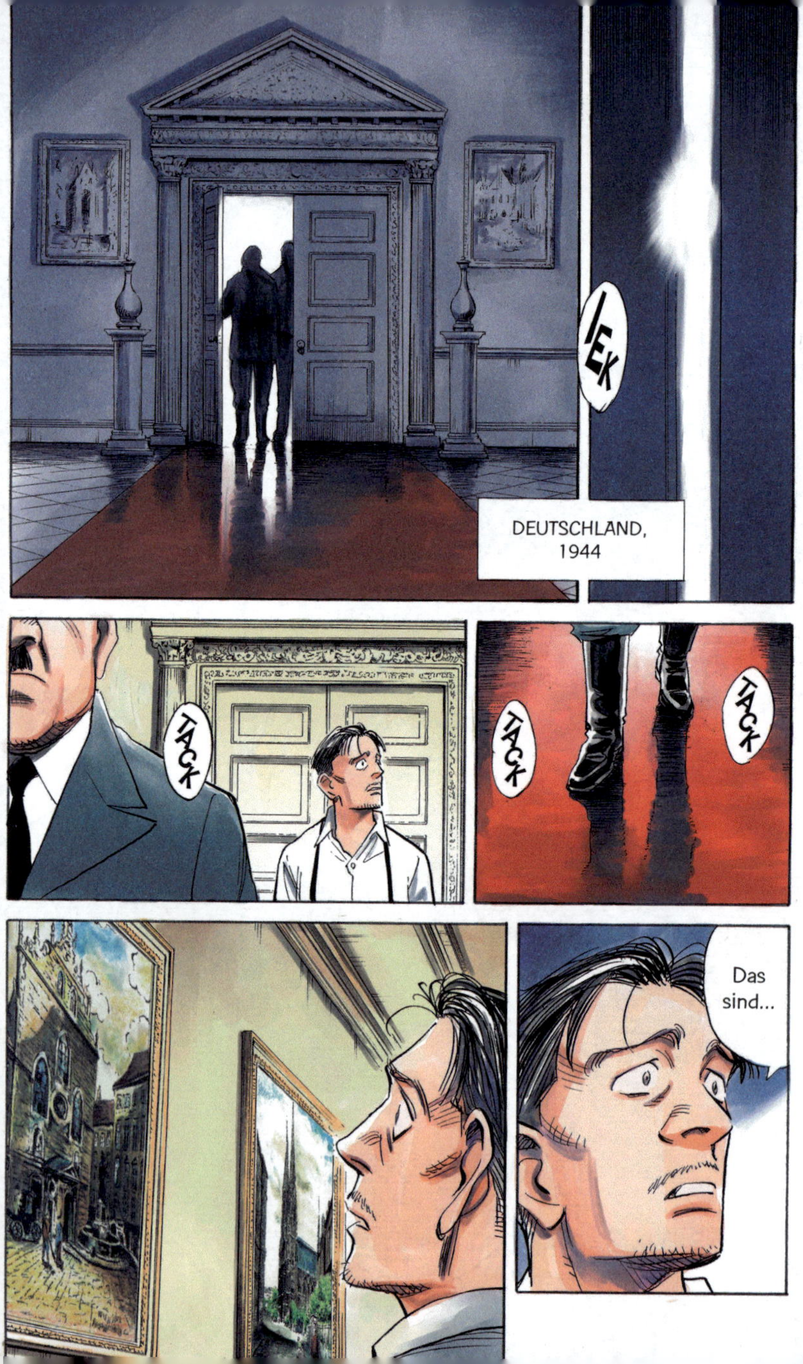
IEK
DEUTSCHLAND, 1944
TACK
TACK
TACK
Das sind...

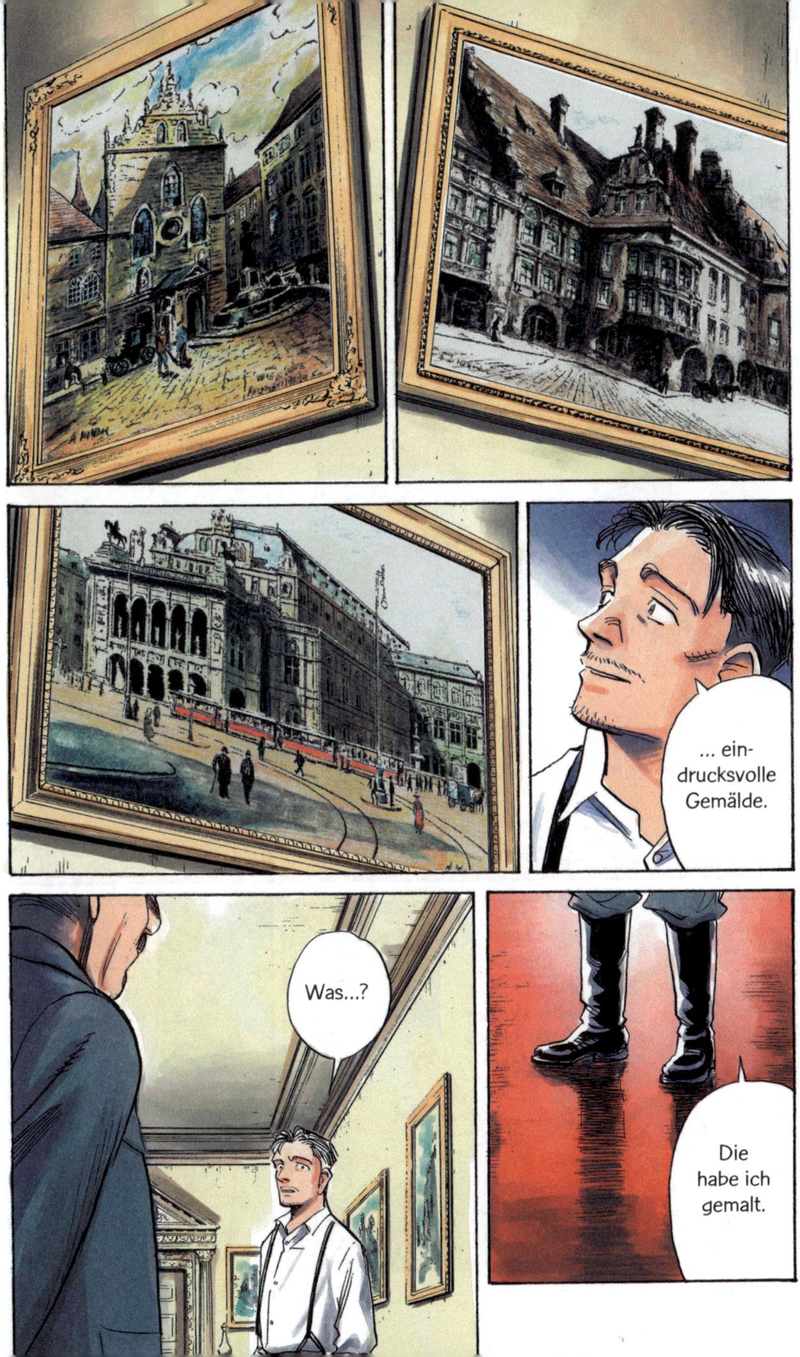
... ein-
drucksvolle
Gemälde.
Was...?
Die
habe ich
gemalt.

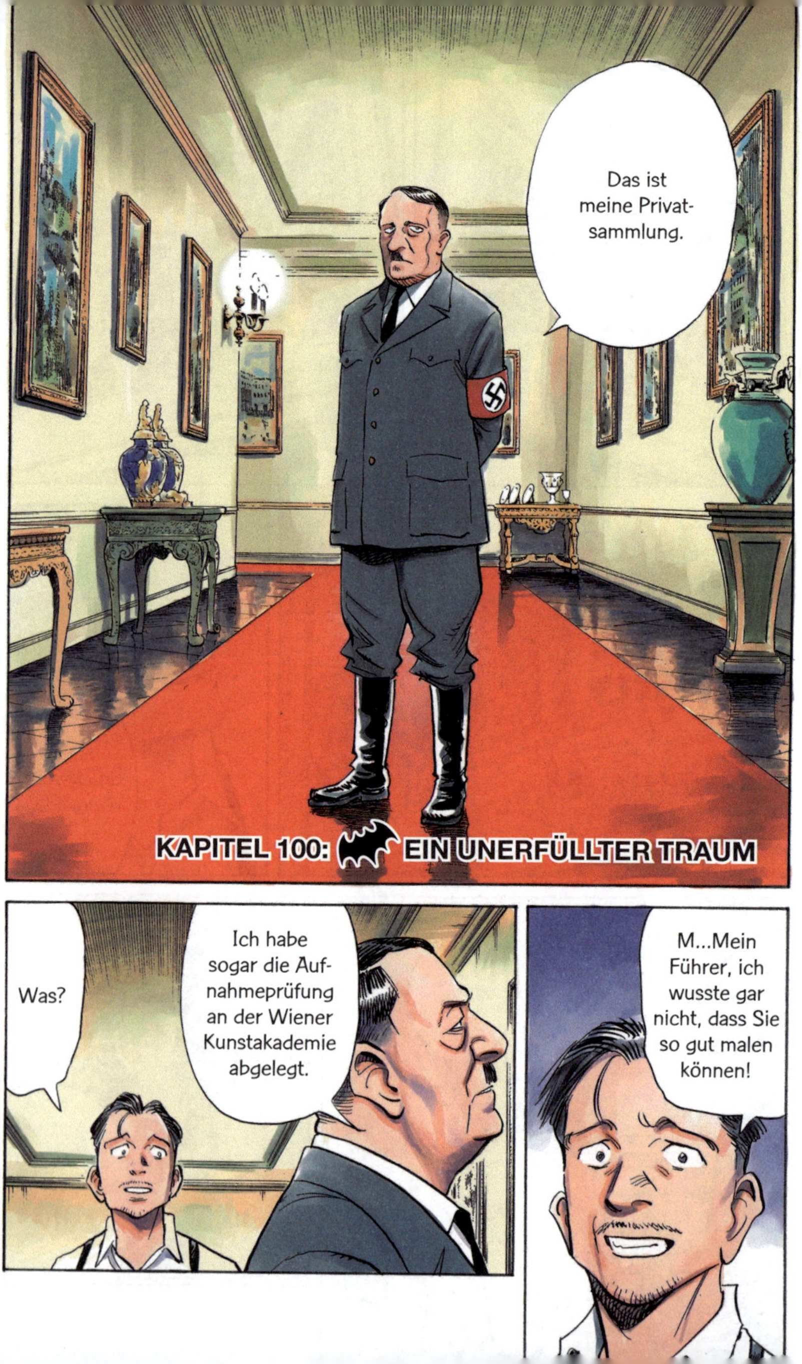
Das ist meine Privat-sammlung.
KAPITEL 100: EIN UNERFÜLLTER TRAUM
M...Mein Führer, ich wusste gar nicht, dass Sie so gut malen können!
Ich habe sogar die Auf-nahmeprüfung an der Wiener Kunstakademie abgelegt.
Was?

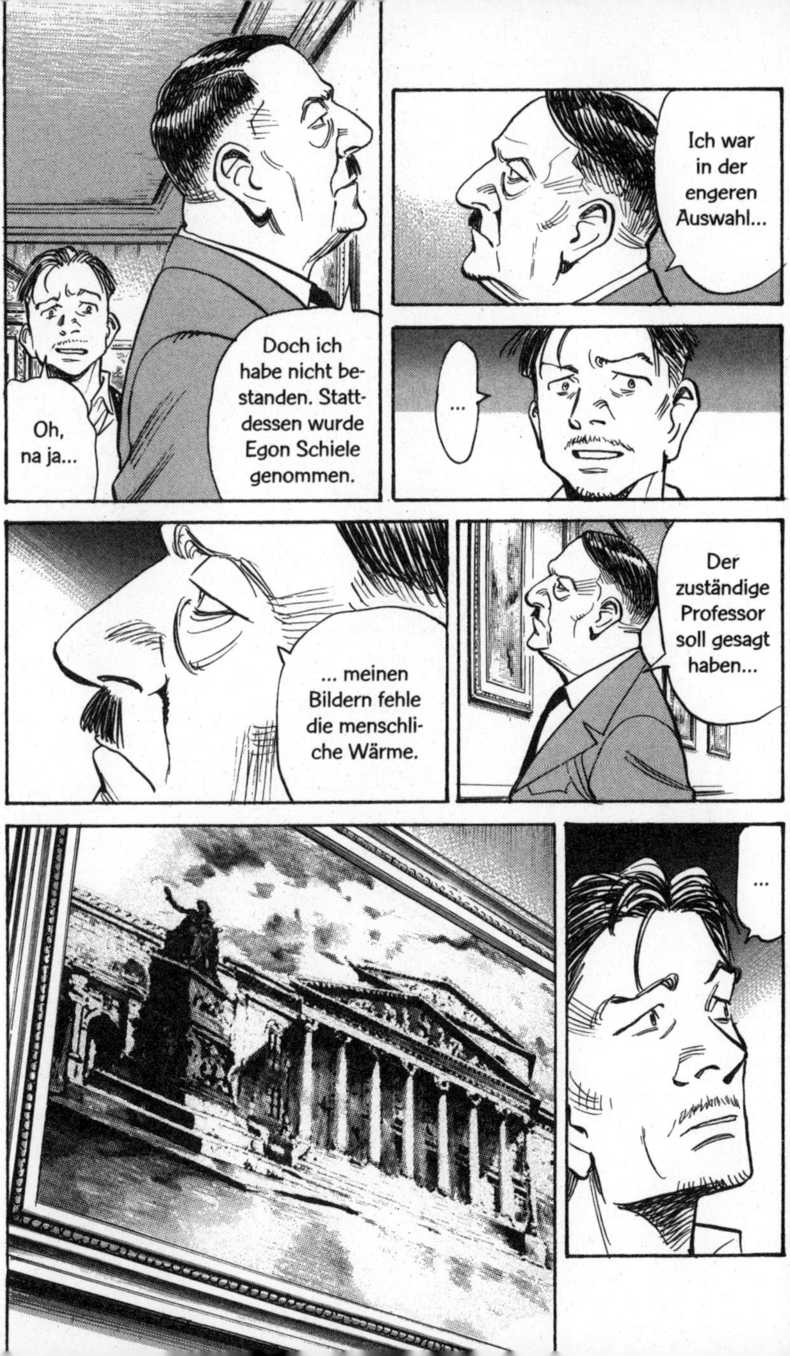
Ich war in der engeren Auswahl...
...
Doch ich habe nicht bestanden. Stattdessen wurde Egon Schiele genommen.
Oh, na ja...
Der zuständige Professor soll gesagt haben...
... meinen Bildern fehle die menschliche Wärme.
...

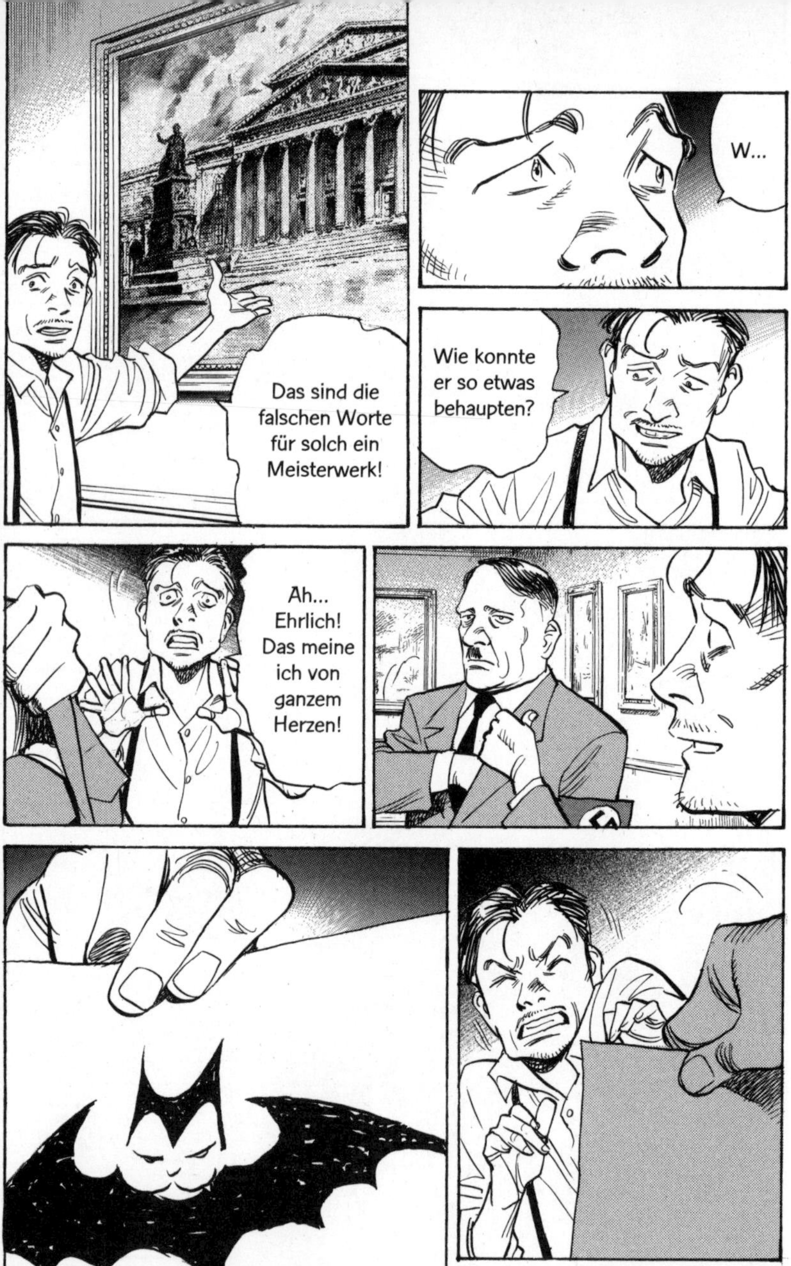
W...
Wie konnte er so etwas behaupten?
Das sind die falschen Worte für solch ein Meisterwerk!
Äh... Ehrlich! Das meine ich von ganzem Herzen!

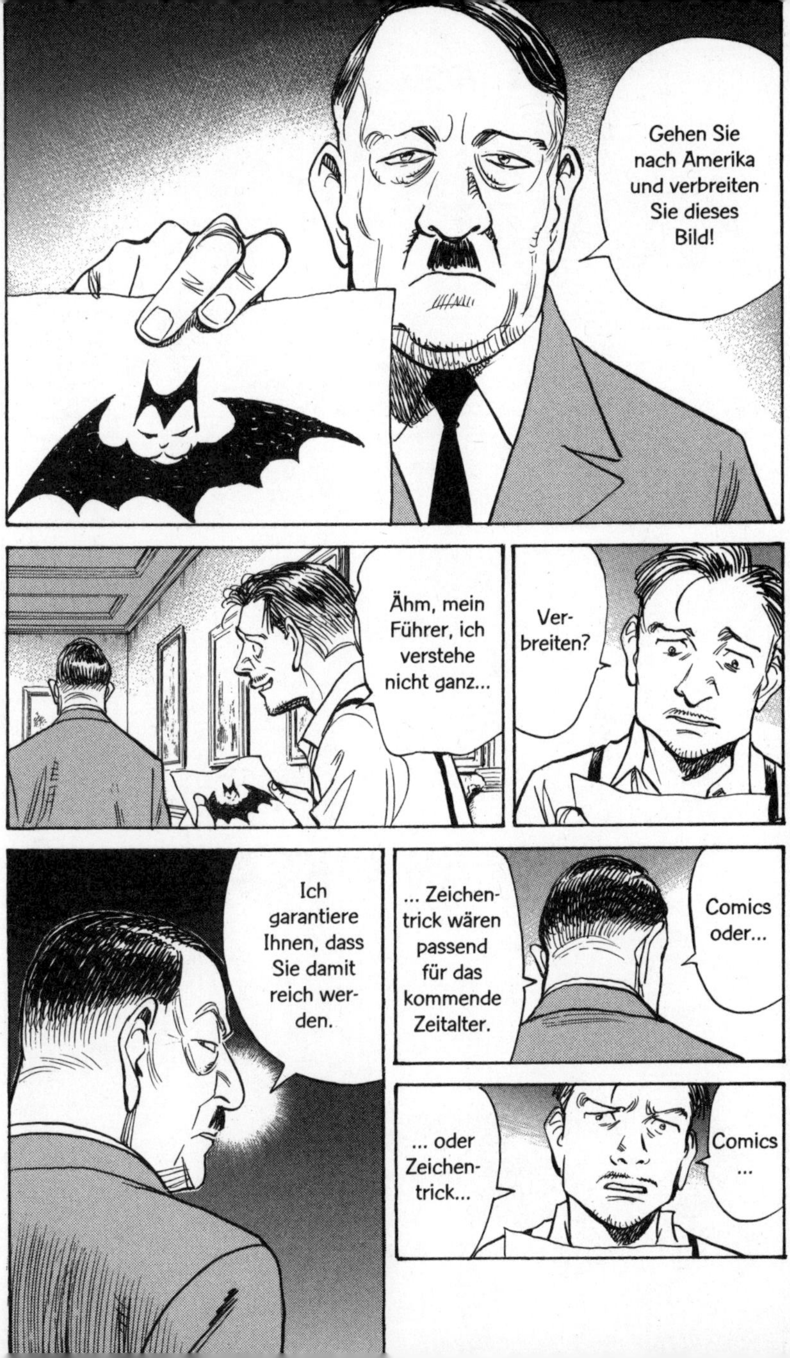

Gehen Sie nach Amerika und verbreiten Sie dieses Bild!
Verbreiten?
Ähm, mein Führer, ich verstehe nicht ganz...
Comics oder...
... Zeichentrick wären passend für das kommende Zeitalter.
Comics ...
... oder Zeichentrick...
Ich garantiere Ihnen, dass Sie damit reich werden.

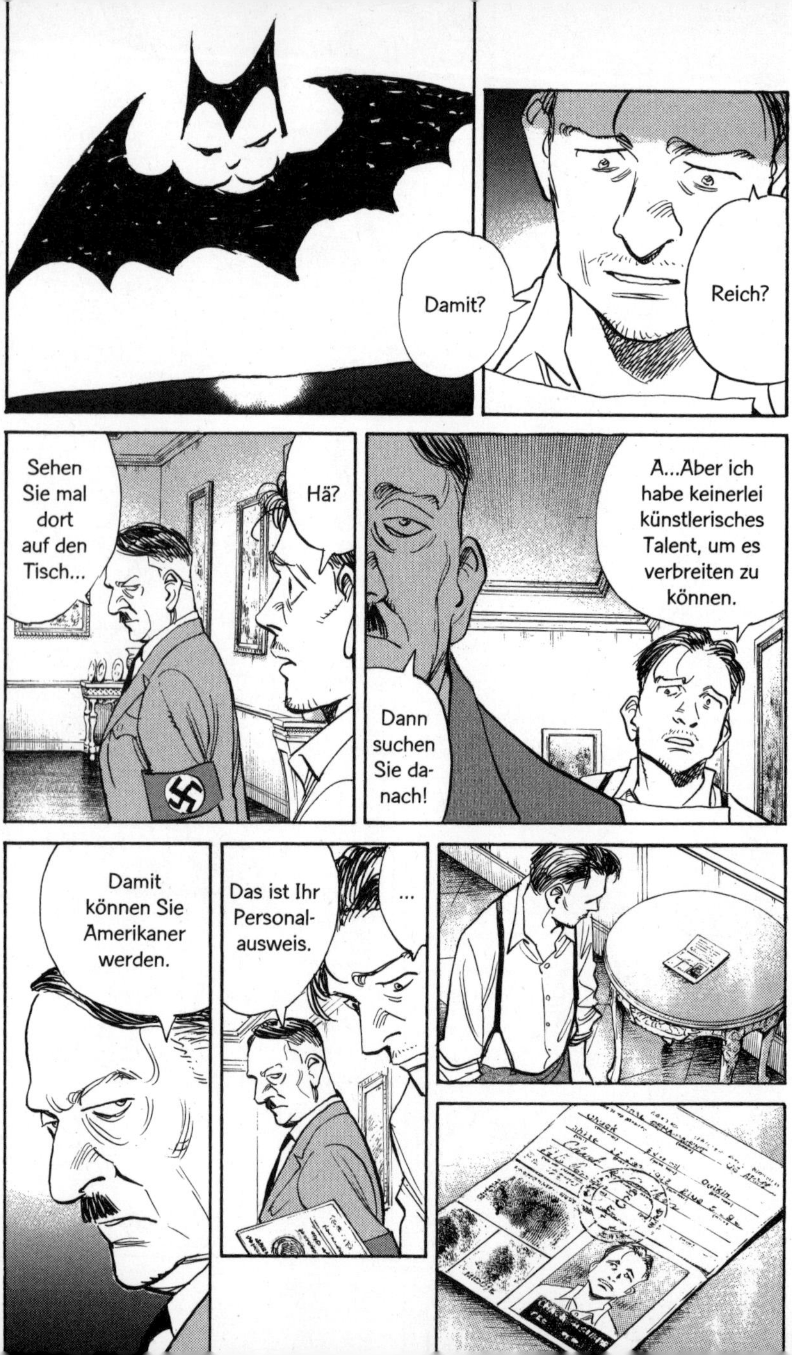
Reich?
Damit?
A...Aber ich habe keinerlei künstlerisches Talent, um es verbreiten zu können.
Dann suchen Sie danach!
Hä?
Sehen Sie mal dort auf den Tisch...
...
Das ist Ihr Personalausweis.
Damit können Sie Amerikaner werden.

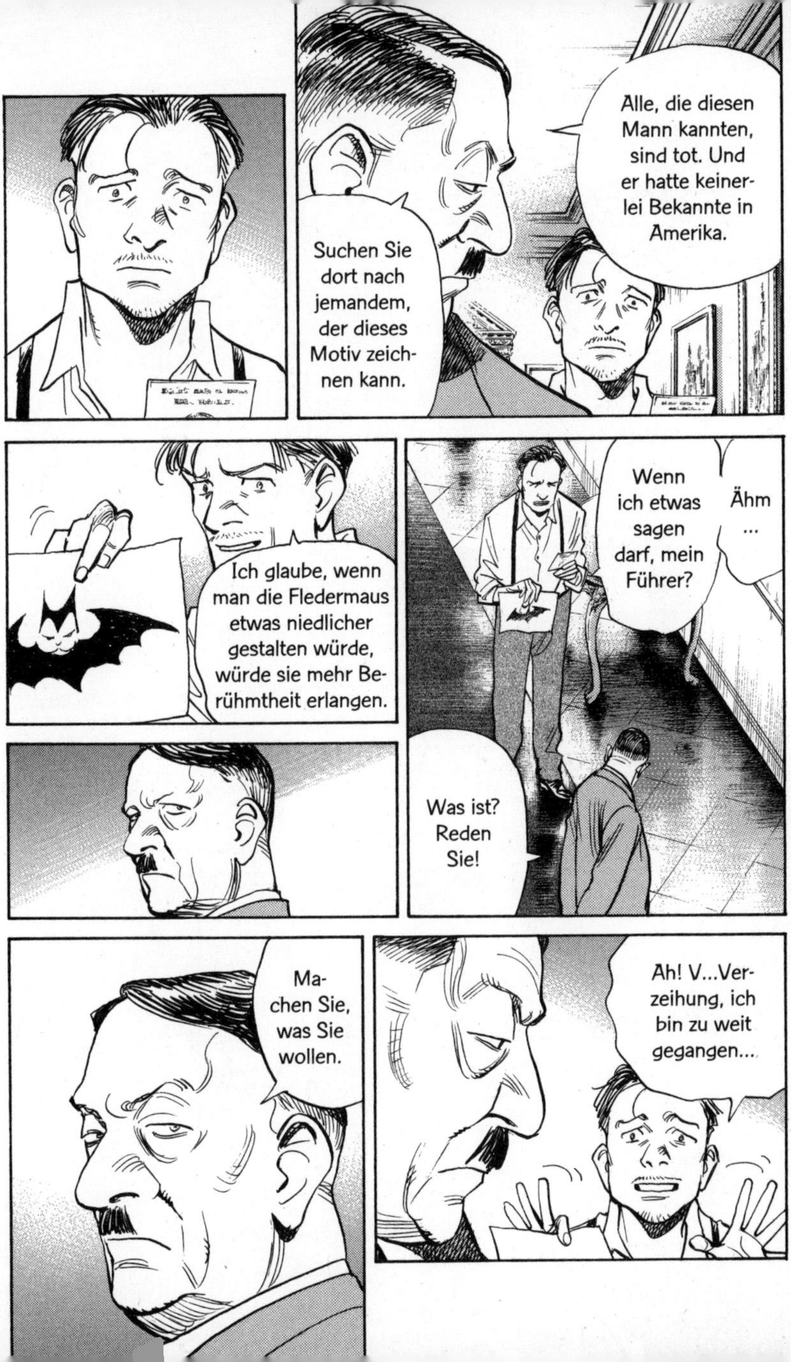
Alle, die diesen Mann kannten, sind tot. Und er hatte keinerlei Bekannte in Amerika.
Suchen Sie dort nach jemandem, der dieses Motiv zeichnen kann.
Ähm ...
Wenn ich etwas sagen darf, mein Führer?
Was ist? Reden Sie!
Ich glaube, wenn man die Fledermaus etwas niedlicher gestalten würde, würde sie mehr Berühmtheit erlangen.
Ah! V...Verzeihung, ich bin zu weit gegangen...
Machen Sie, was Sie wollen.

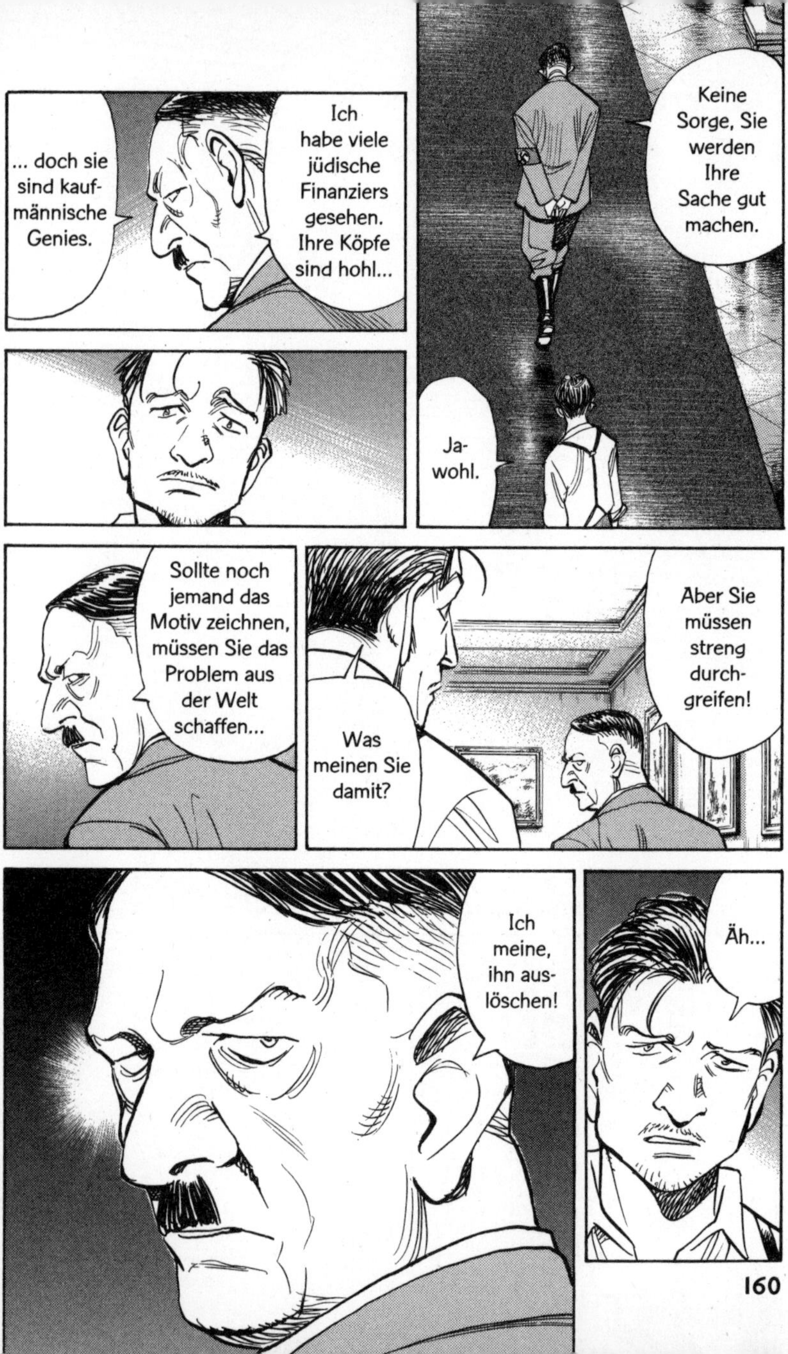
Ich habe viele jüdische Finanziers gesehen. Ihre Köpfe sind hohl...
... doch sie sind kaufmännische Genies.
Keine Sorge, Sie werden Ihre Sache gut machen.
Jawohl.
Sollte noch jemand das Motiv zeichnen, müssen Sie das Problem aus der Welt schaffen...
Was meinen Sie damit?
Aber Sie müssen streng durchgreifen!
Ich meine, ihn auslöschen!
Äh...

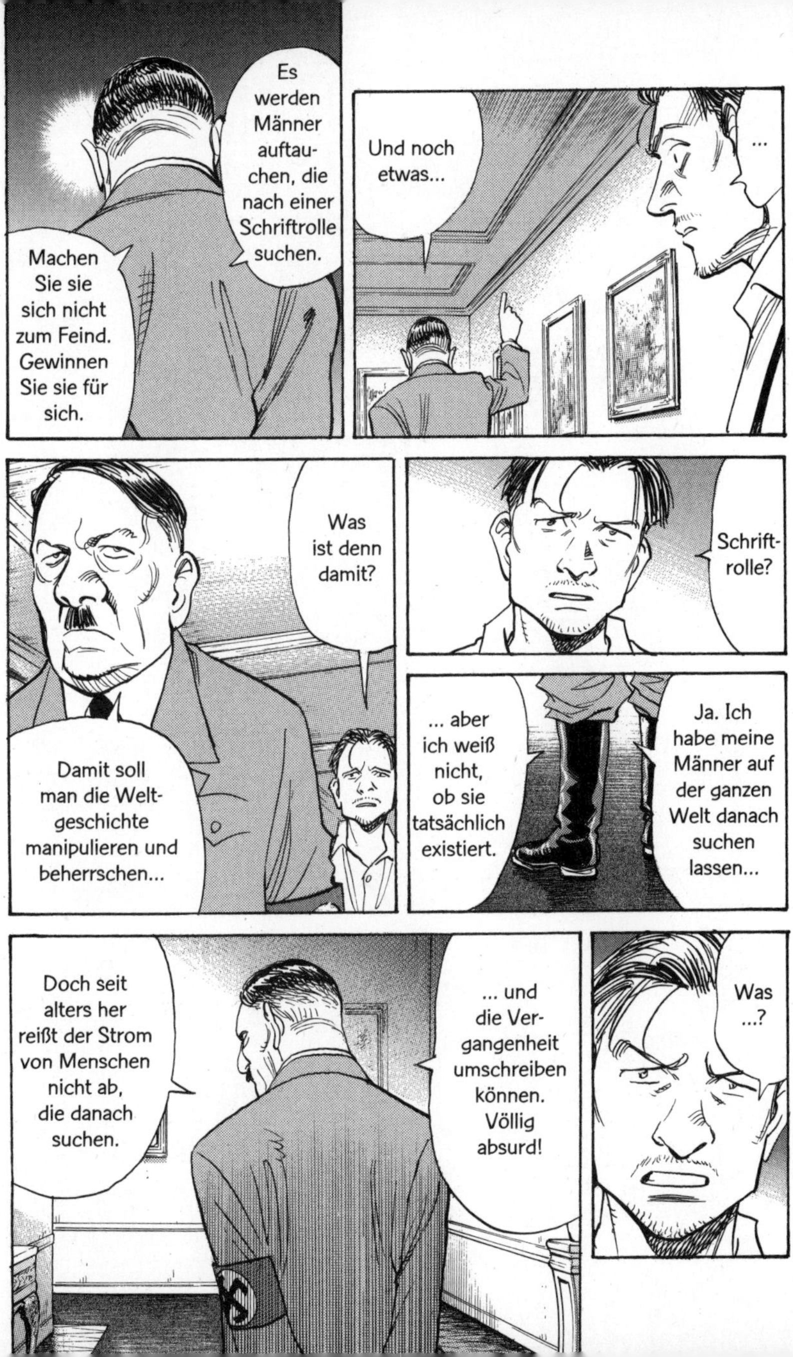
...
Und noch etwas...
Es werden Männer auftauchen, die nach einer Schriftrolle suchen.
Machen Sie sie sich nicht zum Feind. Gewinnen Sie sie für sich.
Schriftrolle?
Was ist denn damit?
Damit soll man die Weltgeschichte manipulieren und beherrschen...
... und die Vergangenheit umschreiben können. Völlig absurd!
Doch seit alters her reißt der Strom von Menschen nicht ab, die danach suchen.
Ja. Ich habe meine Männer auf der ganzen Welt danach suchen lassen...
... aber ich weiß nicht, ob sie tatsächlich existiert.
Was ...?

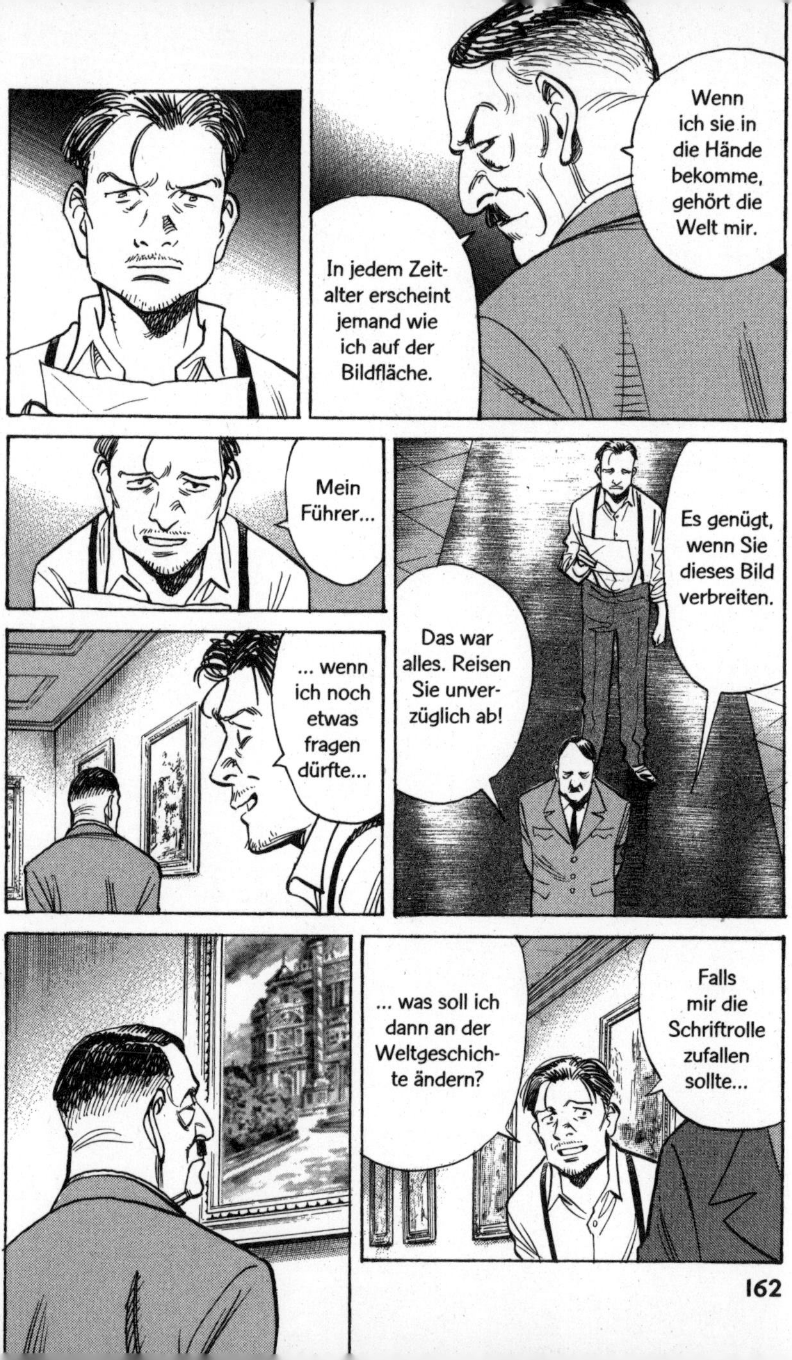
Wenn ich sie in die Hände bekomme, gehört die Welt mir.
In jedem Zeitalter erscheint jemand wie ich auf der Bildfläche.
Es genügt, wenn Sie dieses Bild verbreiten.
Das war alles. Reisen Sie unverzüglich ab!
Mein Führer...
... wenn ich noch etwas fragen dürfte...
Falls mir die Schriftrolle zufallen sollte...
... was soll ich dann an der Weltgeschichte ändern?

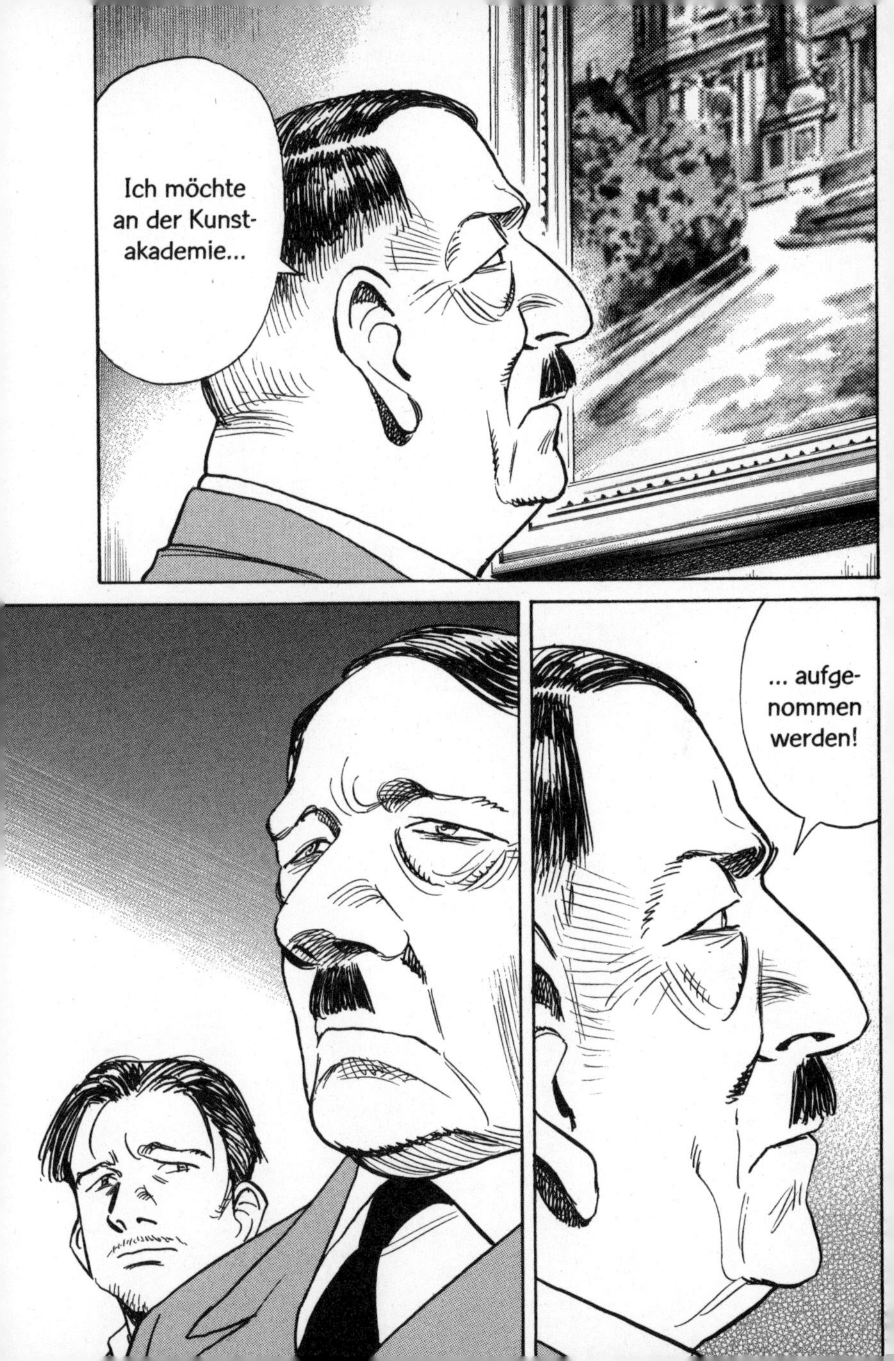
Ich möchte an der Kunst-akademie...
... aufge-nommen werden!

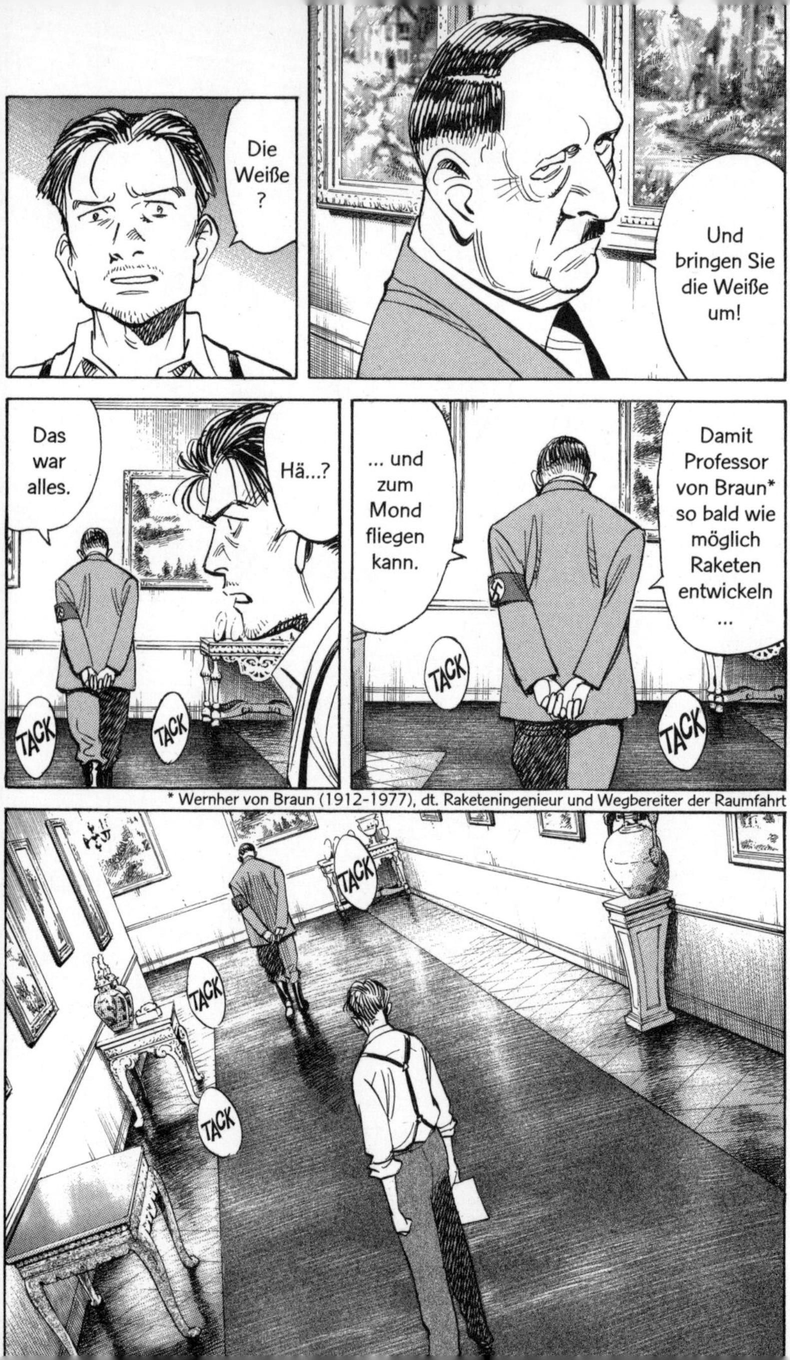

* Wernher von Braun (1912-1977), dt. Raketeningenieur und Wegbereiter der Raumfahrt

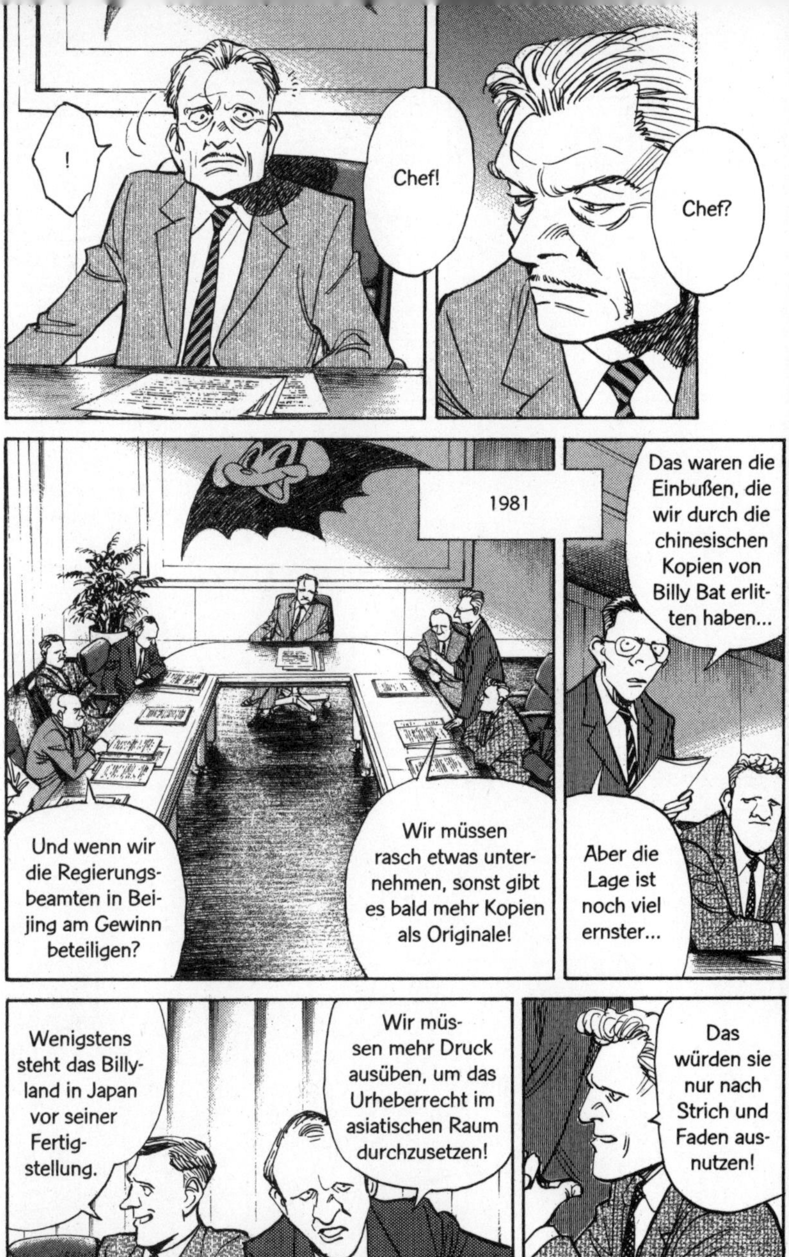

Chef?
Chef!
!
Das waren die Einbußen, die wir durch die chinesischen Kopien von Billy Bat erlitten haben...
Aber die Lage ist noch viel ernster...
1981
Wir müssen rasch etwas unternehmen, sonst gibt es bald mehr Kopien als Originale!
Und wenn wir die Regierungsbeamten in Beijing am Gewinn beteiligen?
Das würden sie nur nach Strich und Faden ausnutzen!
Wir müssen mehr Druck ausüben, um das Urheberrecht im asiatischen Raum durchzusetzen!
Wenigstens steht das Billyland in Japan vor seiner Fertigstellung.

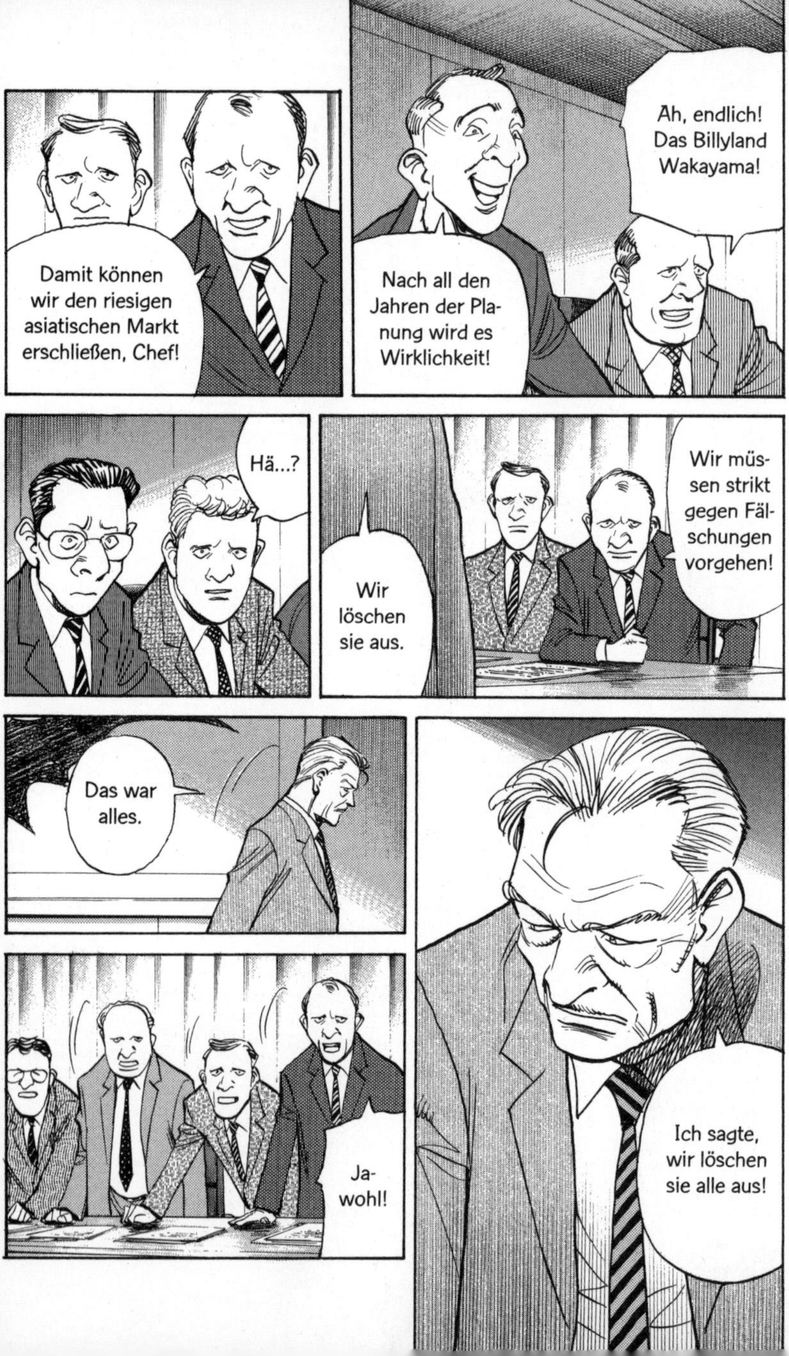
Ah, endlich! Das Billyland Wakayama!
Nach all den Jahren der Planung wird es Wirklichkeit!
Damit können wir den riesigen asiatischen Markt erschließen, Chef!
Wir müssen strikt gegen Fälschungen vorgehen!
Wir löschen sie aus.
Hä...?
Ich sagte, wir löschen sie alle aus!
Das war alles.
Jawohl!

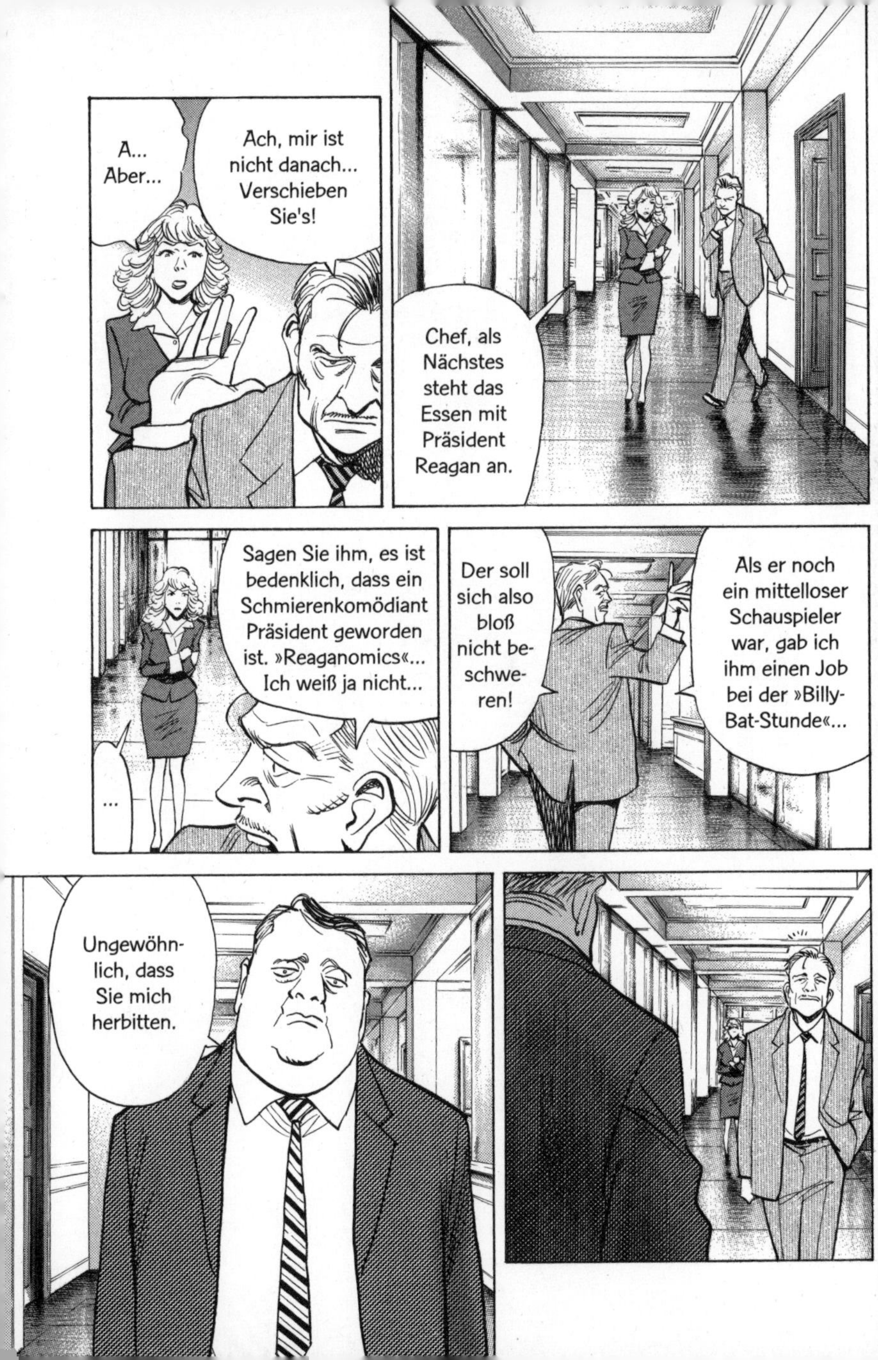

Chef, als Nächstes steht das Essen mit Präsident Reagan an.
Ach, mir ist nicht danach... Verschieben Sie's!
A... Aber...
Als er noch ein mittelloser Schauspieler war, gab ich ihm einen Job bei der »Billy-Bat-Stunde«...
Der soll sich also bloß nicht beschweren!
Sagen Sie ihm, es ist bedenklich, dass ein Schmierenkomödiant Präsident geworden ist. »Reaganomics«... Ich weiß ja nicht...
...
Ungewöhnlich, dass Sie mich herbitten.

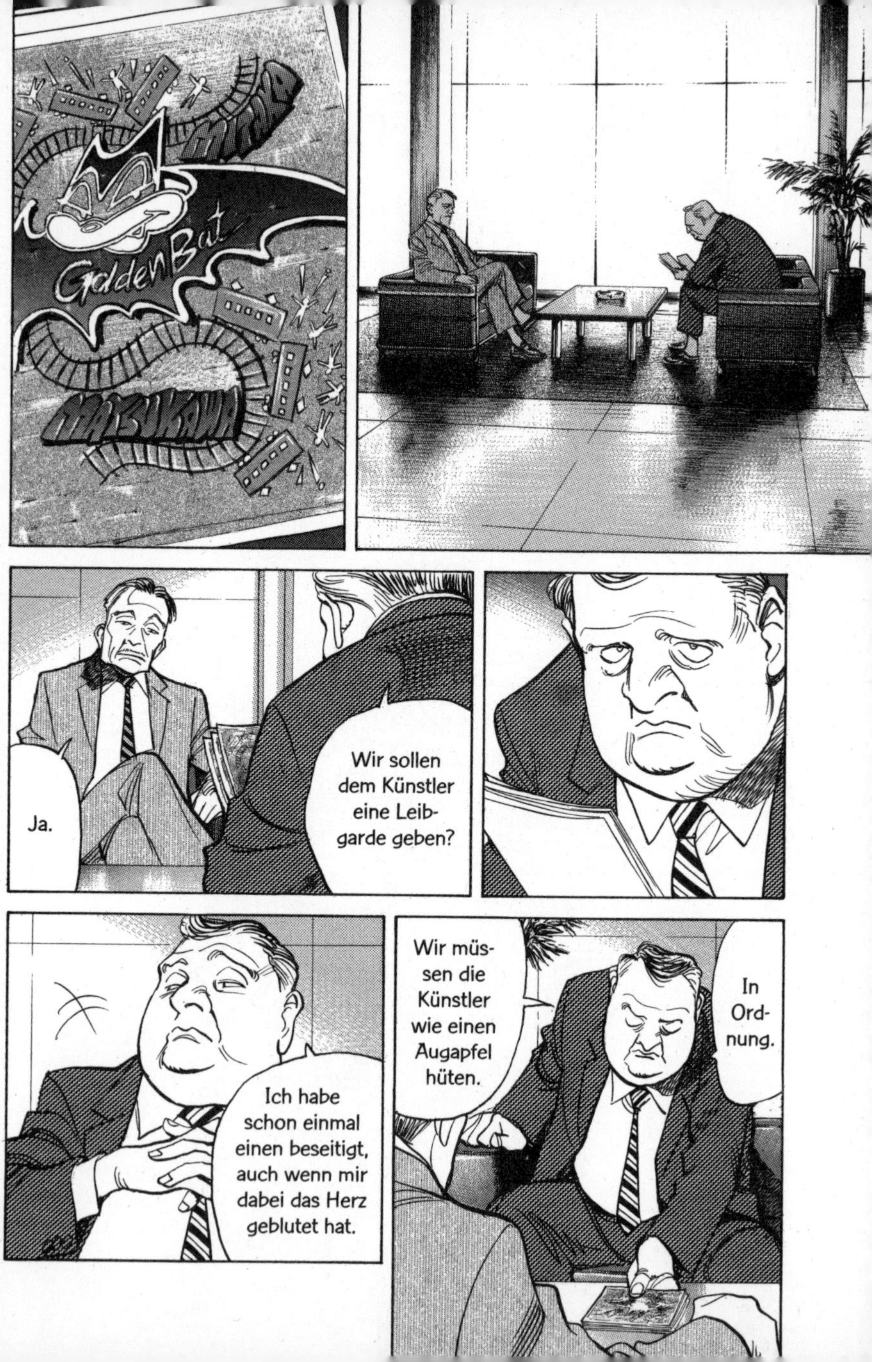
Golden Bat
Wir sollen dem Künstler eine Leibgarde geben?
Ja.
In Ordnung.
Wir müssen die Künstler wie einen Augapfel hüten.
Ich habe schon einmal einen beseitigt, auch wenn mir dabei das Herz geblutet hat.

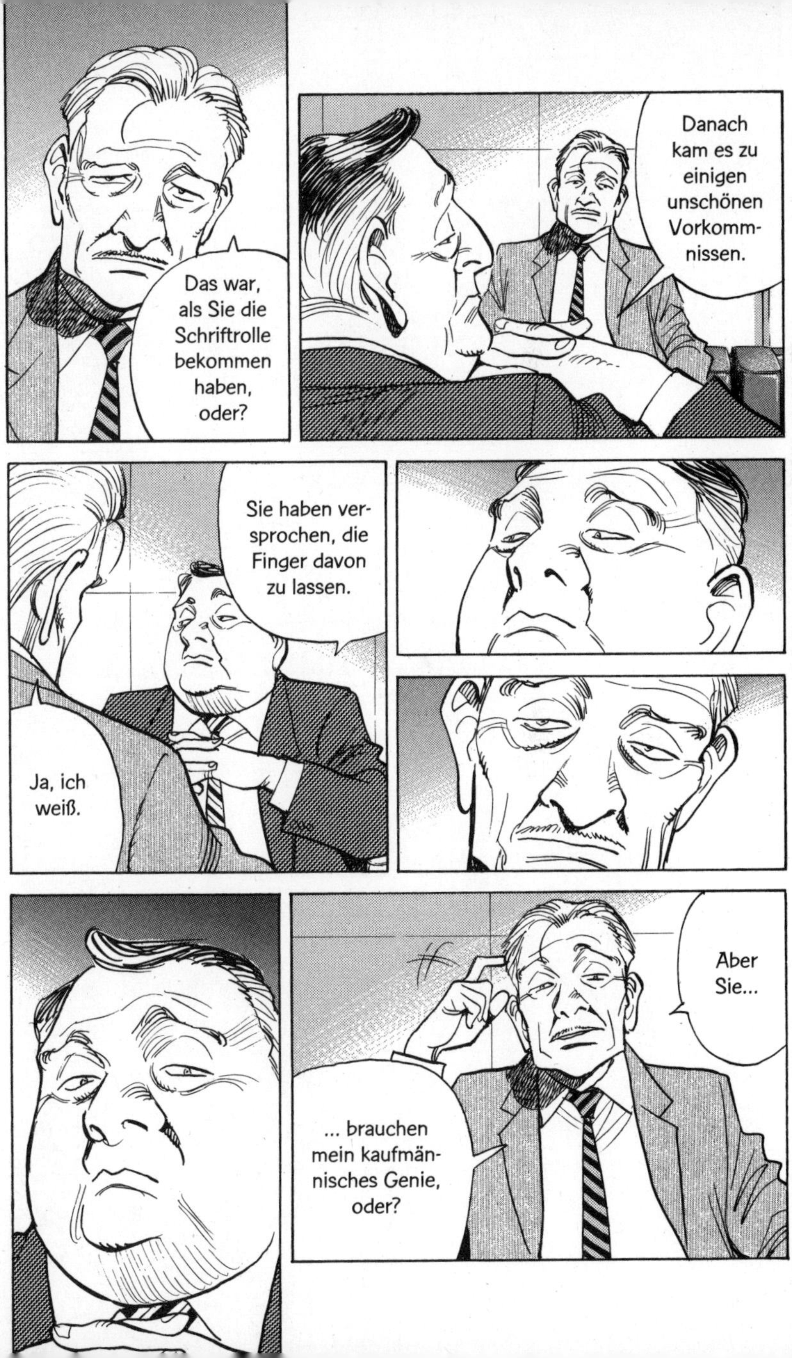
Danach kam es zu einigen unschönen Vorkommnissen.
Das war, als Sie die Schriftrolle bekommen haben, oder?
Sie haben versprochen, die Finger davon zu lassen.
Ja, ich weiß.
Aber Sie...
... brauchen mein kaufmännisches Genie, oder?

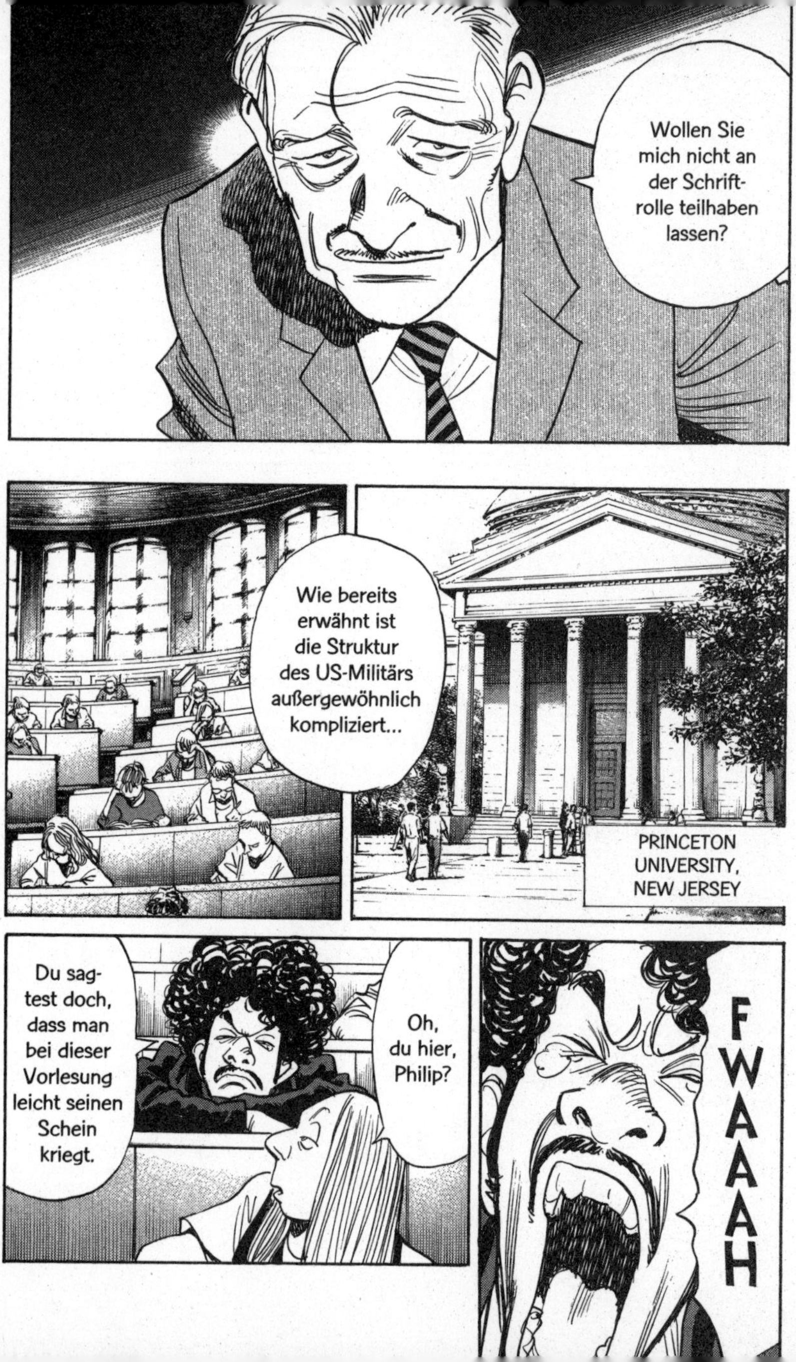
Wollen Sie mich nicht an der Schrift-rolle teilhaben lassen?
PRINCETON UNIVERSITY, NEW JERSEY
Wie bereits erwähnt ist die Struktur des US-Militärs außergewöhnlich kompliziert...
Oh, du hier, Philip?
Du sag-test doch, dass man bei dieser Vorlesung leicht seinen Schein kriegt.
FWAAAH

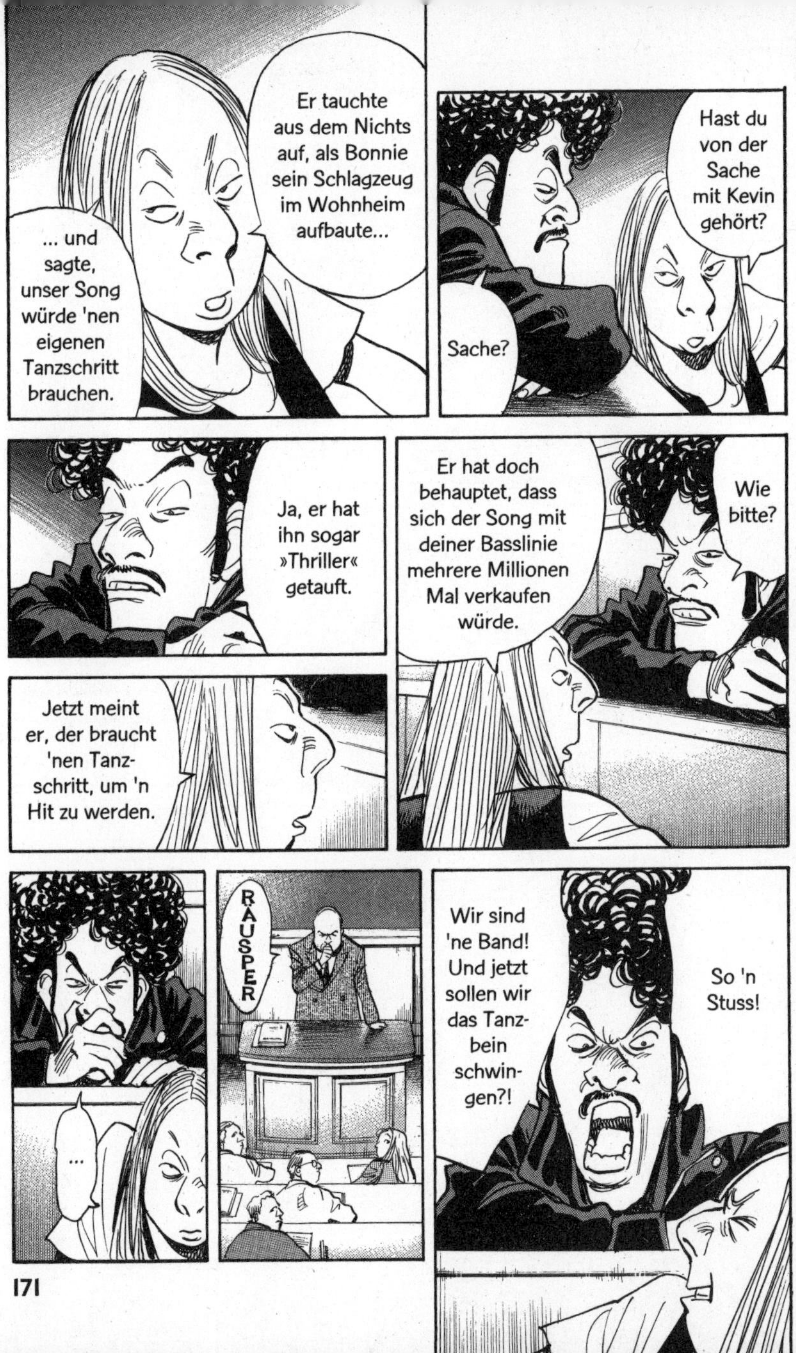
Er tauchte aus dem Nichts auf, als Bonnie sein Schlagzeug im Wohnheim aufbaute...
... und sagte, unser Song würde 'nen eigenen Tanzschritt brauchen.
Hast du von der Sache mit Kevin gehört?
Sache?
Ja, er hat ihn sogar »Thriller« getauft.
Er hat doch behauptet, dass sich der Song mit deiner Basslinie mehrere Millionen Mal verkaufen würde.
Wie bitte?
Jetzt meint er, der braucht 'nen Tanzschritt, um 'n Hit zu werden.
...
RÄUSPER
Wir sind 'ne Band! Und jetzt sollen wir das Tanzbein schwingen?!
So 'n Stuss!

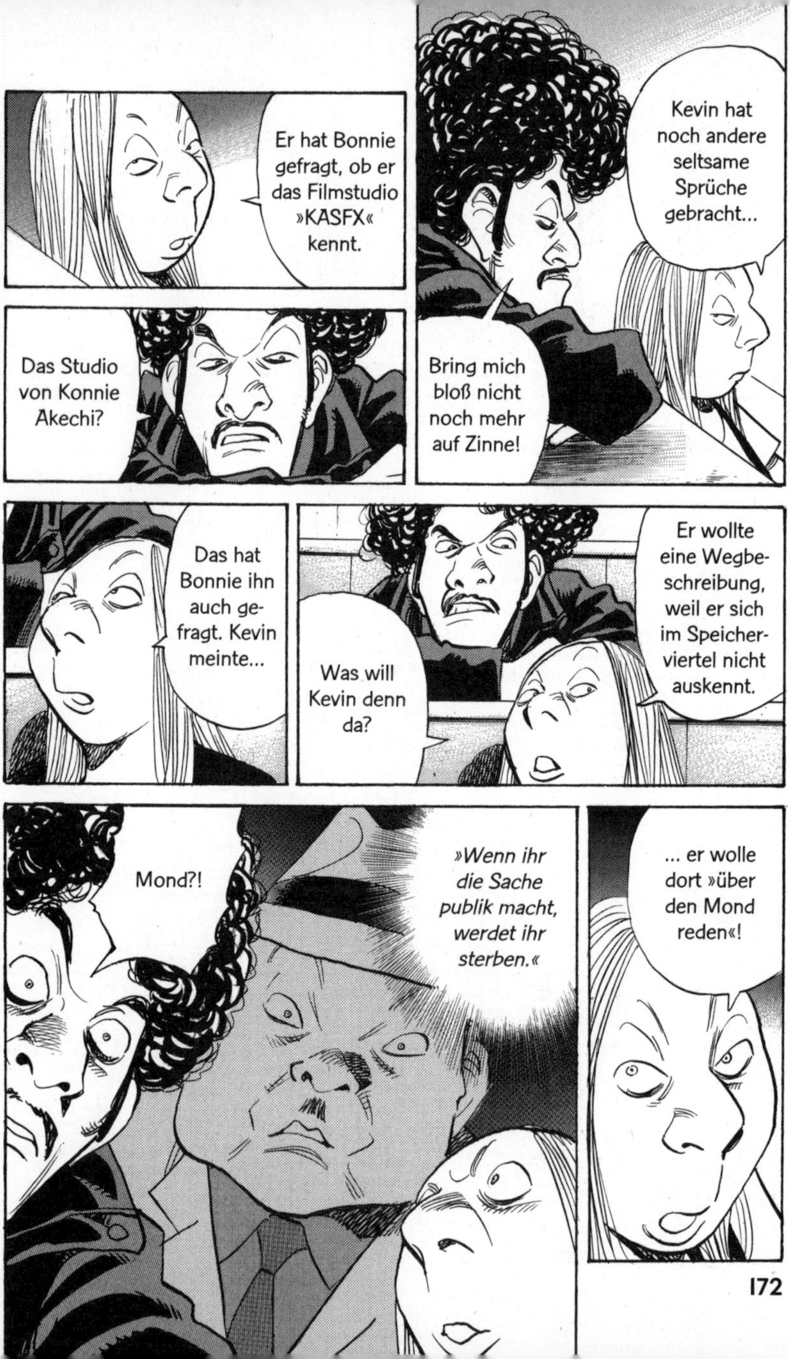
Kevin hat noch andere seltsame Sprüche gebracht...
Bring mich bloß nicht noch mehr auf Zinne!
Er hat Bonnie gefragt, ob er das Filmstudio »KASFX« kennt.
Das Studio von Konnie Akechi?
Er wollte eine Wegbeschreibung, weil er sich im Speicherviertel nicht auskennt.
Was will Kevin denn da?
Das hat Bonnie ihn auch gefragt. Kevin meinte...
... er wolle dort »über den Mond reden«!
Mond?!
»Wenn ihr die Sache publik macht, werdet ihr sterben.«

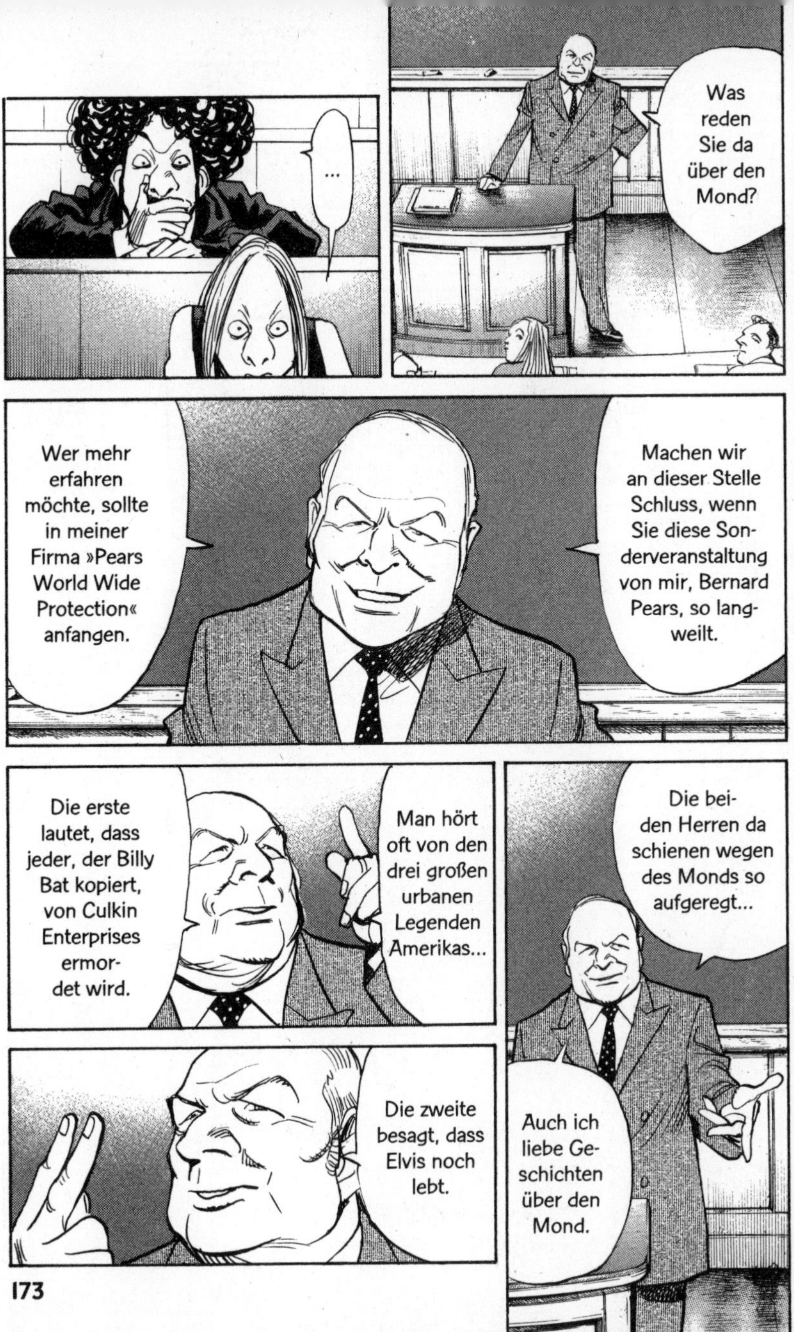

Was reden Sie da über den Mond?
...
Machen wir an dieser Stelle Schluss, wenn Sie diese Sonderveranstaltung von mir, Bernard Pears, so langweilt.
Wer mehr erfahren möchte, sollte in meiner Firma »Pears World Wide Protection« anfangen.
Die beiden Herren da schienen wegen des Monds so aufgeregt...
Auch ich liebe Geschichten über den Mond.
Man hört oft von den drei großen urbanen Legenden Amerikas...
Die erste lautet, dass jeder, der Billy Bat kopiert, von Culkin Enterprises ermordet wird.
Die zweite besagt, dass Elvis noch lebt.

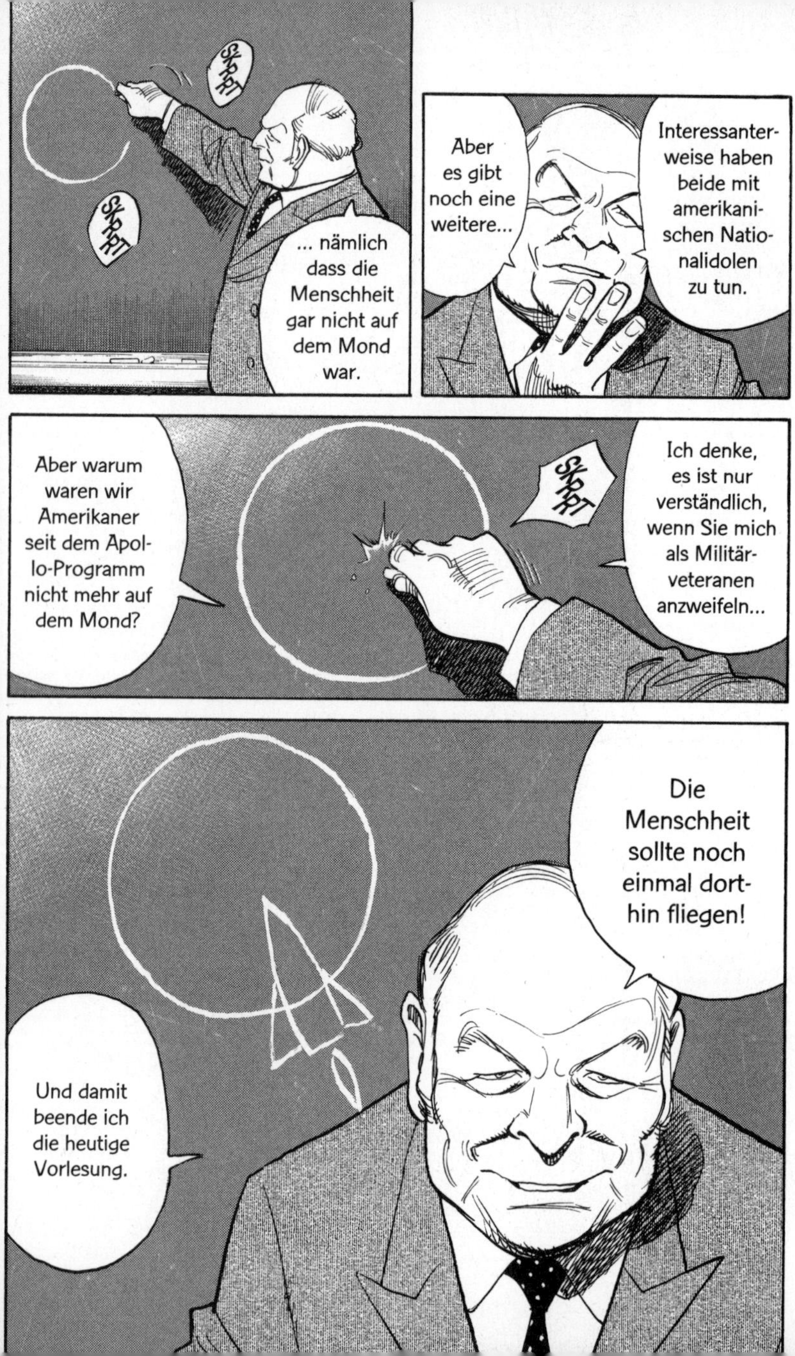
Interessanterweise haben beide mit amerikanischen Nationalidolen zu tun.
Aber es gibt noch eine weitere...
SKRRT
SKRRT
... nämlich dass die Menschheit gar nicht auf dem Mond war.
Ich denke, es ist nur verständlich, wenn Sie mich als Militärveteranen anzweifeln...
SKRRT
Aber warum waren wir Amerikaner seit dem Apollo-Programm nicht mehr auf dem Mond?
Die Menschheit sollte noch einmal dorthin fliegen!
Und damit beende ich die heutige Vorlesung.

KAPITEL 101: MOON WATCHING

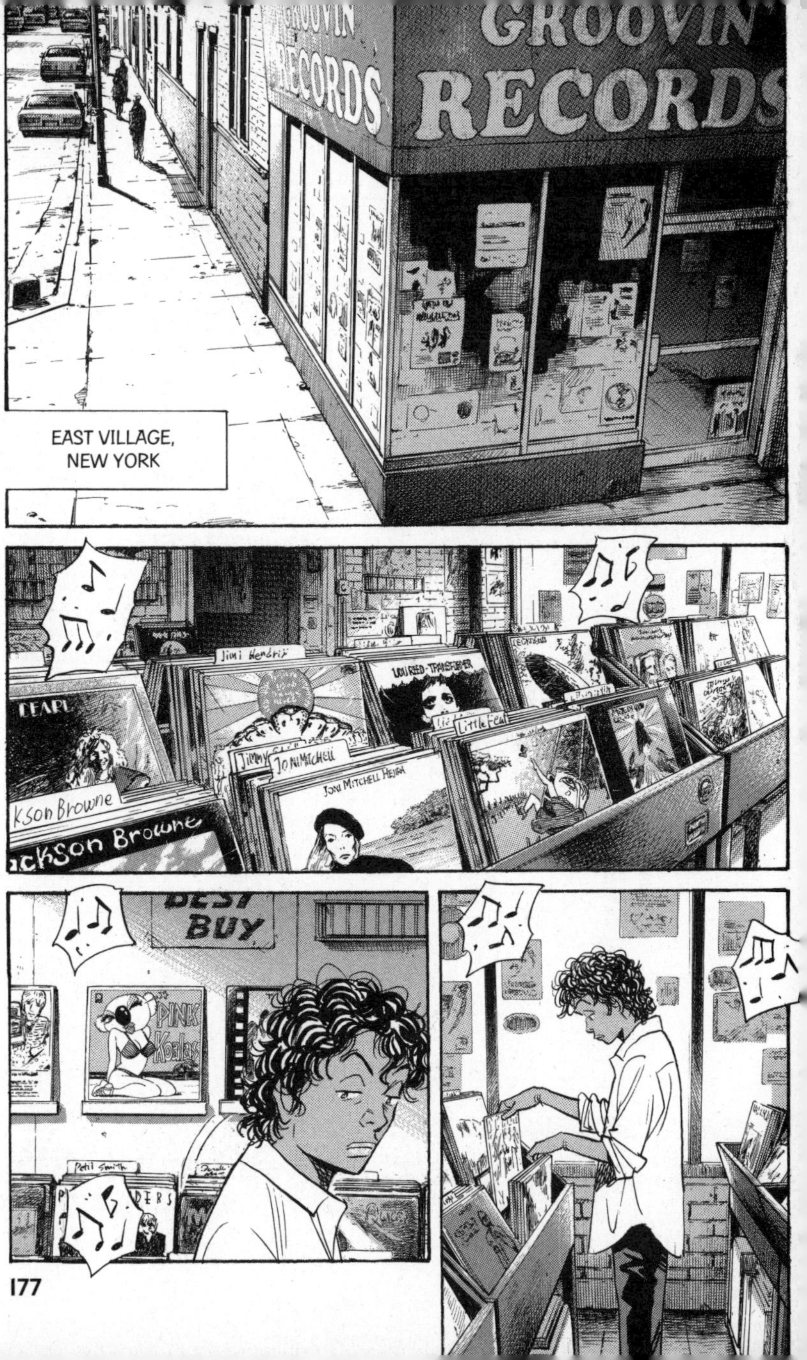

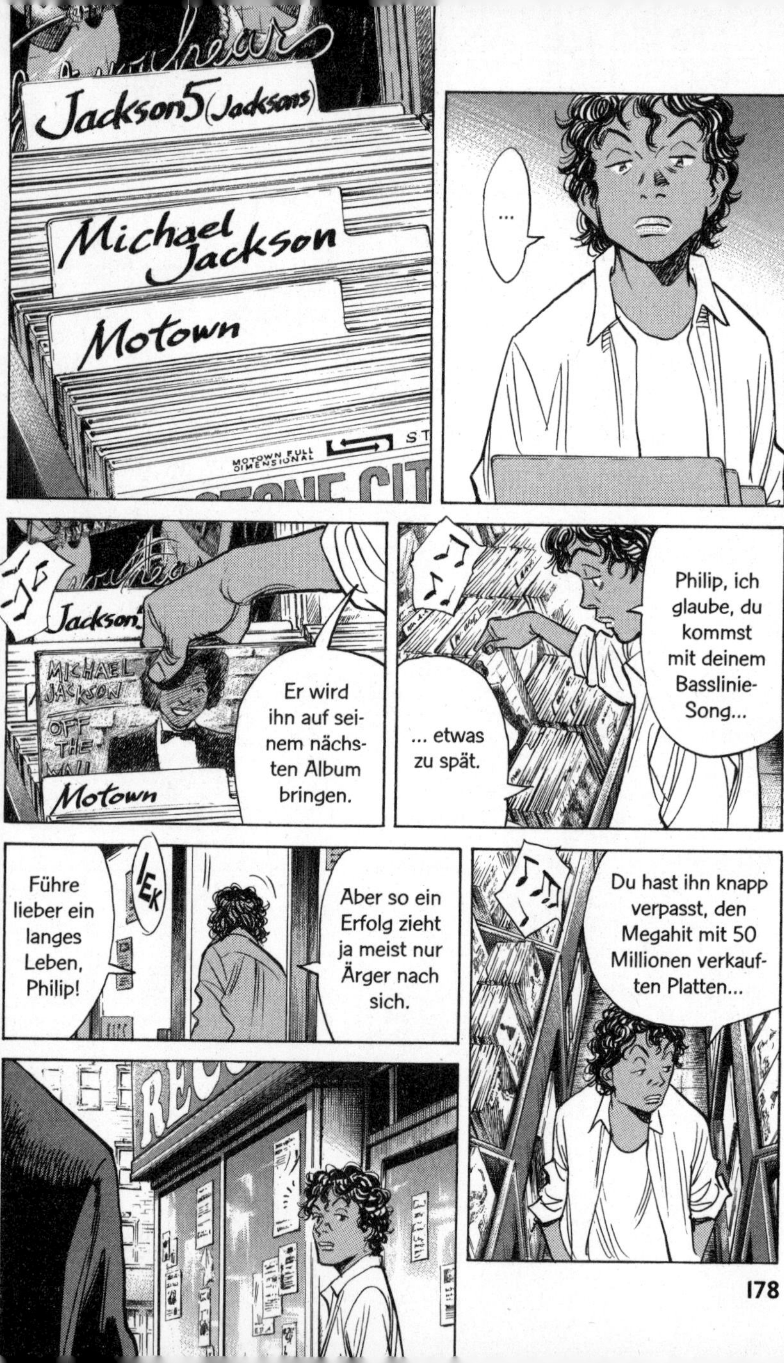
...
Jackson5(Jacksons)
Michael Jackson
Motown
MOTOWN FULL DIMENSIONAL
Philip, ich glaube, du kommst mit deinem Basslinie-Song...
... etwas zu spät.
Jackson5
MICHAEL JACKSON
OFF THE
Motown
Er wird ihn auf seinem nächsten Album bringen.
Du hast ihn knapp verpasst, den Megahit mit 50 Millionen verkauften Platten...
Aber so ein Erfolg zieht ja meist nur Ärger nach sich.
IEK
Führe lieber ein langes Leben, Philip!

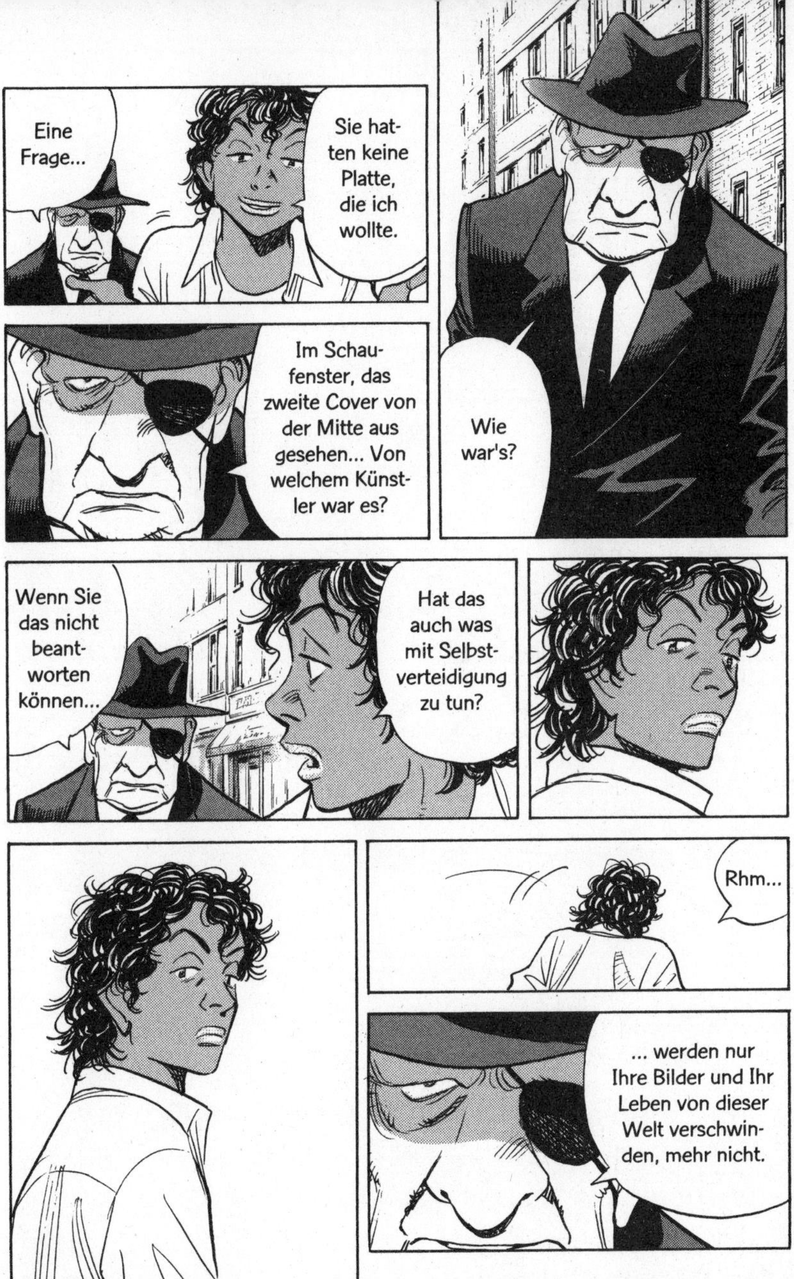
Wie war's?
Sie hatten keine Platte, die ich wollte.
Eine Frage...
Im Schaufenster, das zweite Cover von der Mitte aus gesehen... Von welchem Künstler war es?
Hat das auch was mit Selbstverteidigung zu tun?
Wenn Sie das nicht beantworten können...
Rhm...
... werden nur Ihre Bilder und Ihr Leben von dieser Welt verschwinden, mehr nicht.

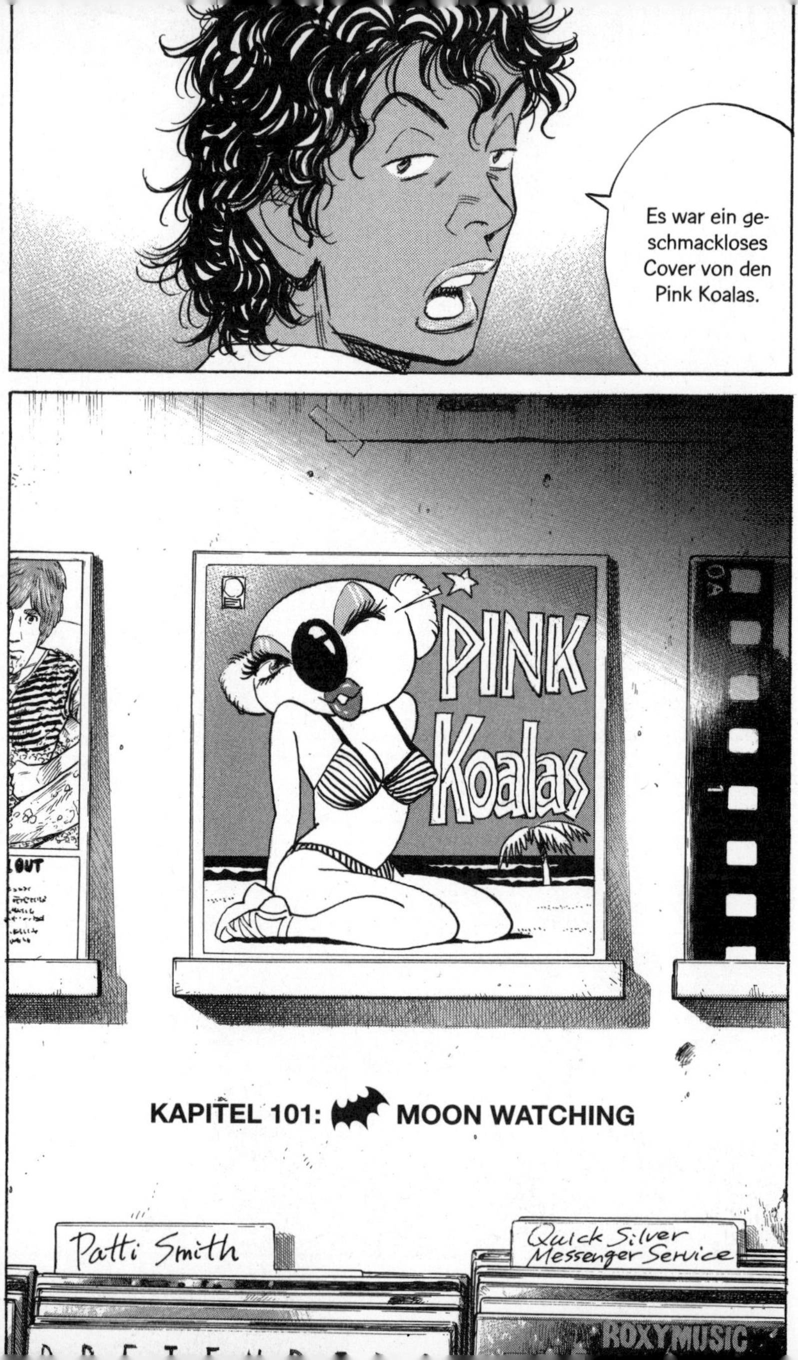

Es war ein geschmackloses Cover von den Pink Koalas.
PINK Koalas
KAPITEL 101: MOON WATCHING
Patti Smith
Quick Silver Messenger Service
ROXY MUSIC

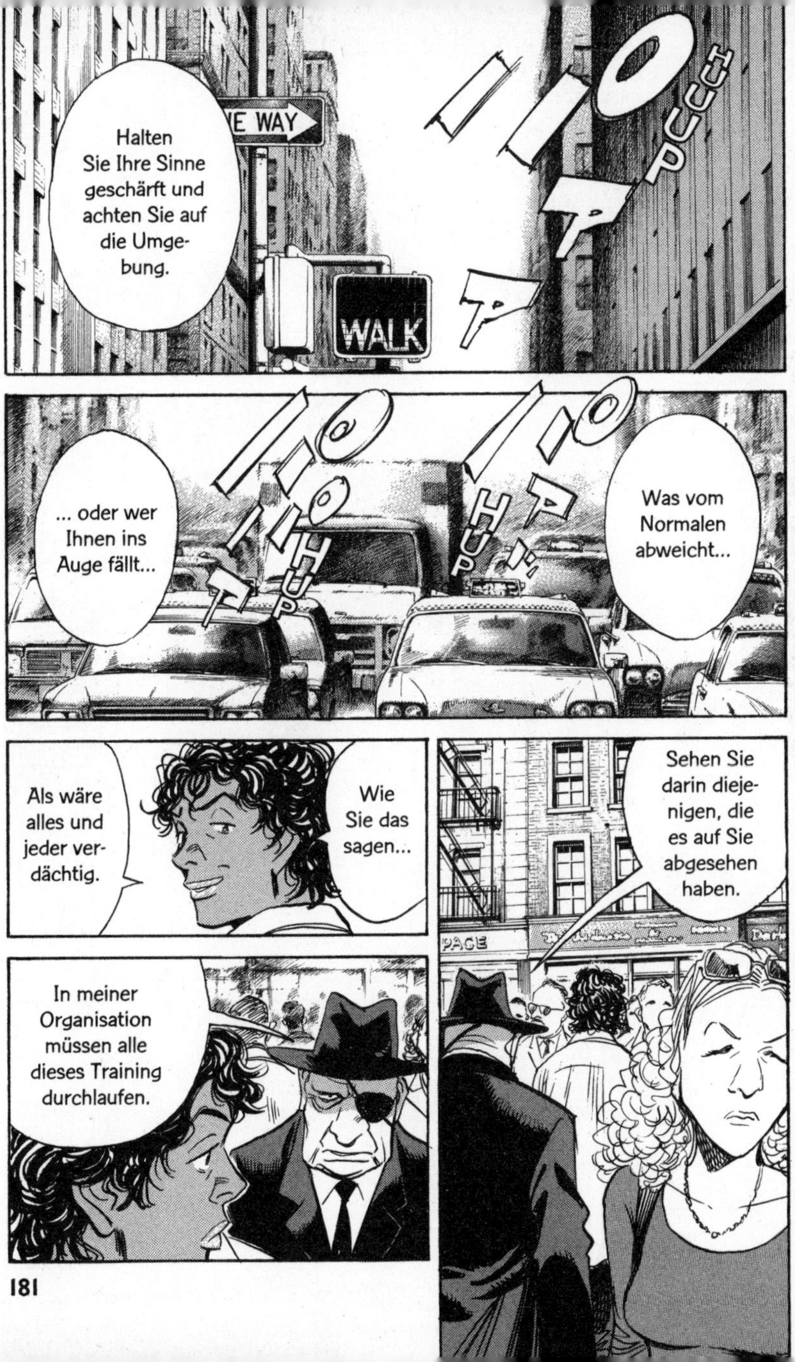

NE WAY
WALK
Halten Sie Ihre Sinne geschärft und achten Sie auf die Umgebung.
Was vom Normalen abweicht...
HUP
HUP
... oder wer Ihnen ins Auge fällt...
Sehen Sie darin diejenigen, die es auf Sie abgesehen haben.
PACE
Wie Sie das sagen...
Als wäre alles und jeder verdächtig.
In meiner Organisation müssen alle dieses Training durchlaufen.

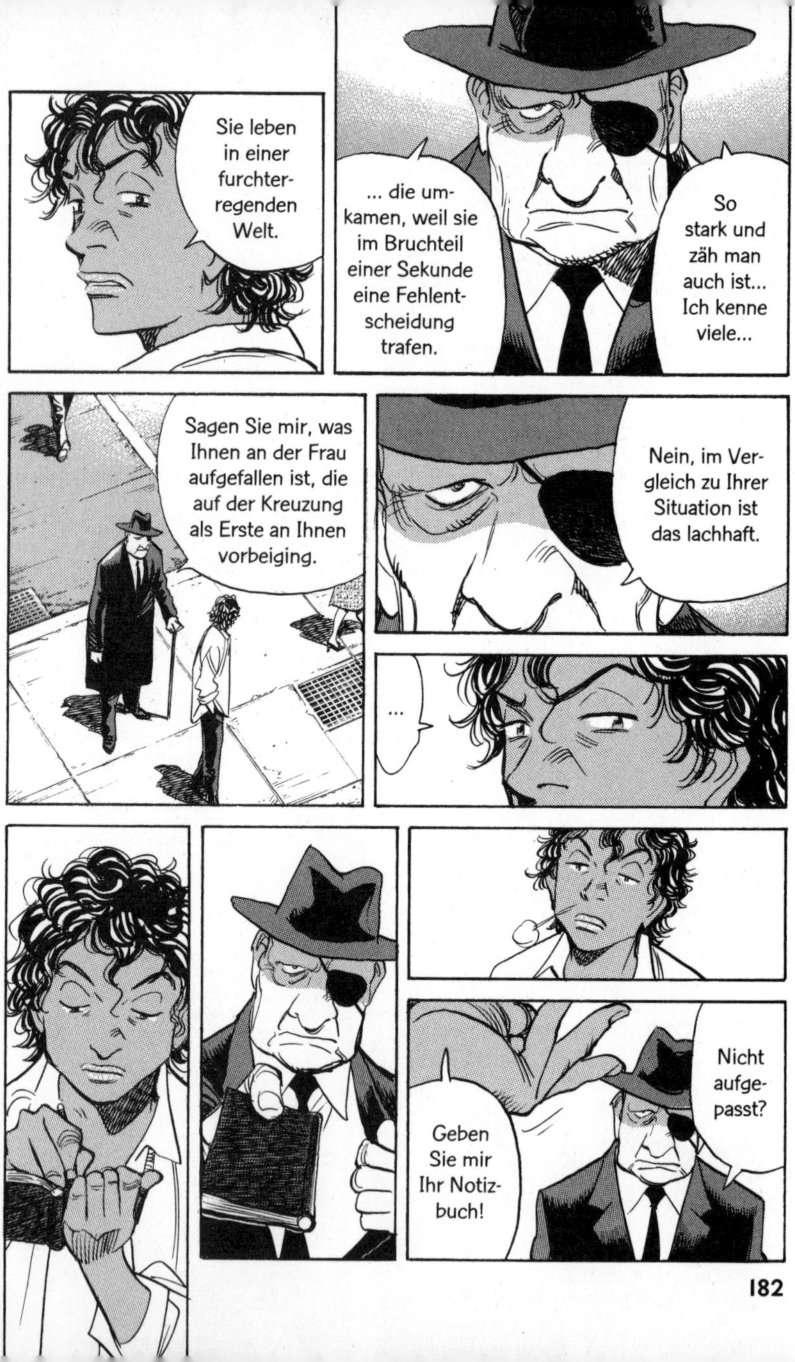

So stark und zäh man auch ist... Ich kenne viele...
... die umkamen, weil sie im Bruchteil einer Sekunde eine Fehlentscheidung trafen.
Sie leben in einer furchterregenden Welt.
Nein, im Vergleich zu Ihrer Situation ist das lachhaft.
...
Sagen Sie mir, was Ihnen an der Frau aufgefallen ist, die auf der Kreuzung als Erste an Ihnen vorbeiging.
Nicht aufgepasst?
Geben Sie mir Ihr Notizbuch!

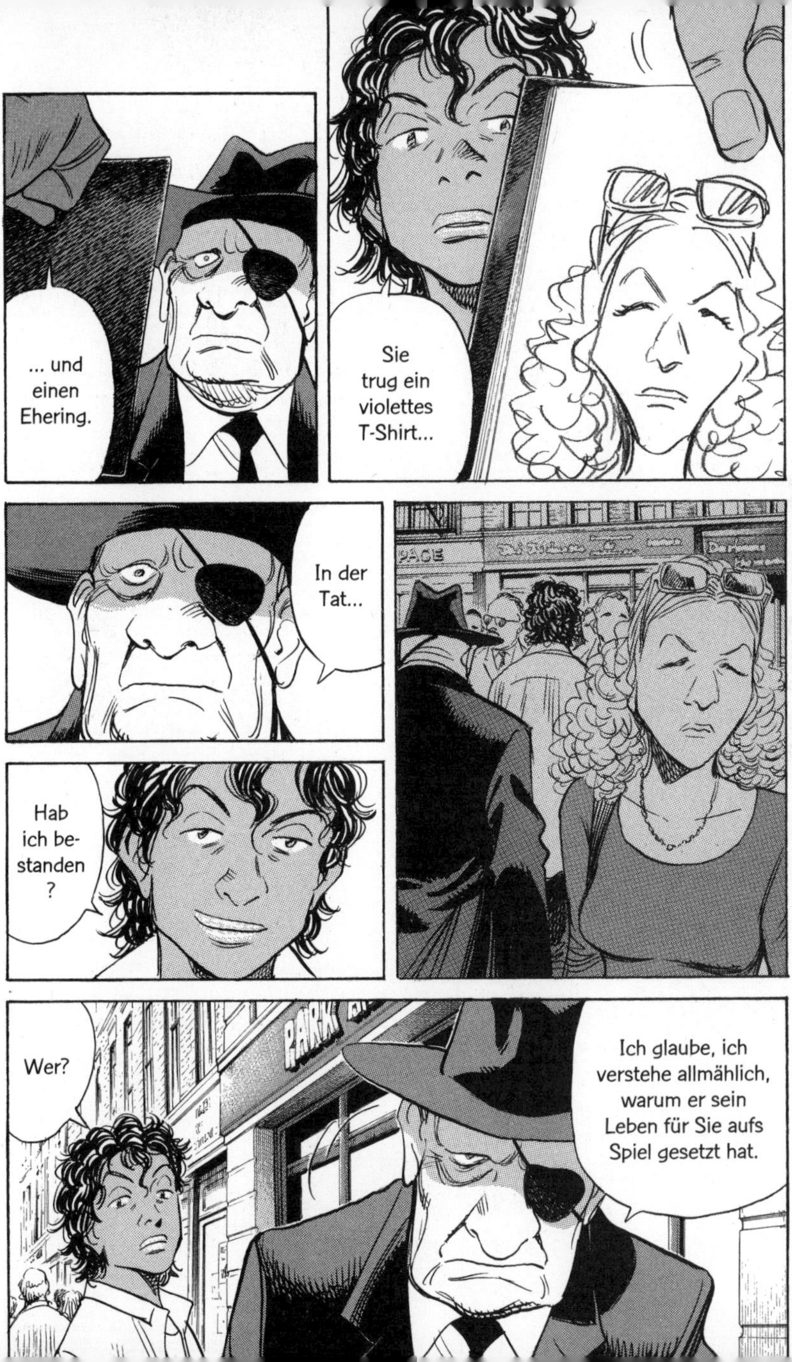
Sie trug ein violettes T-Shirt...
... und einen Ehering.
In der Tat...
Hab ich bestanden?
Ich glaube, ich verstehe allmählich, warum er sein Leben für Sie aufs Spiel gesetzt hat.
Wer?

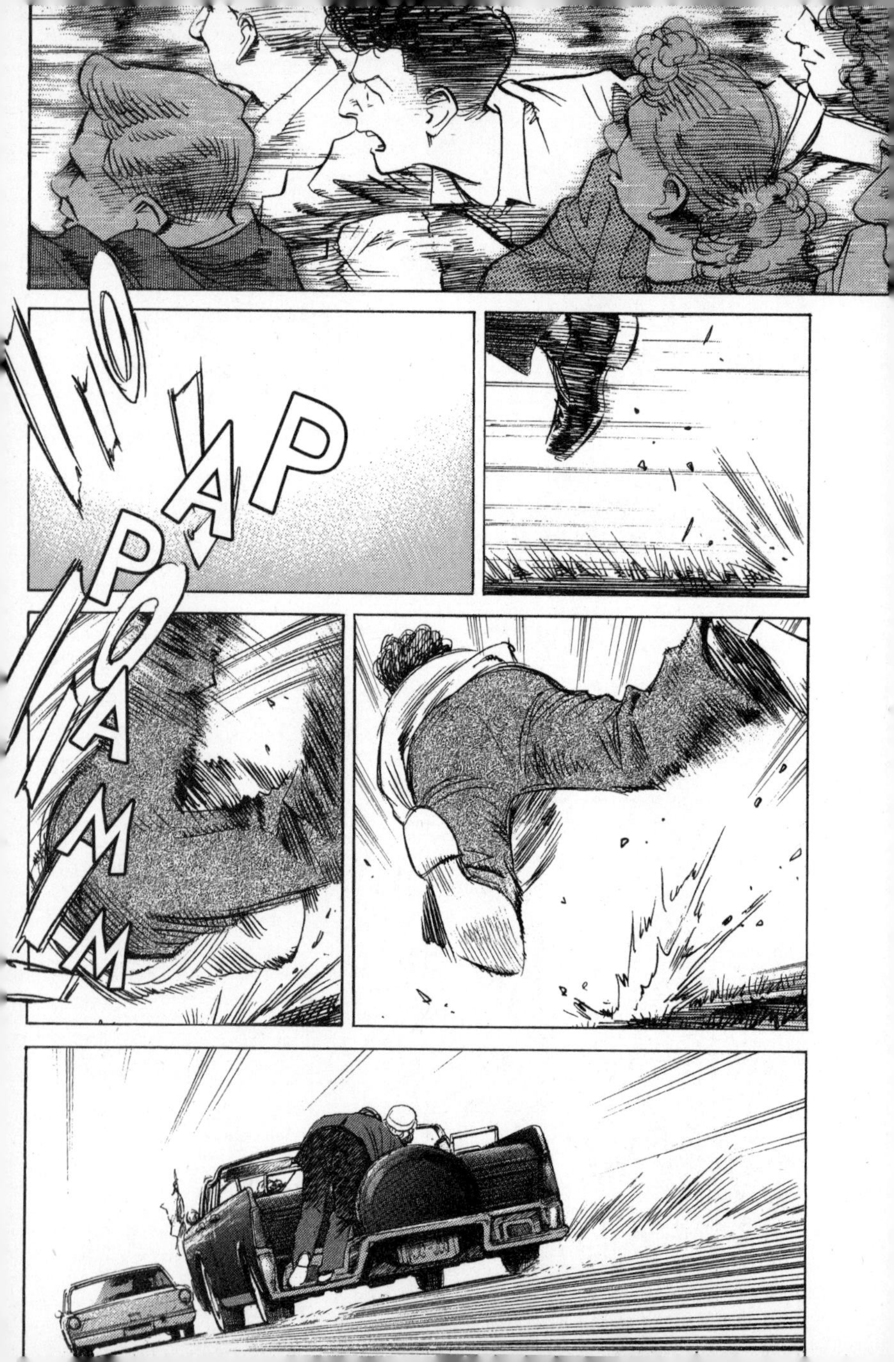
PAP
POAMM

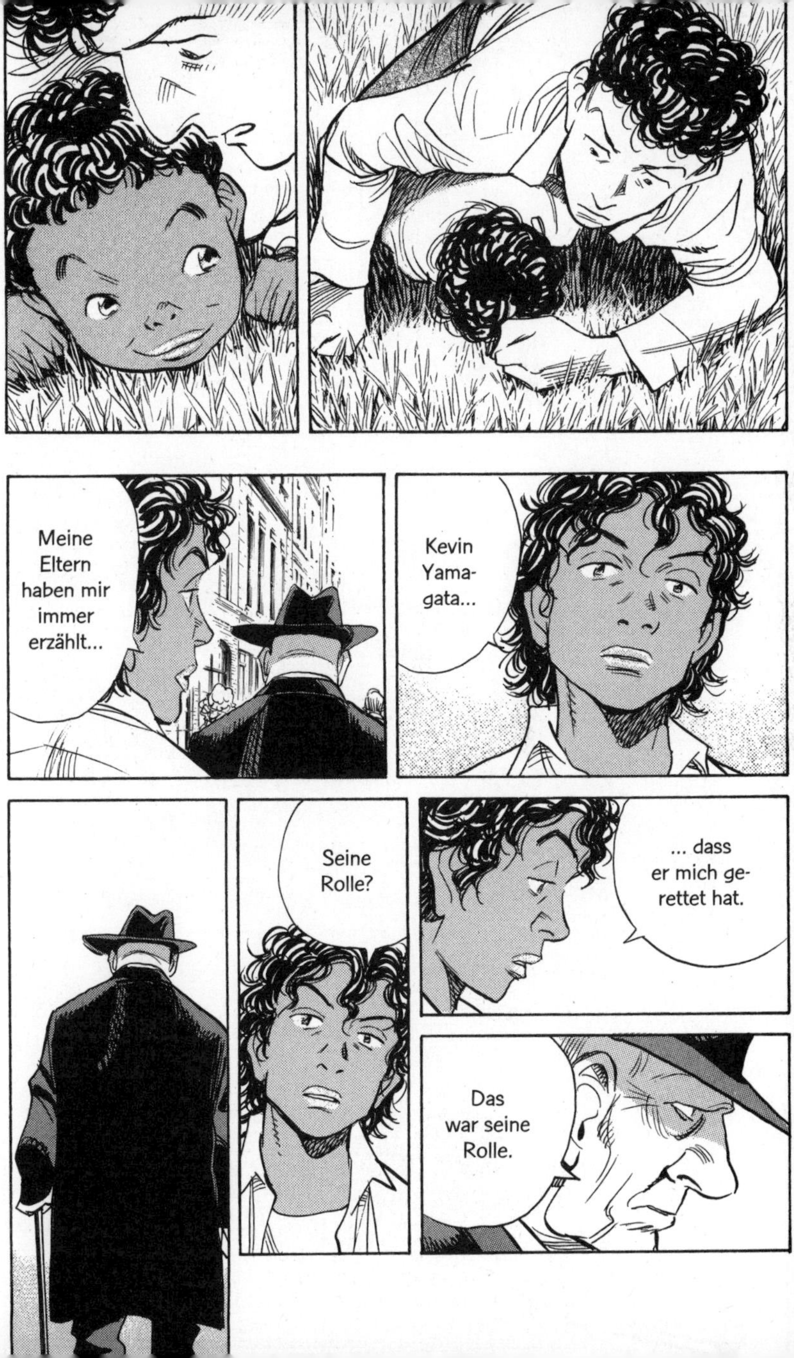
Kevin Yamagata...
Meine Eltern haben mir immer erzählt...
... dass er mich gerettet hat.
Das war seine Rolle.
Seine Rolle?

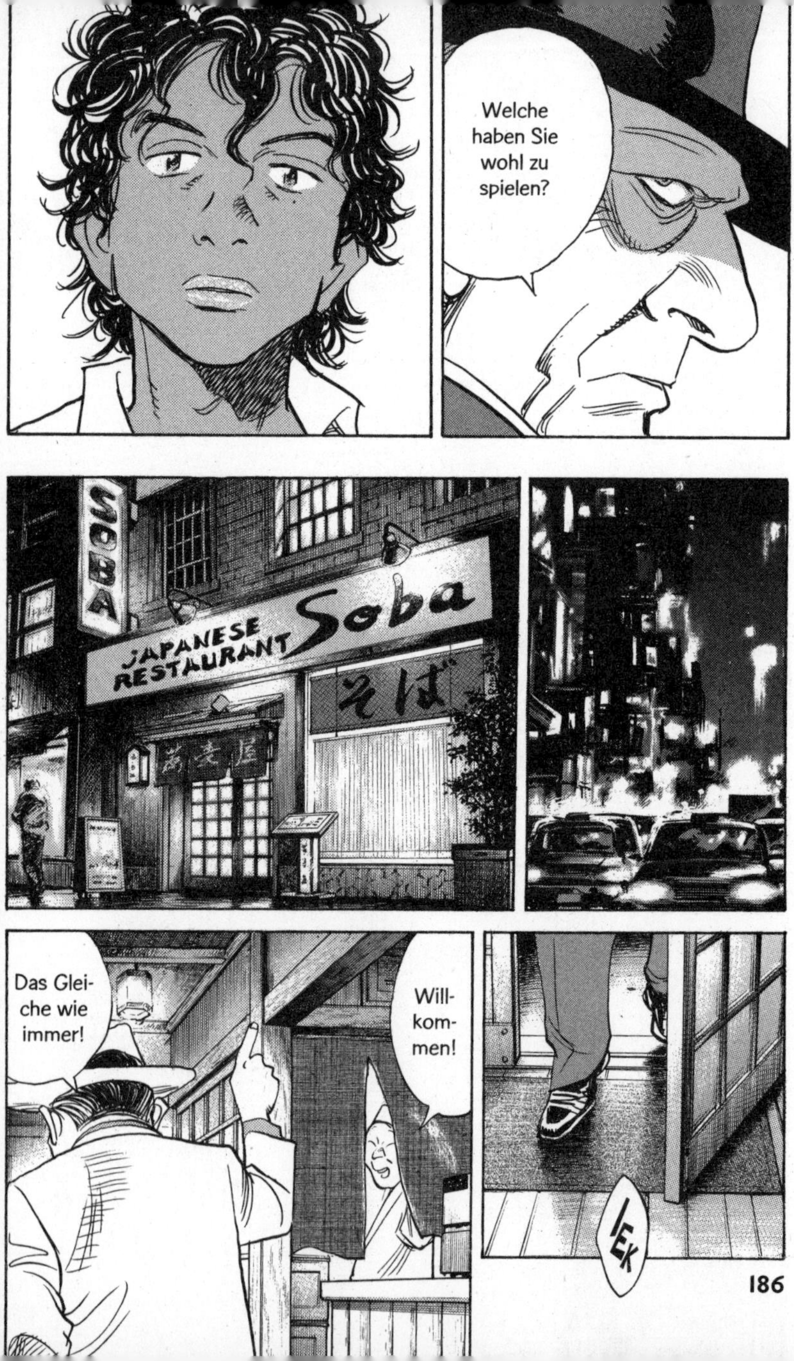
Welche haben Sie wohl zu spielen?
SOBA
JAPANESE RESTAURANT Soba
そば
IEK
Willkommen!
Das Gleiche wie immer!

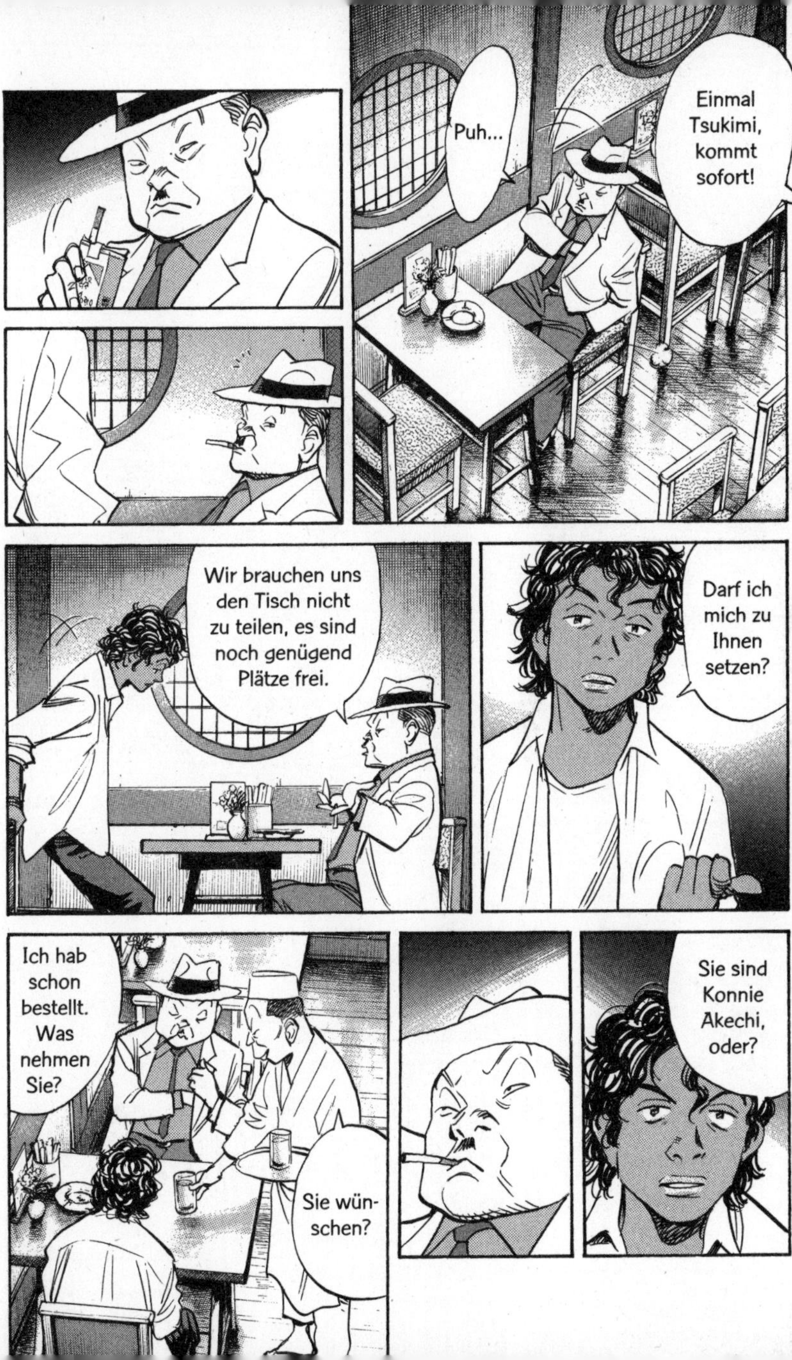

Einmal Tsukimi, kommt sofort!
Puh...
Darf ich mich zu Ihnen setzen?
Wir brauchen uns den Tisch nicht zu teilen, es sind noch genügend Plätze frei.
Sie sind Konnie Akechi, oder?
Ich hab schon bestellt. Was nehmen Sie?
Sie wünschen?

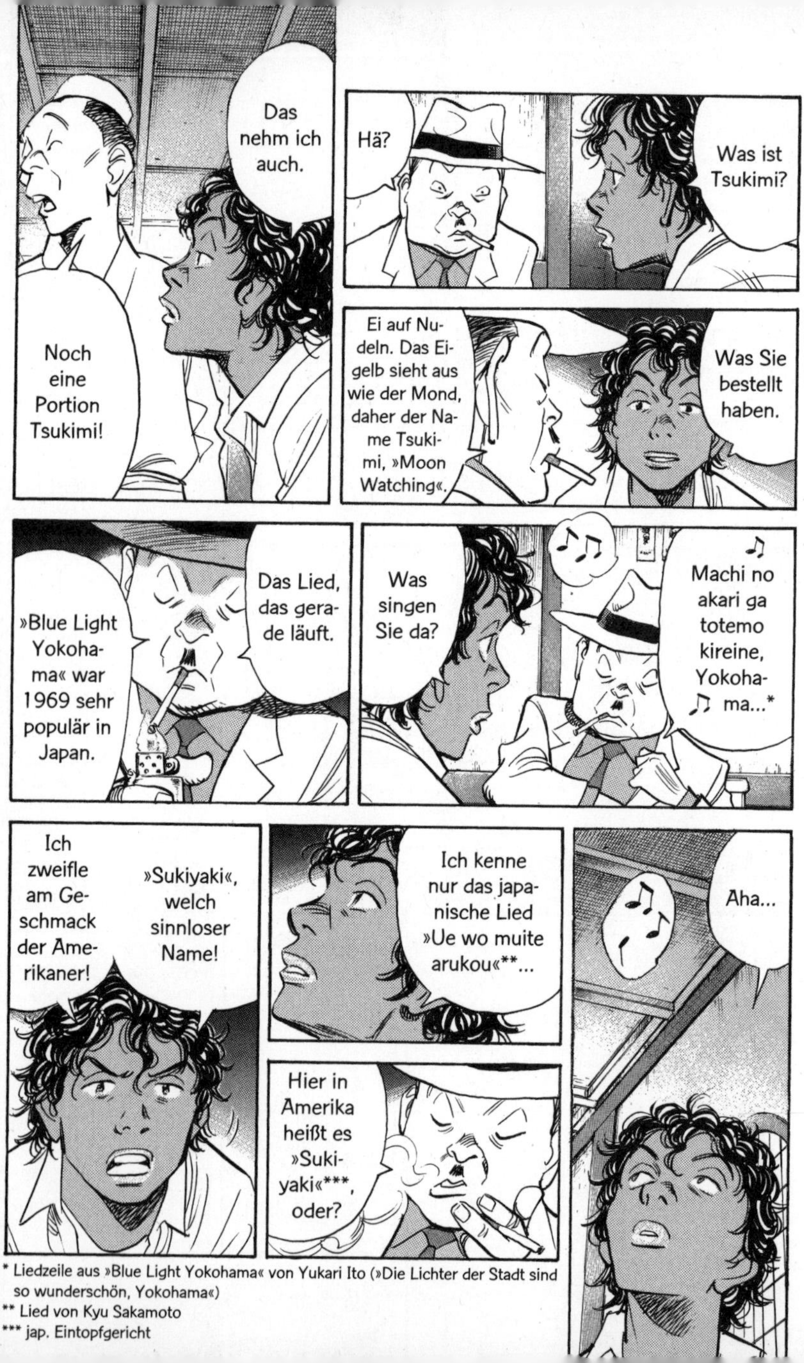

* Liedzeile aus »Blue Light Yokohama« von Yukari Ito (»Die Lichter der Stadt sind so wunderschön, Yokohama«)

** Lied von Kyu Sakamoto

*** jap. Eintopfgericht

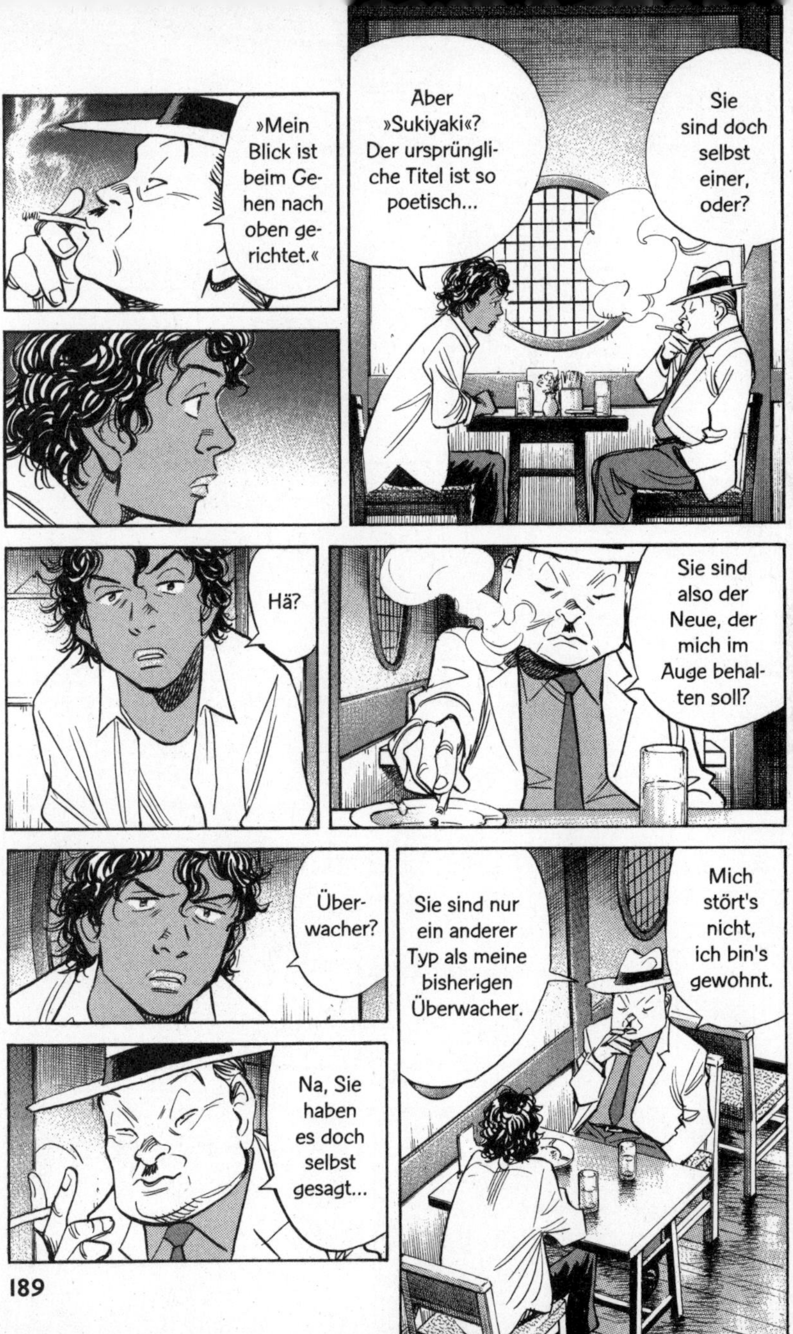
»Mein Blick ist beim Gehen nach oben gerichtet.«
Aber »Sukiyaki«? Der ursprüngliche Titel ist so poetisch...
Sie sind doch selbst einer, oder?
Hä?
Sie sind also der Neue, der mich im Auge behalten soll?
Über-wacher?
Na, Sie haben es doch selbst gesagt...
Sie sind nur ein anderer Typ als meine bisherigen Überwacher.
Mich stört's nicht, ich bin's gewohnt.

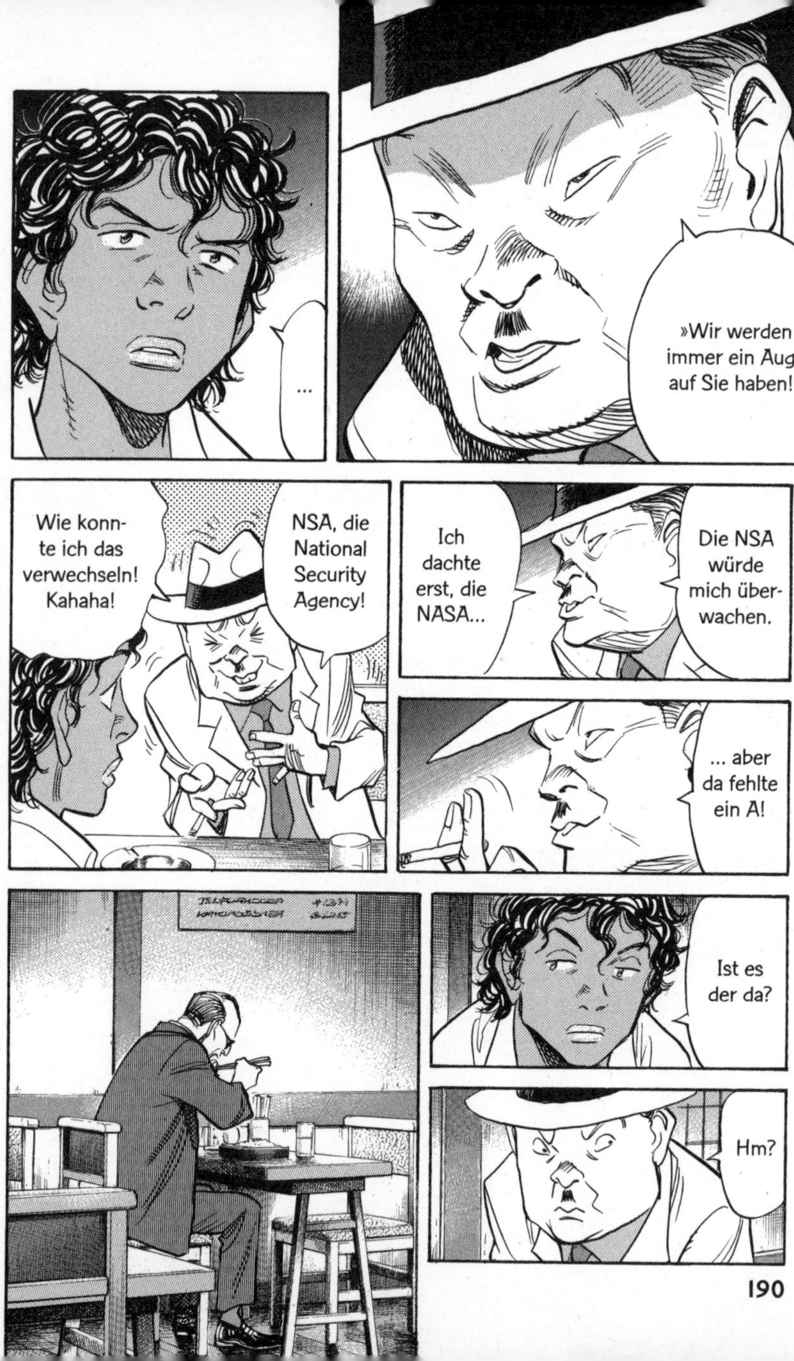
»Wir werden immer ein Auge auf Sie haben!«
...
Die NSA würde mich überwachen.
Ich dachte erst, die NASA...
... aber da fehlte ein A!
NSA, die National Security Agency!
Wie konnte ich das verwechseln! Kahaha!
Ist es der da?
Hm?

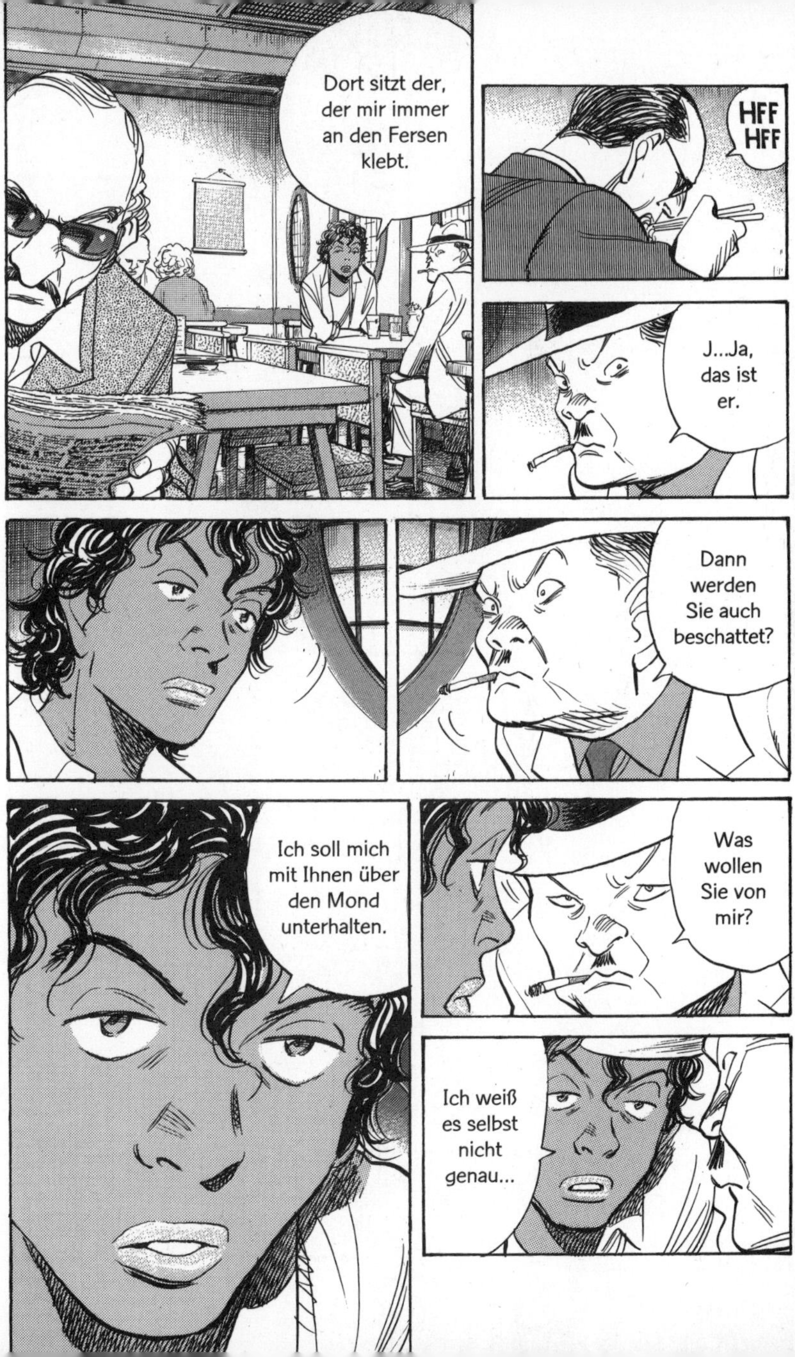
Dort sitzt der, der mir immer an den Fersen klebt.
HFF HFF
J...Ja, das ist er.
Dann werden Sie auch beschattet?
Ich soll mich mit Ihnen über den Mond unterhalten.
Was wollen Sie von mir?
Ich weiß es selbst nicht genau...

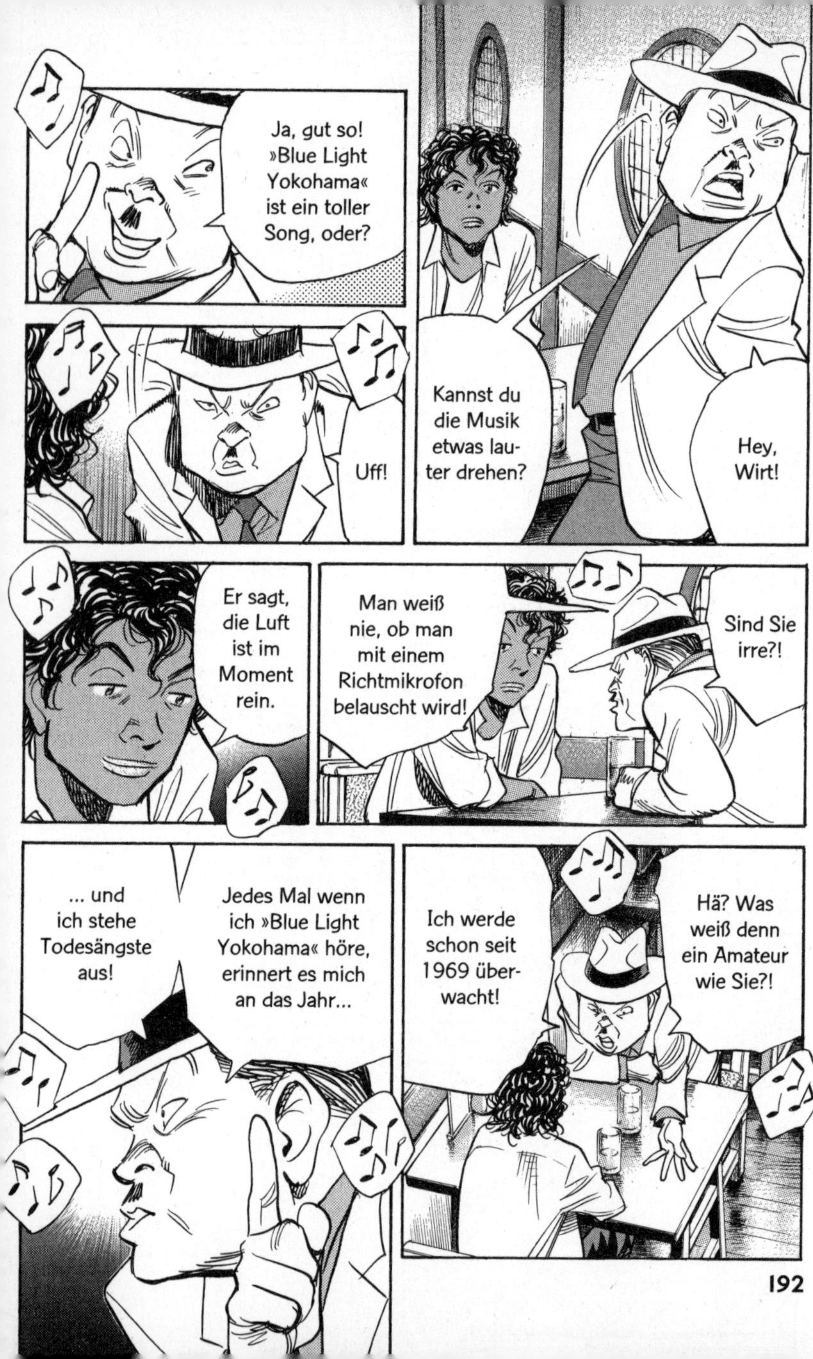

Hey, Wirt!
Kannst du die Musik etwas lauter drehen?
Ja, gut so! »Blue Light Yokohama« ist ein toller Song, oder?
Uff!
Sind Sie irre?!
Man weiß nie, ob man mit einem Richtmikrofon belauscht wird!
Er sagt, die Luft ist im Moment rein.
Hä? Was weiß denn ein Amateur wie Sie?!
Ich werde schon seit 1969 überwacht!
Jedes Mal wenn ich »Blue Light Yokohama« höre, erinnert es mich an das Jahr...
... und ich stehe Todesängste aus!

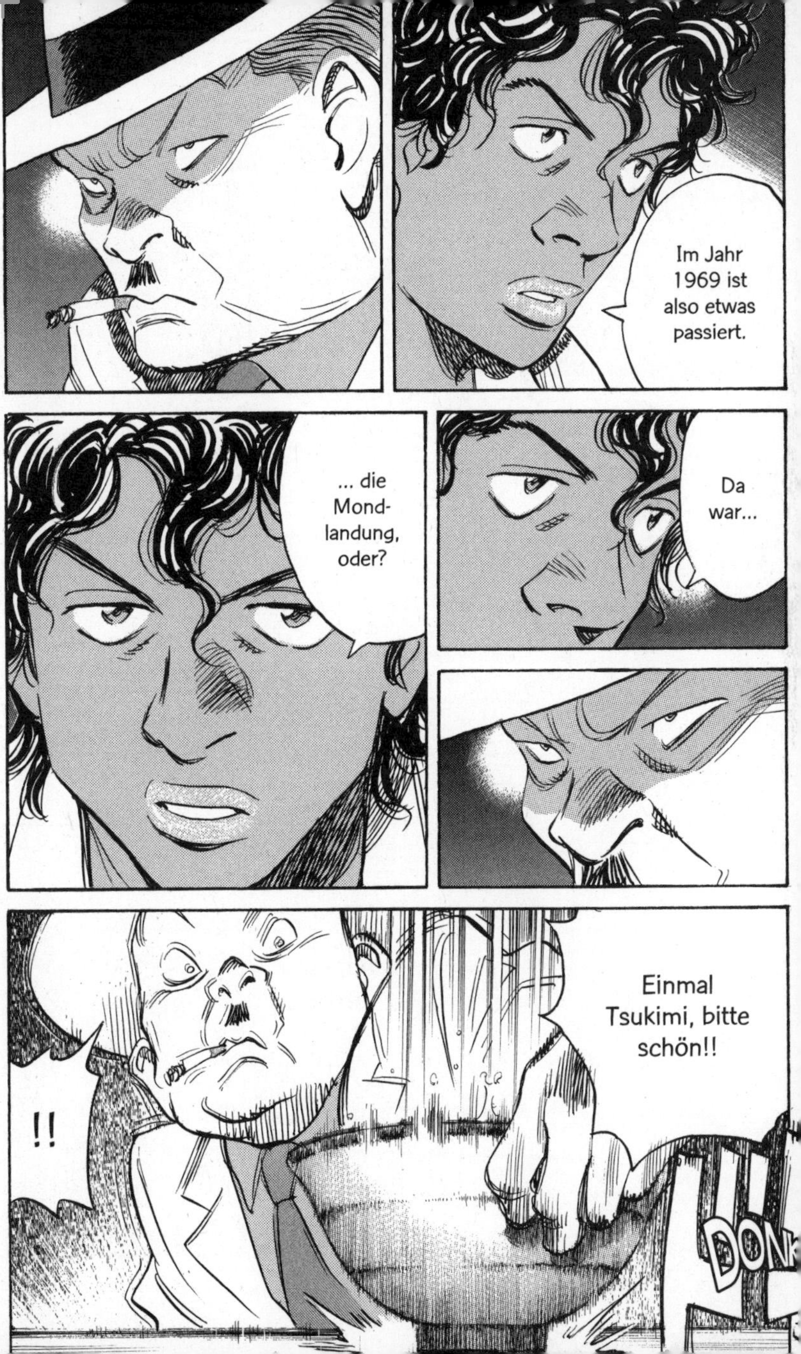
Im Jahr 1969 ist also etwas passiert.
Da war...
... die Mond-landung, oder?
Einmal Tsukimi, bitte schön!!
!!
DON

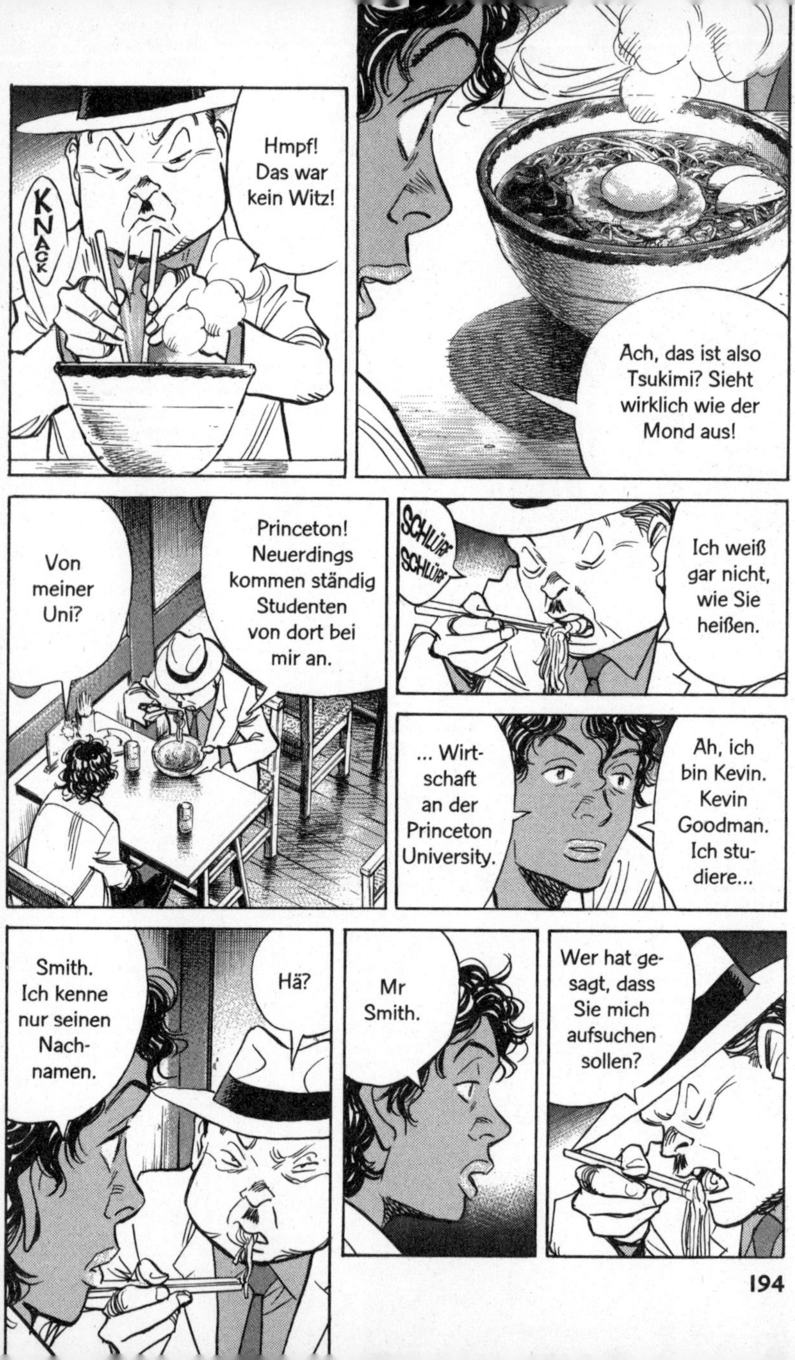
Ach, das ist also Tsukimi? Sieht wirklich wie der Mond aus!
Hmpf! Das war kein Witz!
KNACK
SCHLÜRF SCHLÜRF
Ich weiß gar nicht, wie Sie heißen.
Ah, ich bin Kevin. Kevin Goodman. Ich studiere...
... Wirtschaft an der Princeton University.
Princeton! Neuerdings kommen ständig Studenten von dort bei mir an.
Von meiner Uni?
Wer hat gesagt, dass Sie mich aufsuchen sollen?
Mr Smith.
Hä?
Smith. Ich kenne nur seinen Nachnamen.

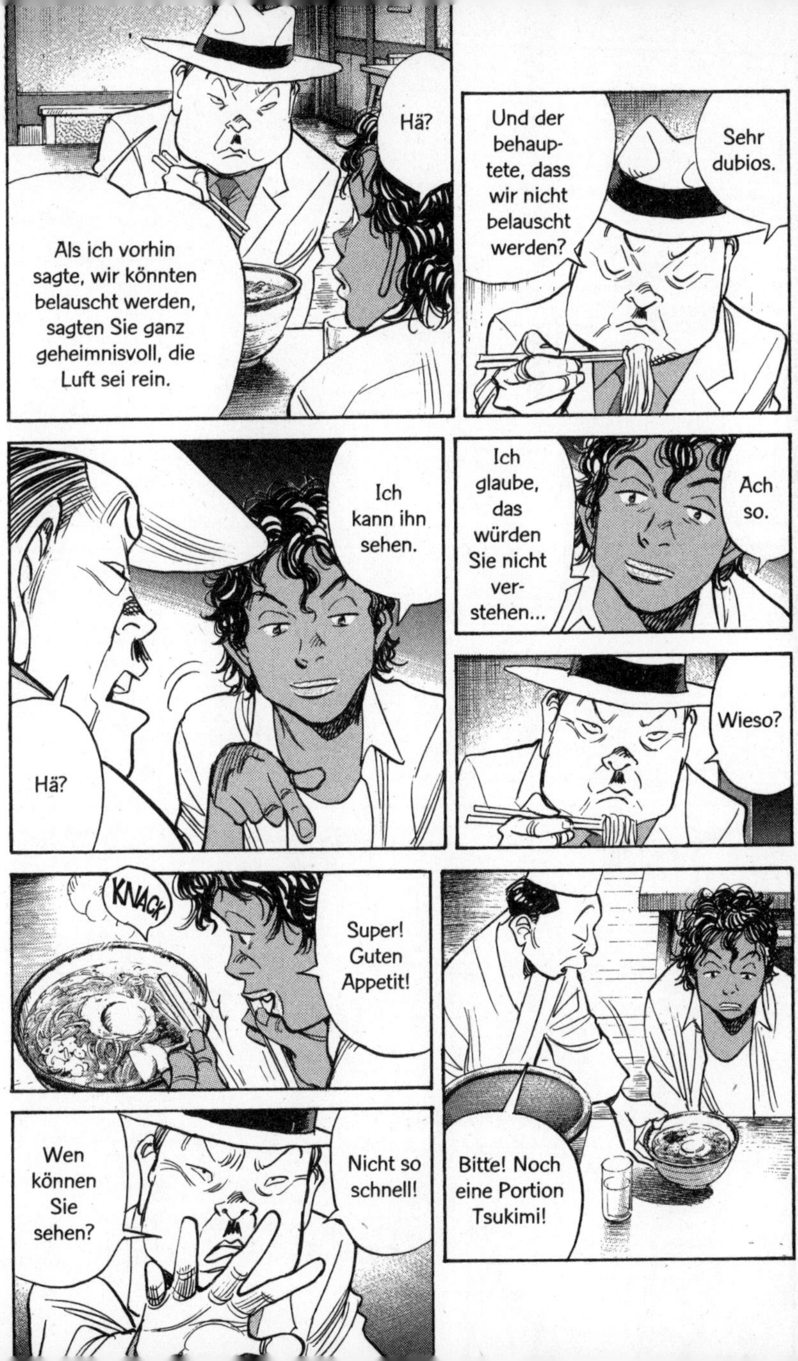

Als ich vorhin sagte, wir könnten belauscht werden, sagten Sie ganz geheimnisvoll, die Luft sei rein.
Hä?
Und der behauptete, dass wir nicht belauscht werden?
Sehr dubios.
Ich kann ihn sehen.
Hä?
Ich glaube, das würden Sie nicht verstehen...
Ach so.
Wieso?
KNACK
Super! Guten Appetit!
Wen können Sie sehen?
Nicht so schnell!
Bitte! Noch eine Portion Tsukimi!

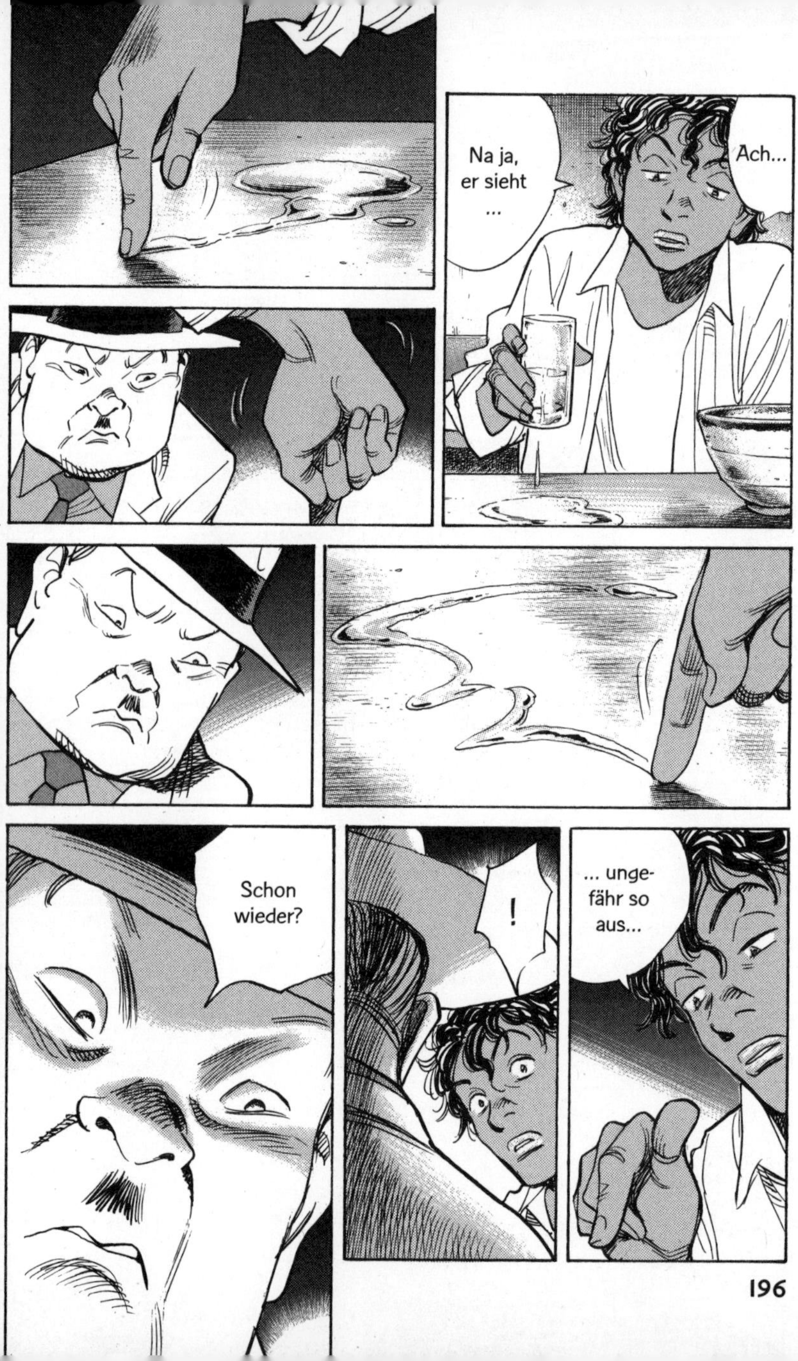
Ach...
Na ja, er sieht ...
... unge-
fähr so
aus...
!
Schon wieder?

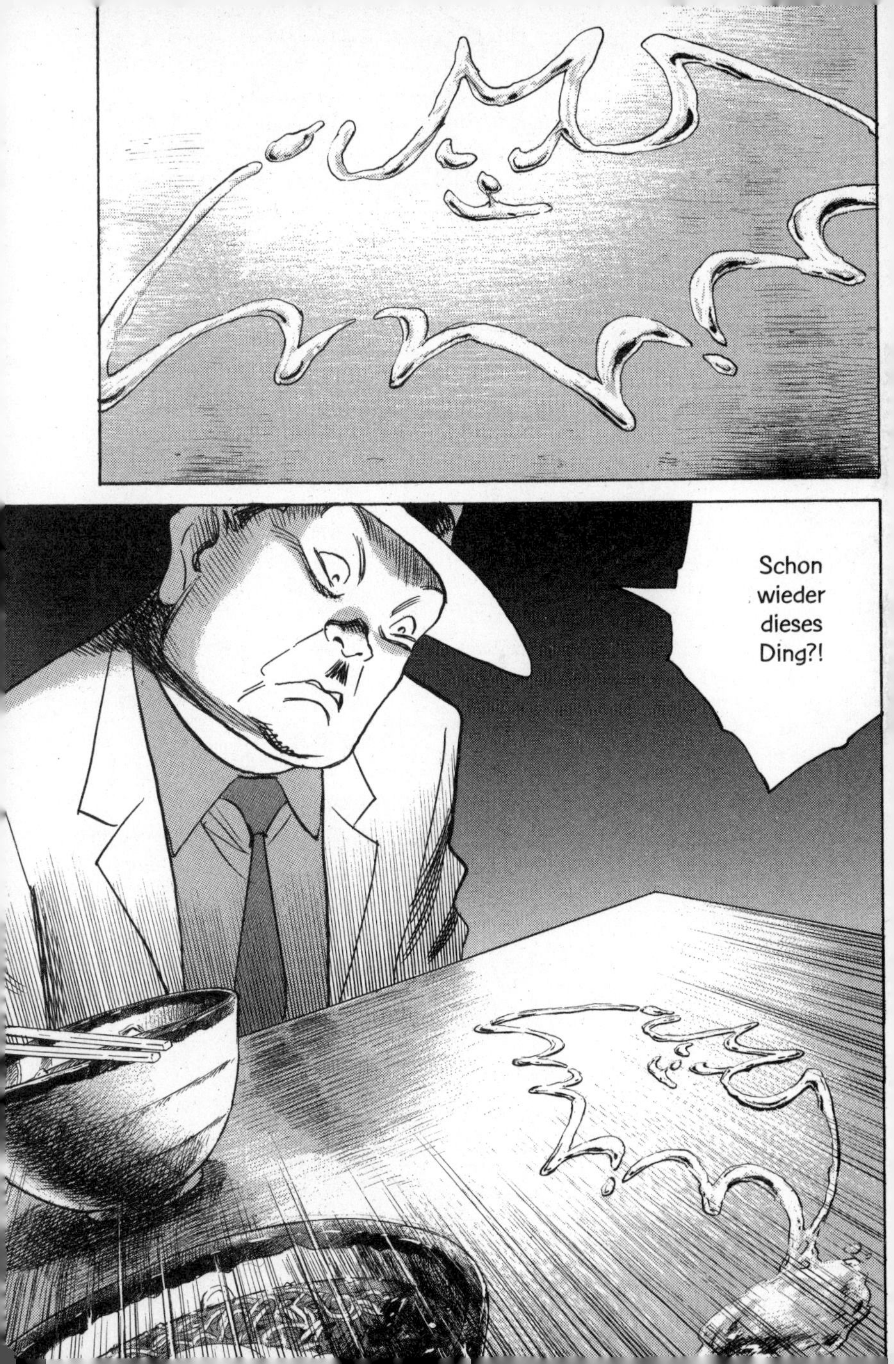
Schon wieder dieses Ding?!

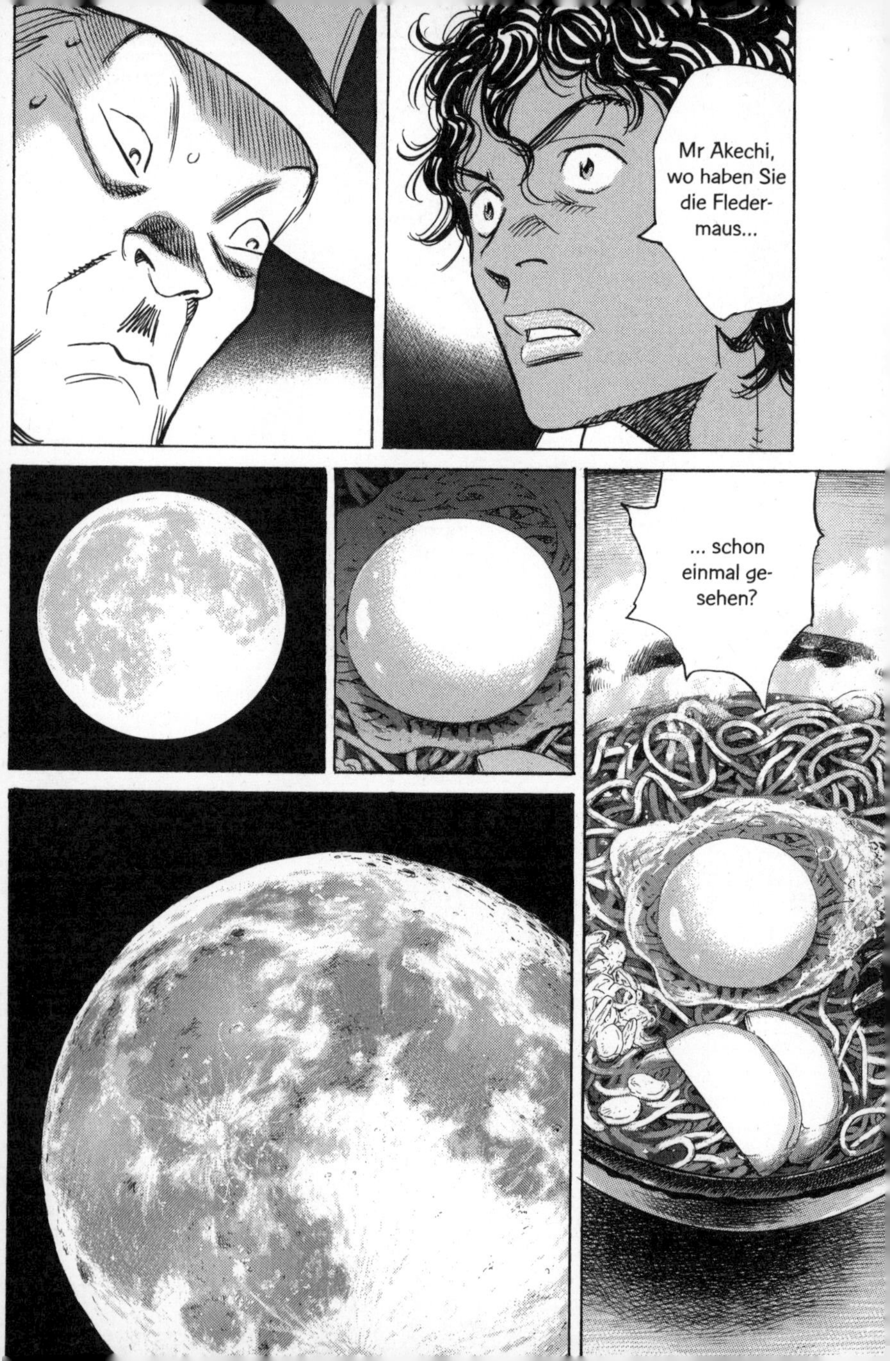
Mr Akechi, wo haben Sie die Fleder-maus...
... schon einmal ge-sehen?

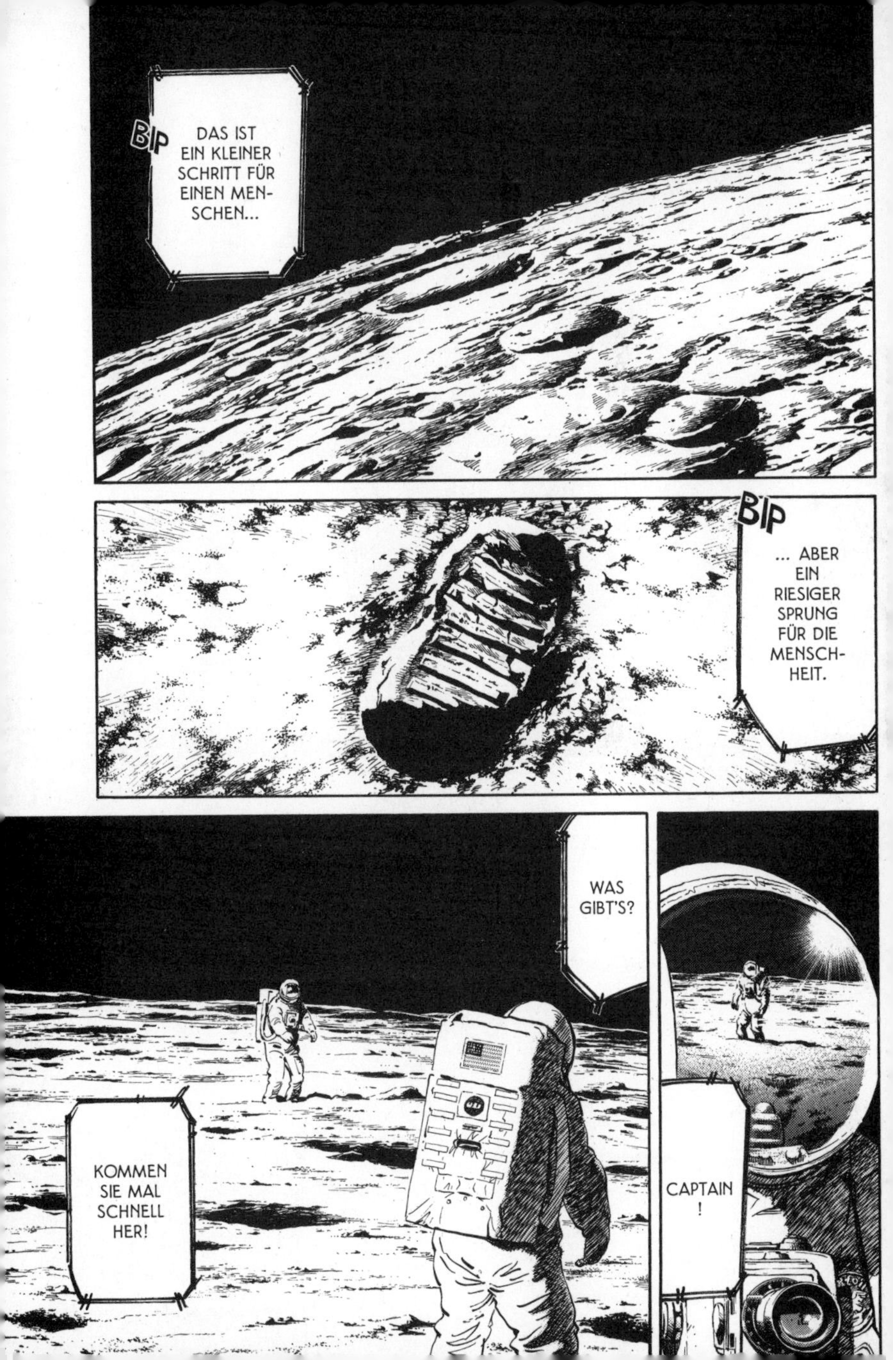
BIP
DAS IST EIN KLEINER SCHRITT FÜR EINEN MENSCHEN...
BIP
... ABER EIN RIESIGER SPRUNG FÜR DIE MENSCHHEIT.
CAPTAIN !
WAS GIBT'S?
KOMMEN SIE MAL SCHNELL HER!

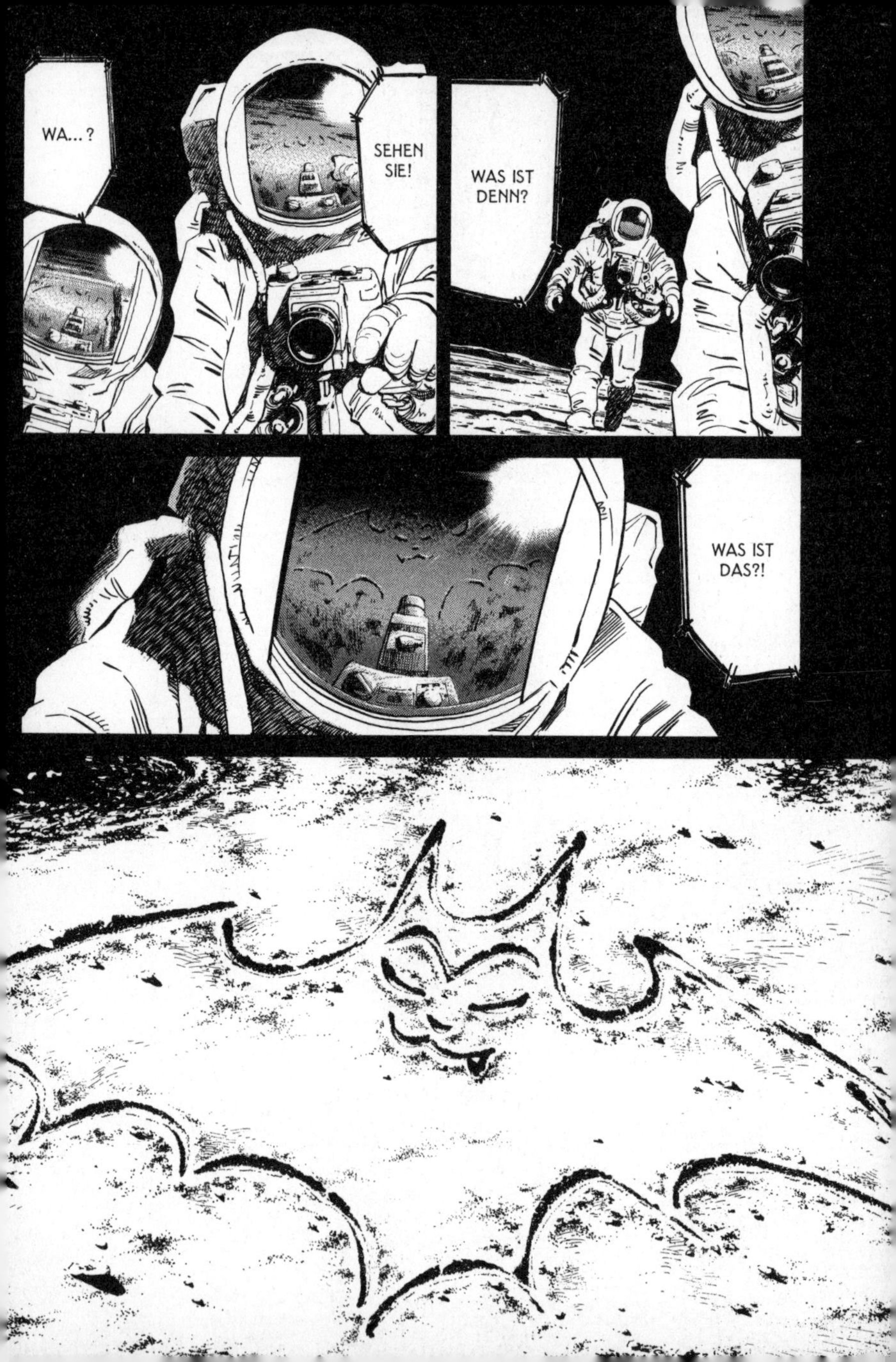
WAS IST DENN?
SEHEN SIE!
WA...?
WAS IST DAS?!

BILLY BAT 12

BILLY BAT ⑫

BILLY BAT 12
NAOKI URASAWA
(Studio Nuts)
TAKASHI NAGASAKI
(Ko-Szenarist)

Art Director: KAZUO UMINO
Title Logo & Cover Design: KAORI KUROKI + BAYBRIDGE STUDIO
Cover Illustration: NAOKI URASAWA

CARLSEN MANGA

Aus dem Japanischen von Yvonne Gerstheimer
BILLY BAT 12

First published in Japan in 2013 by Kodansha Ltd., Tokyo.
Publication rights for this German edition arranged through Kodansha Ltd., Tokyo.
Redaktion: Petra Lohmann
Textbearbeitung: Steffen Haubner
Lettering: Björn Liebchen
Herstellung: Bettina Oguamanam

ISBN: 978-3-551-73282-8
Bei Fragen zum Produkt: carlsen.de/kontakt

FSC
www.fsc.org
MIX
Papier | Fördert gute Waldnutzung
FSC® C083411

PRODUZIERT MIT VERANTWORTUNG